20세기 영시

이재호 옮김

탐구당

이 도서의 국립중앙도서관 출판시도서목록(CIP)은 서지정보유통지원시스템 홈페이지(http://seoji.nl.go.kr)와 국가자료공동목록시스템(http://www.nl.go.kr/kolisnet)에서 이용하실 수 있습니다. (CIP제어번호 : CIP2014008068)

간행사

세계문학 중에서도 가장 중요한 자리의 하나를 차지하고 있는 영문학, 그 영문학의 정수(精髓)는 곧 영시다. 셰익스피어를 인도와도 바꾸지 않겠다던 토머스 칼라일의 말은 영국인의 영시에 대한 사랑을 간결하게 집약하고 있다 할 수 있을 것이다. 그러나 이제 영시는 영국인만의 영시가 아니다. 세계인의 영시다. 영시가 우리나라에 소개된 이래 오늘에 이르기까지 영시의 전모를 볼 수 있는 시집이 거의 없었다 해도 과언이 아니다. 이 〈영미시총서〉는 한국 영문학사상 최대의 기획이며, 지금까지의 영시 소개를 총 정리하는 획기적 성사로, 영시의 토착화와 새로운 영시 연구의 출발점이 될 것을 우리는 확신한다.

역자들은 현재 여러 대학에서 영시를 강의하고 있는 경험을 살려 번역했으며, 시인과 시의 선택은 영시사적(英詩史的) 퍼스펙티브를 가지고 선정했다. 그 결과 고대영어 서사시 〈베오울프〉 및 서정시들을 비롯하여, 중세영시 〈캔터베리 이야기〉를 거쳐 20세기 영미시까지의 모든 시기를 총망라하고 있어 이 〈영미시총서〉 전 10권이면 영시의 파노라마를 일목요연히 파악할 수 있다.

텍스트는 주로 대학교재로 많이 쓰이고 있는 〈Norton Anthology〉를 참고했으며, 대부분의 시가 우리나라에서는 초역(初譯)이다.

이 총서 간행에 있어 특히 유의한 점은 다음과 같다.

(1) 시대사적 영어이해에 도움을 주기 위하여 각 권마다 상세한 해설을 서두에 붙였다.
(2) 원시(原詩) 이해에 도움을 주기 위하여, 역시(譯詩)와 원시를 대면(對面)에 배치하였다.
(3) 귀중한 시인들의 사진을 거의 총망라하여 수록하도록 노력하였다.
(4) 국역(國譯)시는 상쾌한 마음으로 믿고 감상할 수 있도록 하기 위하여 엄밀한 교정에 힘썼다.

(5) 이해를 돕기 위하여 역주(譯註)를 붙이기로 했다.

이 총서가 영시를 사랑하는 모든 독자에게 기쁨을 주고, 영시의 이해와 감상에 좋은 길잡이가 될 수 있다면 우리의 무한한 영광으로 생각하겠다.

영미시총서 간행위원회(英美詩叢書 刊行委員會)

차 례

CONTENTS

해설

20세기 영시

이 재 호

"현대영문학"의 시기를 어느 때로 그어야 할지는 결정하기 매우 힘들다. 빅토리아 여왕이 죽은 1901년을, 혹은 1차 대전이 터진 1914년을, 혹은 1880년을 현대의 시점으로 보는 사람들이 있다. 후자의 경우 빅토리아 여왕의 치세는 1901년에 끝났지만, 빅토리아 시대는 그보다 약 20년 전에 끝났다는 근거에서, 즉 낙관주의, 회의, 죄의식의 혼합인 "Victorianism"이라 불리는 그 특이한 정신이 반역아 Butler 등의 출현과 함께 사라지기 시작했다고 보기 때문이다. 이러한 진전은 그녀의 아들 Edward 7세(1901~10)와 제1차 세계대전으로 이끈 몇 해 동안에 뚜렷해졌다. Richard Ellman은 현대시(modern poetry)가 있기 이전에 현대시인(modern poets)이 있었다고 말하며 현대시의 선구자들로 다섯 사람을 지적하고 있다: '자유시'(free verse)로 시를 쓴 Whitman, 그의 대우주(大宇宙)와 대조적으로 자기 주위와 내면의 세계, 즉 소우주(小宇宙)를 파헤친 Emily Dickinson, Whitman을 열렬히 숭배했었고 "Sprung Rhythm"이란 새로운 리듬으로 독창적 시를 썼던 Gerard Manley Hopkins, 그리고 염세주의적 세계관의 Thomas Hardy.

영국에 있어서 Modernism("主知主義"라고 번역되어 있다)의 시작은 Arthur Symons의 The Symbolist Movement in France가 출판된 1899년이라 보아도 좋을 것이다. 왜냐하면 이 책이 Yeats라든지 T. S. Eliot에 큰 영향을 끼쳐 현대시인의 양상을 바꾸어 놓았기 때문이다. "Symbolism"이란 용어는 1886년 프랑스에서 포퓰러하게 되었고, 약 10년 후에 영국해협을 건너왔다. The Concise Cambridge History of English Literature는 1920~60을 "The Age of T. S. Eliot"라 명명했는데, 이는 Eliot가 Yeats 이래 최대의 시인이고, Matthew Arnold 이래 최대의 비평가이며, 시극(詩劇)에 있어 탁월한 작가(산문극은 G. B. Shaw)인 점에서 이렇게 이름 지은 것이다. 더구나 Dryden과 Johnson

시대 이래로 이만큼 영문단에 권위가 있고 명성이 높았던 작가는 없었기 때문이다.

20세기 초두엔 여전히 Victorianism의 계속이었고 이렇다 할 혁신적 움직임이 없었다. 다만 반항의 기조만이 흐르고 있었다. 그러다가 미국(美國)에서 영국(英國)으로 건너와 활동하고 있던 Ezra Pound를 중심으로 "Imagism" 운동이 일어났다. 이 운동은 1909년에 시작해서 1917년에 끝난 비교적 짧은 문학운동이었지만 그 영향은 자못 컸다. 그 이론은 영국의 젊은 철학자 T. E. Hulme에 바탕을 둔 것으로, 그는 Renaissance 이후의 Humanism 사상에 반대하고, Catholic 사상과 고전주의를 주장하며 낭만주의를 배격했다.

Pound의 초기 Imagism 시는 한시(漢詩)와 일본시(日本詩)의 간결한 압축이 Georgian 시인들의 산만한 전통주의에 해독제가 될 것이라는 확신에 바탕을 둔 것이었다. 이 시들은 단단하고, 정확하고, 반낭만주의적이었다. 1912년 Pound가 편집한 Some Imagist Poets란 시집이 나왔다. 그러나 Pound의 흥미는 곧, Wyndham Lewis의 Vorticism에 향했고, Imagism을 떠났기 때문에, Amy Lowell이 그 대신 지도자가 되어 열심히 이 운동을 추진 1915, 1916, 1917년 연간으로 Some Imagist Poets를 내었다. 그 최초의 1915년 시집에 유명한 「Imagism선언」이 있다: ① 일상용어를 사용할 것. 단 정확한 단어를. ② 새로운 리듬을 창조할 것. 낡은 리듬을 모방하지 말 것 ③ 소재의 선택에 절대 자유일 것. ④ image를 제공할 것(여기에서 "imagist"란 이름이 나왔다.) 우리는 화가가 아니다. 그러나 시는 정확히 개개의 것을 그려야 하며, 아무리 훌륭히 음악적이라 할지라도 흐릿한 일반적인 것을 다루어서는 안 된다. ⑤ 견고하고 확실한 시를 쓸 것. ⑥ 집중이 시의 정수일 것.

Imagist 시인들은 곧 그들의 방법과 관심의 영역이 너무나 제한되어 있고, 그들의 이론에 딱 맞는 시를 쓰기를 포기했지만, 20세기 영시에 큰 공헌을 했다. 첫째 시의 소재(subject matter) 선택에 보다 큰 자유를 주었다. 보다 새로운 리듬에 대한 그들의 강조는 운율에 해방적 영향을 끼쳤다(동시에 그들은 규칙시의 중요성도 강조했다). 그들은 "새로운 운율은 새로운 사상을 의미한다."(A new cadence means a new idea.)라 주장하며 자유시를 존경받도록 만들었다. 이 그룹에 관련된 시인들로는 T. E. Hulme, Richard Aldington, H(ilda) D(oolittle), John Gould Fletcher, F. S. Flint, Ezra Pound, Amy Lowell 등이 있다. Imagism의 출현은, 계속되어 온 영시와 미시의 분리를 점차 없어지게 만들었다.

1912년에서 1922년 사이에, Edward Marsh는 Georgian Poetry란 시집을 5권 내었는데, 이것이 여러 다른 재능과 인생관을 가진 시인들의 중심이 되었다. 그들은 빅토리아조 시와 데카당 시인들을 경멸했으며 simplicity와 sincerity를 달성하려 애썼다. 그들의 주제는 항상 자연과 관련 있는 것이어서, 그들은 현대 세계의 도피자들이었다. 그리고 시집에 실린 많은 하찮은 시들 때문에 "Georgian"이란 말이 한때는 욕하는 말이 되기도 했다. 약간의 예외(例外)를 제외하면, Georgian 시인들은 무엇보다도 먼저 유럽 대륙의 영향에 반발하여 의식적으로 영국적이었다. 약간의 예외를 제외하면, Georgian 시인들은 대개 단시를 썼고, 교훈적 의도가 없고 테마가 단순했다. 힘이 들만큼 정열적이거나 지식을 요구하는 것이 아니었다. 신시운동인 Imagism 운동은 전통적 시를 계승하는 Georgian Poetry와 평행을 이루어 진행되었지만 결과적으로는 Georgian Poetry에 대한 반동이었음을 알 수 있다. Georgian 시인들로는 Edward Thomas, Edmund Blunden, Andrew Young, Richard Church, Rupert Brooke, Wilfred Owen, Siegfried Sassoon, Herbert Read, Robert Graves, John Drinkwater, W. W. Gibson, Harold Monro 등이 있다.

그 동안에 중요한 사건이 일어났는데, 그것은 1914년 Oxford대학에 철학을 공부하러 온 T. S. Eliot와 나중에 그의 The Waste Land(1922)를 다듬어 출판해 준 Ezra Pound의 만남이었다. T. S. Eliot는 이미 1910년경에 의식의 흐름의 수법으로 "The Love Song of J. Alfred Prufrock" 같은 매우 혁신적인 시를 써서 시대의 앞장을 섰었다.

그러나 1920년대 초의 상황은 대부분의 시 독자들이 여전히 Georgian적이었다. 그 당시 Masefield 같은 시인들이 가장 현대적 작가로 생각되고 "The Lake Isle of Innisfree"의 Yeats를 찬미하고, Rupert Brooke의 죽음을 애도하고 있었다. Pound와 Eliot의 새 시파(詩派)는 Georgian Poetry 시파와 대조를 이루고 있었다. 요컨대 Kipling, Masefield, Chesterton, Davies, Bridges, Brooke의 세계 속에 Eliot의 초기 시와 그의 The Waste Land, 그리고 Pound의 "Hugh Selwyn Mauberley"(1920)가 나타난 것이다. 차이는 충격적이었다. Georgian 시인들의 시가 의식상으로 영국적이고, 봄의 전원과 시골 생활, 황혼녘의 주막집에 대한 향수에 젖어 있는데 반해, 새 시파(詩派)의 시는 의식상으로 범세계적이고, 언급(言及)적이고, 도시, 우글대는 거리, 사무실과 바와 아파트의 생활, 밤거리의 창녀들을 다루었다.

Eliot의 The Waste Land는 Wordsworth와 Coleridge의 Lyrical Ballads(1798)이래 가장 혁명적 시였다. 1920년대 젊은이들이 Housman의 Shropshire Lad를 암송한 반면, 1930년대 젊은이들은 Eliot의 Poems, 1909~25를 암송했다. Modernism의 기운은 1920년대 말에 가서는 급히 쇠퇴했고, 1926년 이래 문학은 정치에 휩쓸려 들어갔다. 이러한 위기를 예감한 젊은 시인들의 그룹이 공산주의 사상을 들고 나왔다. Eliot의 시를 숭배했던 전후시대 시인들도 1930년대에 이르자, Eliot에 반기를 들었다. 시집 New Signatures(1932), New Country(1933)로 명확한 주장을 가진, Oxford를 중심으로 한 Auden 그룹의 시인들이 등장한 것이다. 1930년대의 지식인들은 전체적으로 좌경하고 있었고, 경제공황, 스페인 내란 등이 겹쳤다. 이들은 정치의식을 가지고 사회현상을 노래했다. 그들이 정상에 도달했던 것은 스페인 내란 때였다. Eliot는 1930년대에 이르자 종교 쪽으로 기울어졌고(참조, Ash Wednesday), Auden 그룹의 정치성과 양극점을 이루었다. 그러나 이 시인들도 나중에 각자 자기 길을 걸어갔다. Auden은 크리스트교로, Stephen Spender는 잡지 편집과 반공주의로, Louis MacNeice는 방송계(B.B.C.)로, C. Day Lewis는 대학으로 나갔다.

1930년대 말에 새로운 낭만주의 운동이 잠시 일어났다가 사라졌다. 그것은 아포칼립스 운동(Apocalyptic Movement)인데 Auden 그룹의 시에 대한 반동이었다. 문학적으로는 anarchism과도 관련을 가졌다. 이 운동의 주창자였던 Henry Treece(1912~1966)는 How I See Apocalypse(1946)를 써서, 이 운동의 발생과 전개를 밝히고 있다. 1937년부터 시작된 이 운동은 The New Apocalypse(1939), The White Horseman(1941), The Crown and the Sickle(1944)이란 세 권의 시집으로 대표된다. 직접 Apocalypse 운동에는 참가하지 않았지만, 낭만주의 경향을 보인 시인이 많다. 그러나 1940년대의 낭만주의를 대표하는 것은 Eliot, Auden에 비하면 반지성적이고 자기도취적인 특이한 시인 Dylan Thomas(1914~53)이다.

제2차 세계대전의 가장 위대한 시는 "Little Gidding"이었다. 1950년대에 이르러 "The Movement"(시인들의 의사에 반하여)라고 비평가들이 부르는 일군의 작가들이 있다. 그 당시 시에 가장 흔히 사용된 말은 "consolidation", "clarity", "intellectual honesty" 그리고 "formal perfection"이었다. 소위 "The Movement"에 관련된 시인들로는

Philip Larkin, Kingsley Amis, John Wain, Thom Gunn, Donald Davie, Robert Conquest, John Holloway, D. J. Enright와 Elizabeth Jennings가 있다. 이 시인들은 Robert Conquest가 편집한 New Lines(1956)란 시집에 실려 있다. 그들이 모색한 것은 "고요한 목소리, 지적 추상적 개념이 아니라 지성이 다스리는 감정"(a calm voice, not intellectual abstractions but feelings ruled by intellect)이었다.

1957년에 "The Movement" 혹은 30년대, 40년대에 거의 힘입지 않은 시집 한 권이 나왔다. 그것은 Hawk in the Rain, 시인은 Ted Hughes였다. 만일 영향을 입었다면 Dylan Thomas와 G. M. Hopkins에게서이지만, Hughes는 Thomas보다는 더 내용이 지적(知的)이고, Hopkins보다는 덜 종교적이다. 그 영향들은 관념적인 것이라기보다는 언어 및 운율적인 면에서다. 『에너지』는 Hughes의 강박관념이며, 그의 주제일 뿐만 아니라, 그가 사용하는 단단하고 활기찬 독창적 언어에서도 느껴진다. 이 Ted Hughes를 중심으로 일군의 시인들은, "The Movement"에서 이름을 따 와서 "The Group"이라 불린다. 그들은 Ted Hughes(1930~98), Sylvia Plath(1932~63), A. Alvarez(1929~), Michael Hamburger(1924~2007), Charles Tomlinson(1927~) 등이다. 최근에 영국시인들은 프랑스 시들에서보다 미국시에서 새로운 활력소 혹은 돌파구를 모색하고 있는 듯하다.

현대의 세 위대한 시인들—Hopkins, Yeats, Eliot—이 거의 전적으로 서로를 알지 못하고 시를 썼다는 것은 특기할 만한 사실일 것이다.

Gerard Manley Hopkins(1844~1889)는 영국 Essex에서 태어나 Highgate School에서 공부하고, Oxford대학 Balliol College에 가서 장래가 촉망되는 그리스 어학자가 되었다. 그곳에서 감수성이 예민한 예술적 기질의 청년이었던 그는 그의 선생이었던 Walter Pater의 영향을 받았다. 그의 초기 시는 Keats와 Pre-Raphaelites의 영향을 보여 준다. 그러나 그의 일생에 결정적 영향을 끼친 것은 Cardinal Newman이 주창한 Oxford Movement(1833~41년에 걸친 종교운동으로 영국교회 내에 가톨릭교주의를 부흥시키려 했다)였다. 대학 재학 중 로마 가톨릭으로 개종했고, 1868년엔 예수회에 가입, 사제직을 위한 준비를 위해 오랜 기간의 지적, 정신적 훈련을 쌓았다. 그는 그의 시를 불태워 버리고 시작(詩作)의 생각을 버렸다. 그러나 1875년 겨울 Deutschland호가 템즈강 입구에서 난파당하여, 독일에서 추방당했던 프란시코회 수녀 다섯 명이 익사한 사건이 생겼다. 이것이 그로 하여금 다시 시를 쓰게 만든 계기가 되었다. 1877년 33세 때 그는 사제가 되었고, 나머지 12년간을 처음엔 런던, 그 다음엔 리버풀, 글라스고의 교구사제로, 그 다음엔 Dublin대학의 그리스 어 교수로 보내다가, 건강과 정신이 쇠약해져 1889년 장티푸스로 더블린에서 죽었다.

Hopkins의 공헌은 그의 혁신적 style이다. 그는 Spenser 이래 그때까지 쓰여 온 규칙시(약강, 강약 혹은 약약강, 강약약)의 리듬을 버리고 고대 영시에서 따온 "sprung rhythm"(도약리듬, Hopkins는 "sprung"이란 말이 그에게 "abrupt"와 비슷한 의미라 함)을 사용했다. "이 시집에 사용된 sprung rhythm이란 규칙적으로 한 음절에서 네 음절에 이르는 시각(詩脚, foot)에 의해 재어지고, 특별한 효과를 위해서라면 약한 음절이 얼마든지 사용될 수 있다. 그것은 만일 한 음절만 있다면 그 유일한 음절에 떨어지는 강세(stress)를 갖게 되고, 혹은 더 많은 음절이 있다면 위와 같이 시각분석(詩脚分析, scanning)이 되어 첫 음절에 강세가 떨어진다. 고로 네 종류의 시각(詩脚)이 생기게 된다. 즉 단음절 그리고 소위 강약(Trochee에 해당)과 강약약(Dactyl에 해당)과 강약약약'(Paeon)이다." Hopkins는 이런 리듬에 고대 영시에서처럼 두운(alliteration)과 새로운 단어, 복합어를 만들고 방언과 고어를 사용했다. 번번이 문장이 도치되어 비틀어진다. 때때로 문장이 난삽하지만 그 대신 활기를 얻게 된다. imagery는 생생히 독창적이며, 감정과 지성의 혼합이다. Hopkins는 적게 썼고 아무 시집도 출판하지 않았다. 친구인 계관시인 Robert Bridges가 그의 사후 30년만인 1918년 그의 Poems를 출판해 줄 때까지 그는 대중에게 전혀 알려져 있지 않은 시인이었다. 그가 생존한 시기는 빅토리아조(朝)이지만, 20세기 혹은 현대시에 그를 넣는 것은 이러한 경위에서다. 그는 시대를 앞장서서 현대시를 썼던 것이다. 그리고 그의 시가 큰 영향을 끼친 것은 1920년대 이후였다.

1877(33세)년에 그는 창조자에의 찬가, 혹은 자연의 미에 대한 황홀한 일련의 소네트 "God's Grandeur", "The Starlight Night", "The Windhover" 같은 그의 후기의 시는 좌절감, 실패감, 한평생 모든 것을 바쳤던 신에게서 버림받았다는 쓰라린 느낌을 비상(非常)히 압축된 일련의 소네트(소위 "terrible sonnets")로 표현한 것이다. 말하자면 그는 17세기의 George Herbert(참조, "Love", "The Collar", "The Flower", "Application")에 가깝다 할 수 있다. 그들 둘 다 신과 투쟁을 하고, 시인이 신의 뜻이라고 생각하는 것을 받아

들임으로써 승리한다.

Thomas Hardy(1840~1928)는 영국 남부 Dorchester에서 태어났고, 그의 초기 교육은 고전과 건축이었다. 22세 때 런던을 향해 떠난 것은 건축가로서였다. 1871년(31세)에 첫 소설 Desperate Remedies를 내었고 그때부터 20년 이상이나 소설을 써 빅토리아조 대 소설가의 하나로 꼽혔다. 1896년 Jude the Obscure가 혹평을 받자 시로 전향, 첫 시집 Wessex Poems(1898)를 낸 후 규칙적인 간격으로 여섯 권의 시집을 발표, 900편 이상의 시를 썼다. 그의 소설과 마찬가지로 그의 시도 염세적 세계관으로 젖어 있다. 그는 20대 중반부터 시를 썼고 Keats, Shelley, Browning, 그 후에는 Swinburne을 읽어 영국낭만주의의 시 전통을 흡수하기 시작했다. 그러나 그의 대부분의 시가 출판된 것은 20세기 초 이후였다. Hardy는 혁명가가 아니었다. 그는 손에 닿는 대로 형식을 받아들였다. 그의 시가 흔히 조잡하고, 그의 테마가 반복적이고, 그의 아이러니와 풍자가 너무 안성맞춤이고, 그의 자작 염세주의가 지방적이고, 그의 음울(陰鬱)이 가시지 않는다는 것이 그의 시에 대한 반대들이다. 그러나 그의 시를 읽는 동안 많은 좋은 시를 만나게 된다. Hardy는 항상 엄격히 정직하려 했고, 진실을 말하려 했고, 그가 뜻하는 바를 정확히 말하려 노력했었다. 그의 대서사극 The Dynasts(삼부작, 무대를 위한 것은 아니었다)는 Napoleon 전쟁을 다루었는데 거대하고 무관심한 세력(혹은 운명)의 꼭두각시로서의 인간관을 보여 준다.

탁월한 라틴어 교사였던 **Alfred E. Housman**(1859~1936)은 그의 비관적 체념 때문에 자주 Hardy와 비교된다. 시집으로는 단시집 2권이 있다 : A Shropshire Lad(1896), Last Poems(1922). 그의 시의 특징은 구체적이면서 절약적인 어휘, 규칙적이지만 단조롭지 않은 리듬, 고전적(古典的)인 형식(形式)의 간결성과 신랄성이다. 그의 시는 고도로 세련되어 있으며 자연의 어두운 면을 좋아했다. 그는 Browning적인 명랑과 낙관주의에 충격을 주었으며, 그의 시의 배경이 영국이어서 강한 국민적 어필을 주었다. Eliot의 The Waste Land가 나오기 전, 그는 가장 명성이 높았으며. 이 시기의 다른 어떤 시인들보다 더 많은 영향을 그 후의 시인들에게 주었다.

Rudyard Kipling(1865~1936)은 인도 봄베이에서 태어난 저널리스트, 단편소설작가, 소설가로서 20세기 초에 가장 많이 읽힌 시인이다. 활기 넘치고 요란하고 위협적인 북소리 박자는 온 대영제국에 메아리쳤었다. 1907년 노벨문학상을 수상했으며, 시집

Departmental Ditties(1886), Barrack-Room Ballads(1892)가 있다.

D. H. Lawrence(1885~1930)는 Nottinghamshire의 석탄 광부의 아들로 태어나 잠시 교편을 잡았다가, 여생을 글을 쓰며, 그의 아내 Frieda와 여행하며 보냈다. Lawrence는 Imagist 시인들과 혹은 Georgian 시인들과 관련이 있기는 하나 어떤 시파詩派에 속하기엔 너무나 개성적이고 사적이었다. 자유시가 그에겐 가장 자연스런 표현매체였으며, 또한 Walt Whitman의 열렬한 찬미자였다. 1920년대엔 자유시가 상당히 유행하여, 자유시 자체가 Modernism 요소의 하나로 간주되었다. 그는 소설의 테마로 메아리치고 있는 시들을 썼는데, 그의 모든 작품들과 마찬가지로 비상한 독창성으로 탁월하다. 생명력, 자연발생성, 정직성 등, 이러한 것이 그의 작품의 중요한 요소들이다. 그가 자유시들 중 가장 성공한 시인의 하나인 이유는, 기질적으로 자유시가 허락하는 돌연성과 구어체를 필요로 했기 때문이다. 그의 최상의 작품들은 Love Poems and Others(1913), Birds, Beasts and flowers(1923), 그리고 Pansies(1929)에 수록되어 있다.

바다의 시인이며 계관시인이었던 **John Masefield**(1878~1967)는 Georgian 시인들 중 가장 탁월하고 다작(多作)이었다. 그의 Salt Water Ballads(1902)는 영국의 항해전통을 찬미했고, 그의 Chaucer적인 긴 이야기 Reynard the Fox(1919)는 영국인의 fox-hunting에 대한 사랑을 표현한 것으로 굉장한 인기를 끌었다.

다음 **Rupert Brooke**(1887~1915)와 **John McCrae**(1872~1918) 그리고 **Wilfred Owen**(1893~1918)은 모두 전쟁시인으로 제1차 세계대전 발발 당시의 청년들의 태도를 잘 나타내고 있다. Brooke의 소네트 "The Soldier"는 열렬한 이상주의적 애국심을 나타낸다. 그는 1914년 Antwerp 근처에서 싸웠고, 1915년 Dardanelles 해협으로 다시 싸우러 가는 도중 Achilles의 전설적 섬인 Scyros에서 패혈증으로 죽었다. 사후시집 1914 and Other Poems는 굉장한 인기를 얻었다. McCrae는 단 한 편의 시 "In Flanders Fields"로 후세에 알려진 시인으로 그도 같은 태도로 썼다. 그러나 Owen의 "Futility"에선 4년 전의 Brooke의 무드와는 완전히 다르다. 전쟁이 계속됨에 따라 애국적 싸움도 환멸과 쓰라림으로 변한다. 또 그의 기교는 혁명적 변화를 예고했는데, 모음운(assonance)과 반운(half-rhyme)의 사용은 30년대의 시인들에게 실험 가능성을 제공했다.

William Butler Yeats(1865~1939)는 아일랜드 더블린에서 화가 John Butler Yeats의 장자로 태어났고, 프랑스에서 죽었다. Dublin 미술학교에 다녔으며 후에 아일랜드 문예

부흥의 지도자가 되었다. 그는 현대 영시인 중 최대의 시인의 하나이며, 어떤 비평가들은 Yeats를 20세기 최대의 영시인이라고 말하기까지 한다. 그는 상상력이 풍부한 서정시인으로 1889년 아일랜드 고전설(古傳說)에서 취재한 이야기 시 The Wanderings of Oisin을 출판했다. 1894년 그는 파리를 방문하여 약간의 현대 프랑스 시를 알게 되었다. 상징주의 미학은 1895년 한때 그가 방을 같이 썼던 시인 비평가 Arthur Symons에게서 설명을 들었다. 상징적이고 신비적인 시집 The Wind Among the Reeds(1899)는 프랑스 상징파 시인들과의 친척관계를 보여 준다. 1911년 Ezra Pound와 만났으며, 두 시인은 서로 영향을 받았지만, Yeats가 20세 연하의 Pound한테서 더 많은 영향을 받았다. 제1차 세계대전 중에 출판된 The Wild Swans at Coole(1919)부터 낭만적인 꿈과 환영에 매혹되었던 초기의 시풍을 버리고 구체적 이미지와 상징으로 현대의 모순과 고뇌를 적확(的確)히 표현하게 되었고, The Tower(1928), Winding Stair and Other Poems(1933)에 의해 탁월한 현대 시인이 되었다.

Yeats는, 대시인들처럼, 폭넓은 상당한 분량의 주요 저서들과 시의 정통을 보여 준다. 또한 예외적일 만큼 긴 시인 경력을 통해 인상적 발전과정을 보여준다.

Yeats의 생애에 있어 세 여자를 알 필요가 있는데, 1889년 24세 때 처음 만나 사랑하게 되었고 나중에 프로포즈했다가 거절당한 미녀 애국자 Maud Gonne으로, 시에서는 트로이전쟁의 씨가 된 절세미녀 Helen에 비유되어 있다(1916년 그녀의 남편이 부활절 반란에 가담했다가 처형된 후 또 프러포즈했으나 거절당하자, 또 그녀의 딸 Iseult에게 청혼했다 거절당한다). 그 다음은 예술의 후원자였던 귀족 Lady Gregory이다. 그녀는 Yeats와 함께 Dublin의 Abbey Theatre와 다른 계획들을 합작했다. 마지막으로 1917년 54세 때 그가 프러포즈해서 결혼한 여자는 Georgie Hyde Lees란 강신술 무당으로, 그의 만년의 작품에 성취감과 안정감을 가져오게 했다.

그는 1923년에 노벨문학상을 받았고, 약 800년간의 영국통치에서 독립(1921)된 새 국가 Irish Free State의 상원의원이 되었다(1923).

Edith Sitwell(1887~1964)은 동생 Sir Osbert와 Sacheverell Sitwell과 함께 Georgian Poetry에 반격을 가하는 시집 Wheels(1916~21)를 편집했다. 그녀의 귀족적 유년 시절의 세계와 너무나 다른 세계로부터 도피하려 기괴한 환상들을 창조하고 단어, 리듬, 시형, 이미저리를 실험했다. 그리고 영문학사나 사회사에의 관심이 Alexader Pope,

Bath 같은 책을 쓰게끔 했다.

이십세기 영시의 방향을 결정적으로 바꾼 **T. S. Eliot**(1888~1965)는 1888년 미국 Missouri주 St. Louis에서 출생했고, Milton Academy, Harvard대학, Sorbonne대학, Oxford대학 Morton College에서 교육을 받았다. 1910년 그는 "The Love Song of J. Alfred Prufrock"이란 매우 참신하고, 혁신적 시를 썼다. 1917년에 시집 Prufrock and Other Observation이 나왔다. 교사와 런던의 Lloyd 은행원으로 일하면서 독창적인 비평과 시를 썼다. 1915년 6월 화가의 딸이며 발레 댄서인 Vivienne Haigh-Wood(1888~1947)와 결혼했으나 날이 갈수록 정신이상이 짙어져 행복한 결혼이 못되었다(The Waste Land, 제2부에 나오는 신경이 날카로운 여인의 모델이 그의 처라는 말이 있다). Pound는 건강이 약해진 Eliot의 휴양을 위해 돈을 모금하여 스위스 제네바 호수가의 Lausanne에 보내 주었다. 그 결과 돌아오는 길에 파리에 들러 The Waste Land의 원고를 Pound에게 주었는데 그는 그것을 거의 반의 길이로 줄여 버렸다. 이 시에서 Eliot는 죽음과 부활의 신화를 뼈대(framework)로 하여, 의식의 흐름의 수법으로 붕괴하는 문명의 불모성을 지적하고, 재생의 길을 제시하고 있다. 1947년 "나는 단순히 감정을 토로하기 위해 『황무지』를 썼다"(I wrote The Waste Land simply, to relieve my own feelings.)라고 Eliot 자신이 말했지만, 그의 독자들은 그렇게 생각하지 않고 1차대전 후의 허무를 노래한 것으로 받아들였다. 1927년에 영국으로 귀화하고 영국 국교도가 되었다. 그 후 Ash Wednesday(1930)와 Four Quartets(1944)를 썼는데 그의 종교적 신앙의 모색을 그렸다. Four Quartets에선 시와 철학이 합친다.

비평가로서 그는 문학의 취미를 바꾸는 데 지도자였으며, 시극의 분야에서는 대중적 성공을 거둔 유일한 현대 시인이다—특히 The Cocktail Party와 Murder in the Cathedral. 그는 자주 미국에 들러 시낭송을 했는데 Minnesota대학에 나타났을 때 그가 Sophocles 이래 최대의 청중을 끌었다는 말이 있었다. 1948년에 노벨문학상을 수상했다.

W. H. Davies(1893~1951)는 젊은 때를 미국과 영국에서 부랑인(tramp)으로 보냈다. 한평생 가난했으나 원초적 무구(無垢)를 지녔었다. 물론 현대적인 맛은 없지만 그의 서정시는 매우 섬세하다.

시대의 흐름에 잘 적응하는 **Robert Graves**(1895~1985)는 런던 출생으로, 스페인

Majorca 섬에 살았다. 현대 작가 중 가장 다작 작가의 하나이며, 역사 소설, 평론, 번역, 신화 연구(특히 The White Goddess)로 유명하다. 1961년 Oxford 시학 교수로 뽑혔으며 그 다음에 Auden이 그 자리를 계승했다. 거의 50년에 걸친 계속적인 발전 동안, 특히 보잘 것 없거나 공상적 테마를 만지작거리는 Georgian적 특징들이 사라지고 전통적 및 현대적 스타일을 지지함을 보여 준다. 그는 위대한 시보다 좋은 시를 계속 추구해 왔다.

Cecil Day Lewis(1904~1972)는 아일랜드에서 출생, Oxford에서 교육받고, Auden과 함께 Oxford Poetry를 편집했다. 원래 정치와 사회문제의 시인이었다. 그의 초기 스타일은 Eliot를 모방했지만 Eliot의 절망은 결코 받아들이지 않았다. From Feather to Iron(1931)은 그의 서정성과 그 당시로는 흔치 않았던 자연애를 보여준다. 그밖에 시집으로 A Time to Dance(1935), Overtures to Death(1938) 등이 있다. 1935년까지 잉글랜드와 스코틀랜드에 있는 여러 학교에서 가르쳤고, 2차대전 후 Oxford대학 시학 교수(1956~61) 등 학문 생활을 계속했다. 그는 또한 Nicolas Blake란 가명으로 많은 훌륭한 탐정 소설을 쓰기도 했다.

1930년대를 대표하는 시인 **Wystan Hugh Auden**(1907~1973)은 영국 York에서 출생, Oxford에서 교육받았다. 거기에서 그는 명사가 되고 젊은 재기 넘친 작가들의 중심인물이 되었다. 그는 문명이 와해되어 가고 있다고 결정지었다. 그의 해결책은 좌익정치와 사회혁명이었다. 스페인 내란 때 왕당파를 지지하여 시민으로서 참가했으며, Thomas Mann의 딸 Erica와 결혼한 후 1939년 미국으로 와서 몇 년 후에 미국으로 귀화했다. 그는 잠시 Michigan대학, Swarthmore대학, Smith대학 등에서 가르쳤는데 어찌나 많은 학생들을 끌어들였는지, 비서가 "Shakespeare가 Auden 강의를 한다고 생각이 들 지경입니다."(You'd think Shakespeare was giving a course in Auden.)라고 말할 정도였다.

Auden은 그가 젊었을 때 "대시인"(major poet)이란 칭호를 들은 것이 불운이었는지 모른다. 왜냐하면 대부분 사람들이 오늘날 그를 20세기의 중요한 시인의 하나로 생각하지만 그를 칭찬하는 데는 보류적이다. 그의 주요 시집은 Poems(1930), Look, Stranger(1936), The age of Anxiety(1948) 등이다. 그는 명확한 스타일이 없다는 말이 있을 만큼 과거의 온갖 시형의 대가이다. 그의 시는 흔히 회화적인 언어에 매우 가깝지만 현대 시인 공통의 난해성을 갖고 있다.

Stephen Spender(1909~95)는 런던에서 태어났다 Oxford에서 교육을 받고 Auden의 친구가 되었다. 한때 공산주의자가 되었지만, 그의 진정한 관심은 신조(信條)보다는 개인이었다. 삶의 애수와 사랑의 황홀이 그의 Modernism보다 더 좋은 시를 낳았다. Spender의 상상력은 산업 시대에 대한 관능적 반응에 의해 움직여진다. 그의 최상의 시는 Poems(1933), The Still Centre(1939), Ruins and Visions(1942)에서 찾아볼 수 있다. 그는 1953년 이래 Encounter지의 co-edtor로 일했다.

Louis MacNeice(1907~1963)는 아일랜드 Belfast에서 출생하고, 어린 시절을 아일랜드에서 보냈다. 그래서 비록 성인 시기의 대부분을 영국에서 보냈어도 자주 추방인처럼 여겼다. 1930년대에 대학의 고전 교수였으며 Oxford에 같이 다니던 Auden과 친구이며 공저자이다. 고전학자인 그는 형식과 스타일에 더 흥미를 느꼈다. The Earth Compels(1938)와 Plant and Phantom(1941)은 그가 서정시인일 때 최상일 수 있음을 보여 주며, 그의 교훈적 정치시는 확신이 결핍되어 있다.

George Barker(1913~91)는 Essex의 Loughton에서 태어났고 대학은 다니지 못했다. 1939년 일본 동북제국대학 방문 교수로 온 적이 있다 Auden의 견해와 스타일에 반작용을 보였던 시인들의 전형이다. Lament and Triumph(1940)와 Eros in Dogma(1944)에서 그는 관습적 시형을 따르고 있긴 하나 아무 형식적 단련 없이 이미저리의 연상에 의해 초현실주의적 효과를 내고 있다.

George Barker와 함께 1940년대의 낭만주의를 대표하는 **Dylan Thomas**(1914~1953)는 South Wales의 Swansea에서 태어났고, Swansea Grammar School을 졸업한 것이 그의 교육의 전부였다. 첫 시집을 겨우 19살 때 내어, 곧 유명하게 되고 명사가 되었다. 그의 긴 네번째 미국 시낭송 여행 중 1953년 뉴욕에서 죽기까지 Wales의 서남쪽 해안 Laugharne의 마을에서 처와 세자식과 같이 살았다. 비교적 짧은 생애 중 Eighteen Poems(1934), Twenty-Five Poems(1936), The Map of Love(1946), Deaths and Entrances(1946), In Country Sleep(1951), Collected Poems(1953) 등 시집이 있고, 유머러스한 자서전적 스케치인 Portrait of the Artist as a Young Dog(1940), 영화각본 The Doctor and the Devils(1953), 방송극 등 다면적 활동을 했다. 그는 동시대 시인들과는 다른 독특한 시인이었고, 그의 최상의 시에서 희귀하게 포착되는 심리적 무드, 특히

어린 시절과 사춘기 시절의 무드를 포착하는데 뛰어났다. 그의 애매하고 난삽하기조차 한 언어는 상당한 기교로 통제되어 있지만 화려한 폭발적 언어로 터져 나온다. 이런 것들은 내적으로 관련된 압축된 이미지들로 건축되어 있다. 그는 가장 표현적 목소리를 가지고 있었기 때문에, 의미보다도 소리가 더 중요한 시를 썼고, 낭송할 때 제일 좋다. 그의 자작시 낭송 레코드는 전에 없던 대성공을 거두었다. 그의 시에는 Blake와 Hopkins의 영향이 보인다.

일반적으로 "The Movement"의 중심인물로 생각되고 있는 **Philip Larkin**(1922~85)은 영국 중부 Coventry 출생이며 Oxford대학에서 교육받고 사서로서 여러 직책을 맡아 왔으며 Hull대학의 사서도 역임했다. Larkin은 그의 명결성과 정직성 때문에 오늘날 가장 인기 있는 시인 중의 하나다. 그의 제재(題材)는 얼굴 없는 도시 문명과 중류 계급의 세계이다. 그러나 그의 아이러니 밑에는 그가 조롱하는 체하는 많은 것들에 대한 상당한 존경심이 깔려 있다. "Church Going"과 "The Whitsun Weddings"의 결말은 이것을 명백히 보여 준다. 시집에 The North Ship(1945), The Less Deceived(1955), Poems(1954), The Whitsun Weddings(1964)가 있고, 소설에 Girl in Winter(1947)와 Jill(1946)이 있다. 미국 시인Robert Lowell은 Larkin이 지금 시를 쓰는 영국인 중 가장 형식적으로 만족스런 시인이라고 말했다.

Thom Gunn(1929~2004)은 Gravesand에서 태어났고, Cambridge대학에서 교육받았고, 미국으로 가서 처음엔 Stanford대학에서 Yvor Winters한테서 배웠고, California대학에서 가르쳤다. 그가 25세 때 출판된 첫 시집 Fighting Terms(1954)는 즉시 그를 그의 세대 중 가장 흥미 있는 시인으로 확립했다. 시간의 경과는 그가 Philip Larkin이나 Kingsley Amis와 같은 식의 "The Movement" 시인이 아님을 명백히 했다. 그의 작품은 Larkin의 시와 Hughes의 시 사이에 걸친 중요한 다리 노릇을 하고 있다. 즉 그는 1950년대의 형식적 정확성과 우아함과 함께 1960년대의 에너지와 폭력에 흥미를 가지고서 시를 쓴다. 그밖에 시집으로 The Sense of Movement(1957), My Sad Captain(1961), Positives(1966), Touch(1967), Poems, 1950~66: A Selection(1969), Moly(1971) 등이 있다.

Ted Hughes(1930~98)는 Yorkshire의 Mytholmroyd에서 태어났다. 그는 일반적으로 Philip Larkin과 함께 제2차 세계대전 후에 나타난 가장 중요한 두 시인 중의 하나로 생각되어지고 있다. Larkin이 1950년대의 목소리였다면, Hughes는 1960년대의 목소리이다. 그가 Cambridge대학에서 공부할 때 Fullbright Fellowship으로 Newnham College에 다녔던 미국 여류시인 Sylvia Plath와 결혼, 1963년 그녀가 런던에서 31세의 나이로 자살할 때까지 그들 작품에서 상호영향을 볼 수 있다.

Cambridge대학 재학 시에 시인으로서 명성을 얻기 시작, The Hawk in the Rain(1957)으로 급속한 인정을 받았다. Hughes의 시는 일련의 통제된 폭발이다. 즉 힘과 폭력이 The Hawk in the Rain과 Lupercal(1960)의 테마다. Hughes는 젊은 영국 시인들 중 가장 유명한데, 그 이유는 그의 작품을 빨리 이해할 수 있기 때문이다. 이 세기의 그의 선배들의 극히 난해한 시 후에, 보통 독자들의 환영을 받게 되었다. Hughes가 난해하지 않은 한 가지 이유는, 적어도 표면적으로는 그가 혁신가가 아니라 전통주의자이기 때문이다. 즉, 그는 영어 어법과 영국 문학, 영국적인 것에 뿌리를 박은 영국 시인이다. 그에게서 먼저 느끼는 것은 비교적 강렬한 관능적 체험이다. 이 점이 Lawrence와 공통점을 갖고 있으며, Hughes가 신세진 다른 시인은 Hopkins다. 다른 시집으로 Wodwo(1967), Crow(1970) 등이 있다.

Gerard Manley Hopkins

1844~1889

신(神)의 장엄(壯嚴)

세계(世界)는 神(신)의 壯嚴(장엄)으로 充電(충전)되어 있다.
그 장엄(壯嚴)은 불꽃이 되어 터져 나오리라, 흔들리는 금박(金箔)의 광채(光彩)처럼.
그것은 모여 거대(巨大)하게 되리라, 짓눌려
스며나오는 기름처럼. 그런데 어찌하여 사람들은 신(神)의 권위에 무심할까?
世代들이 짓밟고, 짓밟고, 짓밟아 왔다:
그리하여 모든 것이 생업(生業)으로 시들고, 苦役(고역)으로 흐려지고
더럽혀져 있다,
그리고 인간(人間)의 때가 묻어 있고 인간(人間)의 냄새를 풍긴다. 땅은
이제 불모(不毛)가 되고, 발은, 신을 신었기에, 감각(感覺)할 수가 없다.

그럼에도 불구하고 자연(自然)은 결코 소진(消盡)되지 않으리라;
사물(事物) 깊숙이 가장 귀중(貴重)한 신선함이 살고 있기에;
그리고 마지막 빛이 암흑(暗黑)의 서(西)쪽으로 사라진다 할지라도
오, 아침이 갈색 동(東)쪽에서 솟아오르기에—
왜냐하면 성령(聖靈)[1]이 활처럼 굽은 세계(世界)를
품고 있기에 포근한 가슴으로 그리고 아! 빛나는 날개로.

---

1 기독교에선 성령(聖靈)을 "비둘기"로 상징한다. 여기서는 비둘기가 지구를 알을 품고 있듯 감싸고 있는 모습.

GOD'S GRANDEUR

The world is charged with the grandeur of God.
   It will flame out, like shining from shook foil;
   It gathers to a greatness, like the ooze of oil
Crushed. Why do men then now not reck his rod?
Generations have trod, have trod, have trod;
   And all is seared with trade; bleared, smeared with toil;
   And wears man's smudge and shares man's smell: the soil
Is bare now, nor can foot feel, being shod.

And for all this, nature is never spent;
   There lives the dearest freshness deep down things;
And though the last lights off the black West went
   Oh, morning, at the brown brink eastward, springs—
Because the Holy Ghost over the bent
   World broods with warm breast and with ah! bright wings.

별이 총총한 밤

보라 별을! 보라, 쳐다보라 하늘을!
　오, 보라 空中에 앉아 있는 저 모든 불사람들을!
　저기 빛나는 도시(都市)들을, 원형성채(圓形城砦)들을!
어둠침침한 숲속의 다이아몬드들을! 요정(妖精)의 눈들을!
금(金)이, 살아있는 금(金)이 놓인 차가운 회색 잔디들을!
　바람에 나부끼는 백양(白楊)들을! 너울거리는 불길에 타는 경쾌한 흰 포플라들을!
　농가(農家) 뜰에서 깜짝 놀라 날아오르는 눈송이—비둘기들을!
아 정말! 이건 모두가 구입(購入)해야 할 물건, 모두가 상품(賞品)이다.

그러니 사라! 입찰(入札)하라! —무엇으로? 기도(祈禱), 인내(忍耐), 시주(施主), 서약(誓約)으로.
보라, 보라: 만발한 오월(五月)의 꽃을, 마치 과수원 나뭇가지에 핀 듯한!
　보라! 삼월(三月)의 꽃을, 마치 노란 가루 묻은 갯버들에 핀 듯한!
이런 것들은 실(實)은 곳간에 지나지 않고, 그 안에 쌓여 있다
곡식단이. 이 총총히 빛나는 담이[1] 아늑히 신랑(新郎)
　　크리스트를 지켜준다, 크리스트와 그의 어머니와 모든 성인들을.

---

1 마치 헛간이 풍성한 수확을 둘러싸고 있듯, 이 별들의 담이 크리스트를 피난시켜 주고 에워싸고 있다.

THE STARLIGHT NIGHT

Look at the stars! look, look up at the skies!
  O look at all the fire-folk sitting in the air!
  The bright boroughs, the circle-citadels there!
Down in dim woods the diamond delves! the elves'-eyes!
The grey lawns cold where gold, where quickgold lies!
  Wind-beat whitebeam! airy abeles set on a flare!
  Flake-doves sent floating forth at a farmyard scare!-
Ah well! it is all a purchase, all is a prize.
Buy then! bid then! —What?—Prayer, patience, alms, vows.
Look, look: a May-mess, like on orchard boughs!
  Look! March-bloom, like on mealed-with-yellow sallows!
These are indeed the barn; withindoors house
The shocks. This piece-bright paling shuts the spouse
  Christ home, Christ and his mother and all his hallows.

봄

봄처럼 아름다운 것은 없다—
봄엔 잡초(雜草)들이, 거침없이 솟아난다 길게 아름답게 무성히;
티티새의 알이 작은 나지막한 하늘처럼 보이고, 티티새는
메아리치는 숲속에서 귀를 헹구고
울린다. 티티새의 노래를 듣고 있노라면 번개를 맞은 듯하다;
유리 같은 배나무 잎사귀와 꽃들은 스친다
내려오는 청천(靑天)을; 그 청색(靑色)은 온통 약동한다
풍요(豊饒)로; 달리는 羊들 역시 멋지게 뛰어논다.

이 모든 쥬스, 이 모든 환희(歡喜)는 무엇인가?
태초(太初)의 에덴동산에 있었던 지상(地上)의 행복(幸福)의
한가닥 줄기, —가져라, 얻어라[1] 그것이 포식(飽食)으로 싫증나기 전에,
죄(罪)지음으로 그것이 흐려지고, 시어지기 전에, 주(主) 크리스트여,
소년(少年)과 소녀(少女)의 순진한 마음과 오월제(五月祭)날을,
무엇보다도, 오 성처녀(聖處女)의 아들[2]이여, 그대의 精粹이며 획득할 값어치가
있는 것을.

1 젊은 마음들이 "죄로 시어지기" 전에, 그 젊은 마음들을 획득하라고 크리스트에게 간청하는 것
2 크리스트

SPRING

Nothing is so beautiful as Spring—
  When weeds, in wheels, shoot long and lovely and lush;
  Thrush's eggs look little low heavens, and thrush
Through the echoing timber does so rinse and wring
The ear, it strikes like lightnings to hear him sing;
  The glassy peartree leaves and blooms, they brush
  The descending blue; that blue is all in a rush
With richness; the racing lambs too have fair their fling.

What is all this juice and all this joy?
  A strain of the earth's sweet being in the beginning
In Eden garden.—Have, get, before it cloy,
  Before it cloud, Christ, lord, and sour with sinning,
Innocent mind and Mayday in girl and boy,
Most, O maid's child, thy choice and worthy the winning.

다채(多彩)로운 미(美)

신(神)을 찬미(讚美)할지어다. 알롱달롱한 것을 만드신—
줄무늬진 소처럼 두겹 색깔의 하늘;
헤엄치는 송어에 점점이 박힌 장미반점(薔薇斑點);
벌건 석탄(石炭)불에 껍질 벗겨진 밤, 핀치새의 날개;
구획(區劃)된 네모진 풍경(風景)—인클로저. 휴한지(休閑地), 그리고 경작지(耕作地):
그리고 온갖 생업(生業), 그 색구(索具), 밧줄, 그리고 장비(裝備)들을 만드신.

만물(萬物)이 정반대(正反對)거나, 독창적(獨創的)이거나, 비상(非常)하거나, 이상(異常)하다,
무엇이든 변덕스런 것은 斑點져 있다(누가 알리오 그 오묘함을?)
빠른 것, 느린 것, 단 것, 신 것, 빤짝거리는 것, 희미한 것으로;
이 모든 것을 변화(變化)를 초월한 아름다운 그분이 낳으신다:
그분을 찬미(讚美)하라.

PIED BEAUTY

Glory be to God for dappled things—
For skies of couple-colour as a brinded cow;
For rose-moles all in stipple upon trout that swim;
Fresh-firecoal chestnut-falls, finches' wings;
Landscape plotted and pieced—fold, fallow, and plough;
And all trades, their gear and tackle and trim.

All things counter, original, spare, strange;
Whatever is fickle, freckled(who knows how?)
With swift, slow; sweet, sour; adazzle, dim;
He father-forth whose beauty is past change:
Praise him

집 안의 촛불

촛불이 훤히 타고 있다 내가 지나치는 어디선가에서.
나는 생각에 잠긴다 어떻게 그 촛불이 행복히 온화한 밤의
어슴푸레한 암흑(暗黑)을 노란 증기로 밀쳐 버리는가를,
혹은 이리 저리 부드러운 티끌불이 눈에 굽실거리는가를.
저 창(窓)가에서 무슨 일로 무슨 손가락들이 부지런히 일하는지
나는 곰곰이 생각하며 터벅터벅 걷는다, 대답이 없어서
한층 더 알고 싶어하며, 하나님을 위대(偉大)하게 할
하나님에 영광(榮光)을 줄 똘똘인지 또순인지 알고자 하면서,
네가 집안으로 들어오라,[1] 집으로 오라; 네 꺼져 가는 불을
먼저 고쳐라, 그리고 은밀한 심장(心臟)의 돔 속의 생명(生命)의 촛불을.
너는 심장(心臟)에선 주인(主人)이다. 네가 하고 싶은 것을 하라;
무엇이 방해하는가? 너는 티끌에 눈이 멀면서도, 이웃의
결점(缺點)에는 능숙한가? 네가 그 거짓말장이인가,
양심(良心)에게 내쫓긴, 맛잃은 소금이란 말인가?

1 남들에게 하나님을 영광스럽게 할 것을 전하기 전에, 네 스스로가 먼저 이 임무를 수행하라고 자기 자신의 마음에 말한다.

THE CANDLE INDOORS

Some candle clear burns somewhere I come by.
I muse at how its being puts blissful back
With yellowy moisture mild night's blear-all black,
Or to-fro tender trambeams truckle at the eye.
By that window what task what fingers ply,
I plod wondering, a-wanting, just for lack
Of answer the eagerer a-wanting Jessy or Jack
There, God to aggrandize, God to glorify.—
Come you indoors, come home; your fading fire
Mend first and vital candle in close heart's vault:
You there are master, do your own desire;
What hinders? Are you beam-blind, yet to a fault
In a neighbour deft-handed? Are you that liar
And, cast by conscience out, spendsavour salt?

집 밖의 초롱

때때로 초롱이 밤을 따라 움직이며
　　우리 시선(視線)을 끈다. 그런데 누가 지나가는 걸까?
　　나는 생각한다; 어디에서 와서, 나는 궁금하다, 어디로 가는 걸까,
넓은 어둠 속을 따라, 헤쳐 나갈 불을 들고서?

사람들이 지나간다. 형체(形體)나 정신(精神) 등(等)의
　　빛나는 아름다움이 드문 정도인.
　　그들이 우리들의 아주 탁한 늪 공기에 빗발처럼 퍼붓는다.
화려한 빛을, 죽음과 거리가 그들을 완전히 사버릴 때까지[1]

죽음이나 거리가 멀잖아 그들을 삼켜 버린다: 아무리 굽이굽이
　　시선이 따라가려 해도, 끝까지 나는
따라갈 수 없다. 그런데 눈에서 멀면 마음에서 멀어지는 법.

크리스트는 기억하신다[2]; 크리스트의 관심은, 칭찬하려 혹은 고치려
　　그들을 눈여겨보시고, 충심으로 원하고, 걱정하시고, 친절히
　　　　　　　　따라 오신다,
그들의 구세주(救世主), 그들의 구원자(救援者), 또 최초(最初)의 충실(忠實)한,
최후(最後)의 친구.

---

1 우리가 사귀거나 알게 되는 아무리 훌륭한 사람도 결국엔 헤어지게 된다.

2 그러나 영원한 친구 크리스트만은 그렇지 않다.

THE LANTERN OUT OF DOORS

Sometimes a lantern moves along the night,
　That interests our eyes. And who goes there?
　I think; where from and bound, I wonder, where,
With, all down darkness wide, his wading light?

Men go by me whom either beauty bright
　In mould or mind or what not else makes rare:
　They rain against our much-thick and marsh air
Rich beams, till death or distance buys them quite.

Death or distance soon consumes them: wind
What most I may eye after, be in at the end
I cannot, and out of sight is out of mind.

Christ minds: Christ's interest, what to avow or amend
There, éyes them, heart wánts, care haúnts,
　　　　　foot fóllows kínd,
Their ránsom, théir rescue, ánd first, fást, last friénd.

황조롱이[1]
우리 주(主) 크리스트에게

나는 보았다 오늘 아침 아침의 총아(寵兒), 햇빛왕국(王國)의
　황태자(皇太子). 아롱진 새벽에 이끌려 나온 매가
　넘실거리는, 그의 밑이 평탄한, 안정된 공기(空氣)를 말타며,
저 하늘높이 활보하는 것을, 물결치는 날개를 고삐삼아
얼마나 황홀히 도는 가를! 이윽고 회전하여 훨훨 나아간다,
　마치 스케이트의 발꿈치가 활 굴곡(屈曲)을 그리며 스므드하게
미끄러지듯: 돌진(突進)과 활주(滑走)가
　박찬다 강풍(强風)을. 숨어 있는 내 마음은
설렌다 한 마리 새로 인하여, —이 새의 성취(成就)와 숙달(熟達)에.

야수적(野獸的) 미(美)와 용기(勇氣)와 행위(行爲) 오, 자태(姿態), 긍지(矜持), 영광(榮光)이, 여기에
　허물어진다! 그러자 그때 그대에서 터져나오는 불은 억만
배나 더욱 아름답고, 더욱 위태롭다, 오 나의 기사(騎士)여!

　당연할 수밖에: 꾸준한 노동이 이랑을 따라 가는 쟁기를
광채(光彩)나게 하고, 푸르스름한 등걸불도, 아 내 사랑하는 님이여,
　떨어져, 찰상(擦傷) 나고, 황금주홍(黃金朱紅)빛 상처(傷處)를 드러내기에.

---

1 kestrel, falcon(매)의 속명. 동반구(東半球) 북부에 사는 매의 일종. 바람을 거슬러 날기 때문에 windhover란 이름이 붙었다.

THE WINDHOVER

To Christ our Lord

I caught this morning morning's minion, king-
   dom of daylight's dauphin, dapple-dawn-drawn Falcon, in his riding
   Of the rolling level underneath him steady air, and striding
High there, how he rung upon the rein of a wimpling wing
In his ecstasy! then off, off forth on swing,
   As a skate's heel sweeps smooth on a bow-bend: the hurl and gliding
   Rebuffed the big wind. My heart in hiding
Stirred for a bird,—the achieve of; the mastery of the thing!

Brute beauty and valour and act, oh, air, pride, plume, here
   Buckle! and the fire that breaks from thee then, a billion
Times told lovelier, more dangerous, O my chevalier!

No wonder of it: shéer plód makes plough down sillion
Shine, and blue-bleak embers, ah my dear,
   Fall, gall themselves, and gash gold-vermillion.

빈지[1]포플라
1879년에 벌채(伐採)된

내 사랑하는 포플라, 공중(空中)의 새장들을 진압했던,
진압했던, 날뛰는 태양을 잎사귀들 속에 꺼버렸던 포플라가
모두 베어졌다, 베어졌다, 모두 베어졌다;
  신선하고 잇따라 접힌 수열(樹列) 중에
          남김없이, 하나 남김없이
          풀밭과 강과 바람 헤매는 雜草가-굽이치는-강둑에
      헤엄치거나 가라앉았던
샌달 신은 그림자를 흔들거렸던 나무들.

   오 우리가 하는 것이 무엇인지 우리가 안다면
          우리가 땅파거나 나무를 벨 때—
자라나는 녹색초목(綠色草木)을 난도질하고 고문할 적에!
     전원(田園)은 건드리기에는
   하도 연하고 전원(田園)은 하도 가냘퍼
   이 윤기나는 눈알처럼
   단 한번 찌르기만 해도 눈이 멀어진다,
   우리가, 우리가 전원(田園)을 고치려

         하는 곳에 우리는 전원(田園)을 끝장낸다.
    우리가 베거나 땅팔 때:
  나중에 오는 사람들은 지난날의 아름다움을 짐작도 할 수 없다.
   열번 혹은 열두번, 단 열번 혹은 열 두 번의
    파괴(破壞)의 도끼질이 망쳐버린다
          사랑스런 특유한 경치(景致)를,
    시골 景致를, 시골 경치(景致)를,
    사랑스런 특유한 시골 경치(景致)를.

---

1 Oxford 근처의 마을.

BINSEY POPLARS

felled 1879

MY aspens dear, whose airy cages quelled,
Quelled or quenched in leaves the leaping sun,
All felled, felled, are all felled;
  Of a fresh and following folded rank
                Not spared, not one
                That dandled a sandalled
    Shadow that swam or sank
On meadow and river and wind-wandering weed-winding bank.

  O if we but knew what we do
    When we delve or hew—
  Hack and rack the growing green!
    Since country is so tender
  To touch, her being só slender,
  That, like this sleek and seeing ball
  But a prick will make no eye at all,

    Where we, even where we mean
                To mend her we end her,
    When we hew or delve:
After-comers cannot guess the beauty been.
Ten or twelve, only ten or twelve
  Strokes of havoc únselve
    The sweet especial scene,
  Rural scene, a rural scene,
  Sweet especial rural scene.

피일릭스 랜들

말굽대장장이 피일릭스 랜들[1],오 그래 그가 죽었단 말인가?
내 의무(義務)가 다 끝났단 말인가?
굵직한 뼈, 억세고 잘생긴 그의 몸집이 여위고 여위어
마침내 이성(理性)이 비틀거리고 몸속에 깃든 어느
네 가지 치명적(致命的) 병(病)이 모두 다투는 것을 지켜본 내 의무(義務)가?

병이 그를 부쉈다. 참을성 없어 그는 맨 처음엔 욕설을 퍼부었지만
성유(聖油)를 바르고 난 후 고쳐졌다; 하긴 신앙심이 몇 달 전에
시작했지만, 내가 감미로운 사형집행유예(死刑執行猶豫)와 몸값[2]을
그에게 준 이래로. 휴우, 신(神)이여 그에게 휴식을 주소서 무슨 죄를
지었든 간에!

이렇게 병자를 보는 것이 그들을 우리에게 친밀케 한다, 우리를
역시 그것은 친밀케 한다.
내 혀가 네게 위로를 가르쳐 주었고, 손의 접촉이 네 눈물을 껐다.
얘야, 피일릭스, 가여운 피일릭스 랜들, 내 마음을 감동시켰던 네 눈물을

얼마나 달라졌는가, 너의 떠들썩했던 시절 그때 예상되었던 것보다,
네가 거치른 살벌한 대장간에서, 동료들 속에서 힘차게
큰 회색 짐마차 말을 위해 빛나는 덜커덕거리는 샌들을 두들겨
만들었을 때보다.

---

1 아일랜드인 이름
2 감미로운…몸값: 고해(confession)와 성찬(sacrament).

FELIX RANDAL

Felix Randal the farrier, O he is dead then? my duty all ended,
Who have watched his mould of man, big—boned and hardy—handsome
Pining, pining, till time when reason rambled in it and some
Fatal four disorders, fleshed there, all contended?

Sickness broke him. Impatient he cursed at first, but mended
Being anointed and all; though a heavenlier heart began some
Months earlier, since I had our sweet reprieve and ransom
Tendered to him. Ah well, God rest him all road ever he
offended!

This seeing the sick endears them to us, us too it endears.
My tongue had taught thee comfort, touch had quenched thy tears,
Thy tears that touched my heart, child, Felix, poor Felix Randal;

How far from then forethought of, all thy more boisterous years,
When thou at the random grim forge, powerful amidst peers,
Didst fettle for the great grey drayhorse his bright and
battering sandal!

봄과 가을
어린 少女에게

마아가리트, 너는 황금(黃金)빛 숲이
잎지는 것을 보고 슬픔에 잠겼니?
낙엽(落葉)을, 인간사(人間事)처럼,
너는 신선(新鮮)한 생각으로 아낄 수 있니?
아! 마음이 늙어감에 따라
그런 광경(光景)엔 차츰 냉담해지고
창백한 숲의 세계(世界)가 한 잎 한 잎
낙엽(落葉)져도 한숨 하나 짓지 않는다.
그러나 너는 울려하겠지, 까닭을 알려 하겠지.
허나, 얘야, 슬픔의 이름이야 어떻든
슬픔의 원천(源泉)은 다 한가지란다.
어떠한 입도, 아니 어떠한 정신(精神)도
표현(表現)하지 않았었지
마음이 들었던 것, 영혼이 짐작했던 것을.
사람이 태어난 것은 시들기 위한 것,
마아가리트, 네가 슬퍼하는 것도 네 자신인 것을.

SPRING AND FALL

to a young child

Márgarét, áre you gríeving
Over Goldengrove unleaving?
Leáves, líke the things of man, you
With your fresh thoughts care for, can you?
Áh! ás the heart grows older
It will come to such sights colder
By and by, nor spare a sigh
Though worlds of wanwood leafmeal lie;
And yet you wíll weep and know why.
Now no matter, child, the name:
Sórrow's spríngs áre the same.
Nor mouth had, no nor mind, expressed
What heart heard of, ghost guessed:
It ís the blight man was born for,
It is Margaret you mourn for.

이보다 더한 최악(最惡)은 없다

이보다 더한 최악(最惡)은 없다. 비탄(悲嘆)의 역청(瀝靑) 속에 쳐박혀
더 많은 격통(激痛)이. 먼저 격통에서 배워, 더 널리 몸을 비틀리라
위안자(慰安者)[1]여. 어디에 어디에 당신의 위안이 있는가?
마리아 우리들의 어머니여, 어디에 당신의 구원이 있는가?

내 절규는 헐떡인다. 소떼처럼 길게, 주요(主要)한, 주(主)가 되는 비애.
세계고(世界苦)로 겁에 질려 우루루 모인다; 오래된 모루 위에서 움츠러들고
　노래한다
그러다 가라앉았다 그친다. 분노의 여신이 날카롭게 외쳤다 머뭇
거릴 필요 없어! 내가 잔인해야겠다: 부득이 얼른 끝장내 버려야겠다.

　오 마음은, 마음은 산(山)들을 가졌고 : 낙하(落下)의 단애(斷崖)는
끔찍스럽고, 가파롭고, 아무도 측량한 일 없다. 거기에 매달린 적
　　없는 자(者)는
그 절벽을 대수롭게 여기잖아도 좋다. 우리들의 짧은
수명(壽命)은 그 단애를 혹은 심연을 오래 견딜 수 없다. 자! 기어들어 가라,
불쌍한 자(者)여, 회오리바람을 피할 수 있는 안식처로: 모든
생명(生命)을 죽음은 끝장내고 하루하루는 잠으로 죽기에.

1　성령. (요한복음 14 : 16, 26 참조)

NO WORST, THERE IS NONE

NO worst, there is none. Pitched past pitch of grief,
More pangs will, schooled at forepangs, wilder wring.
Comforter, where, where is your comforting?
Mary, mother of us, where is your relief?
My cries heave, herds-long; huddle in a main, a chief
Woe, world-sorrow; on an age-old anvil wince and sing—
Then lull, then leave off. Fury had shrieked 'No ling—
ering! Let me be fell: force I must be brief'.

O the mind, mind has mountains; cliffs of fall
Frightful, sheer, no-man-fathomed. Hold them cheap
May who ne'er hung there. Nor does long our small
Durance deal with that steep or deep. Here! creep,
Wretch, under a comfort serves in a whirlwind: all
Life death does end and each day dies with sleep.

주(主)여, 당신이 진실로 옳습니다

여호와여 내가 주(主)와 쟁변(爭辯)할 때에는 주는 의(義)로 우시나이다. 그러나 내가 주(主)께 질문하옵나니 악한 자(者)의 길이 형통하며 패역(悖逆)한 자가 다 안락(安樂)함은 무슨 연고(緣故)니이까.

(예레미야 XII: 1)

주(主)여, 당신이 진실로 옳습니다, 비록 내가 당신과
다툰다 할지라도; 하지만, 선생님, 내가 항변(抗辯)하는 것도 옳습니다.
왜 죄인들이 번창합니까? 그리고 왜 절망이
내가 스스로 애쓰는 모든 것을 끝장내어야만 합니까?
　　당신이 내 적이라 한들. 오 내 친구인 당신이여,
어찌 당신이 나를 패배시키고, 좌절시키는 것 이상으로
더 나쁘게 할 수 있겠습니까? 오, 주정뱅이들과 육욕(肉慾)의 노예들이,
선생님, 평생을 당신의 대의(大義)를 위해 보낸 나보다도
여가 시간에도 더욱 번영하고 있습니다. 보십시오, 강둑과 덤불들이,
지금, 얼마나 무성히 잎이 우거져 있는지! 그것들은 또다시, 보십시오,
뇌문(雷文)무늬의 파슬리로 레이스처럼 꾸며지고, 신선한 바람이
흔들고 있습니다; 새들도 둥지를 짓고—그러나 나는 짓지 못합니다[1];
　아니
시간의 고자[2]에 지나지 않은 내가 힘껏 노력한다 한들
영속(永續) 할 작품 하나 낳지 못하고 있습니다.
내 것에, 오 생명의 주(主)인 당신이여, 내 뿌리에 비를 내리소서.

1　즉 불모(不毛)해서, 좋은 작품을 쓰지 못하고 있다.

2　마태복음 19 : 12 참조.

THOU ART INDEED JUST, LORD

Justus quidem tu es, Domine, si disputem tecum:
verumtamen justa loquar ad te: Quare via impiorum prosperatur? etc.

Thou art indeed just, Lord, if I contend
With thee; but, sir, so what I plead is just.
Why do sinners' ways prosper? and why must
Disappointment all I endeavour end?

Wert thou my enemy, O thou my friend,
How wouldst thou worse, I wonder, than thou dost
Defeat, thwart me? Oh, the sots and thralls of lust
Do in spare hours more thrive than I that spend,
Sir, life upon thy cause. See, banks and brakes
Now leavèd how thick! lacèd they are again
With fretty chervil, look, and fresh wind shakes
Them; birds build—but not I build; no, but strain,
Time's eunuch, and not breed one work that wakes.
Mine, O thou lord of life, send my roots rain.

Thomas Hardy

1840~1928

中間色調

우리는 그 겨울날 연못가에 서 있었다,
태양(太陽)은, 마치 하나님의 꾸중이나 맞은 듯 희었고,
낙엽(落葉)이 몇 잎 굶주린 땅에 깔려 있었다;
　　—서양(西洋)물푸레나무에서 진 것이어서 회색이었다.

나를 바라보는 당신의 눈은 지난날의 지리한
수수께끼를 풀려 헤매는 눈만 같았다;
몇 마디가 우리 사이에 오고 갔다,
　　누가 우리의 사랑으로 더 손해보았는지.

당신의 입에 떠오른 미소는 죽을힘이 겨우 남은
정도로 맥빠져 있었고;
씁쓸한 희죽웃음이 입가를 스쳐 갔다
　　날아가는 불길(不吉)한 새처럼…

그때 이래, 사랑은 속이고, 학대로 괴롭힌다는
신랄한 교훈(敎訓)이 내마음 속에 새겨 놓았다
당신의 얼굴과 하나님에게 저주받은 태양과 나무를,
　　그리고 회색 잎사귀로 가장자리진 연못을.

NEUTRAL TONES

WE stood by a pond that winter day,
And the sun was white, as though chidden of God,
And a few leaves lay on the starving sod,
    —They had fallen from an ash, and were gray.

Your eyes on me were as eyes that rove
Over tedious riddles solved years ago;
And some words played between us to and fro—
    On which lost the more by our love.

The smile on your mouth was the deadest thing
Alive enough to have strength to die;
And a grin of bitterness swept thereby
    Like an ominous bird a-wing….

Since then, keen lessons that love deceives,
And wrings with wrong, have shaped to me
Your face, and the God-curst sun, and a tree,
    And a pond edged with grayish leaves.

어둠 속의 티티새

나는 기대었다 잡목덤불 문(門)에,
　　서리가 유령처럼 회색이고
겨울의 찌꺼기가 약해지는
　　낮의 눈을 황량스럽게 할 무렵.
얽혀진 덩굴줄기가 하늘에 선(線)을 그었다.
　　마치 부서진 칠현금(七絃琴)의 현(絃)들처럼.
그리고 이웃에 사는 사람들은 모두 다
　　가정의 벽화로를 찾았다.

대지(大地)의 뚜렷한 이목구비는 뻗어 있는
　　세기(世紀)[1]의 시체(屍體)인듯,
그의 납골당은 구름낀 천개(天蓋),
　　바람이 그의 만가(挽歌).
씨와 출생의 옛 맥박은
　　단단히 메말라 오므라들었다,
그리고 지상의 모든 정신(精神)은
　　나처럼 열정(熱情)이 식었었다.

1　이 詩는 1900년 12월 31일, 19세기의 마지막 날에 쓰였다.

THE DARKLING THRUSH

I leant upon a coppice gate
When Frost was spectre-gray,
And Winter's dregs made desolate
The weakening eye of day.
The tangled bine-stems scored the sky
Like strings of broken lyres,
And all mankind that haunted nigh
Had sought their household fires.

The land's sharp features seemed to be
The Century's corpse outleant,
His crypt the cloudy canopy,
The wind his death-lament.
The ancient pulse of germ and birth
Was shrunken hard and dry,
And every spirit upon earth
Seemed fervourless as I.

바로 그 찰나 한 목소리가 일어났다
　　머리 위의 황량한 나뭇가지 사이에서
한없는 환희의
　가슴벅찬 저녁 노래가;
연약하고 수척한 작은 늙은 티티새 한 마리,
　　깃털을 광풍(狂風)에 펄럭이며
짙어가는 땅거미에
　　이처럼 그의 영혼을 내던지기로 작정한 것이었다.

이렇게 황홀한 소리의 축가(祝歌)의
　　원인이 거의 적혀 있지 않았다
멀리 혹은 근처의
　지상(地上)의 사물들엔,
그래서 나는 생각할 수 있었다 그의 행복한
　　밤의 작별 노래 속에
그는 알고 있지만 내가 알지 못하는
　무슨 즐거운 희망이 떨리고 있음을.

At once a voice arose among
        The bleak twigs overhead
In a full-hearted evensong
        Of joy illimited;
An aged thrush, frail, gaunt, and small,
        In blast-beruffled plume,
Had chosen thus to fling his soul
        Upon the growing gloom.

So little cause for carolings
        Of such ecstatic sound
Was written on terrestrial things
        Afar or nigh around,
That I could think there trembled through
        His happy good-night air
Some blessed Hope, whereof he knew
        And I was unaware.

해협 함포사격(海峽 艦砲射擊)[1]

당신의 대포(大砲)들이. 무심코,
우리들이 누워 있는 관(棺)들을 온통 뒤흔들고
성단(聖壇)이 있는 쪽 창틀을 깨뜨렸던 그날밤
우리는 최후(最後)의 심판(審判)의 날이 왔다고 생각하여

똑바로 일어나 앉았었다. 한편 쓸쓸히
잠깬 사냥개들의 울부짖는 소리가 일어났다;
생쥐도 제단(祭壇) 빵부스러기를 떨어뜨리고
벌레들도 도로 무덤 속으로 물러났었다.

교회농장(敎會農場) 소가 침을 질질 흘렸다. 하나님이 "아냐;
저건, 너희들이 지하로 내려가기 전과 꼭 같이
저 바다 밖에서 하는 함포사격이야,
세상은 늘 있었던 그대로야:

"모든 국가(國家)들이 붉은 전쟁(戰爭)을 한층 붉게
하려고 힘차게 애쓰고 있지. 아주 미쳐서
그들은 크리스트를 위해 아무 일도 하지 않아
그런 일에 무력(無力)한 너희들과 마찬가지로.

"지금이 최후의 심판의 시간이 아님은
몇몇 그들에겐 다행스런 일이지,
왜냐하면 만일 그랬다면 그들은 많이 위협한 죄(罪)로
지옥(地獄)의 바닥을 북북 문질러 닦아야만 할테니····

---

1 제1차 세계대전이 터지기 직전, 영국과 독일간의 해군 군비경쟁 동안에 영국 해협에서 있었던 함포사격 연습.

CHANNEL FIRING

That night your great guns, unawares,
Shook all our coffins as we lay,
And broke the chancel window-squares,
We thought it was the Judgment-Day

And sat upright. While drearisome
Arose the howl of wakened hounds:
The mouse let fall the altar-crumb,
The worms drew back into the mounds,

The glebe cow drooled. Till God called, "No;
It's gunnery practice out at sea
Just as before you went below;
The world is as it used to be:

"All nations striving strong to make
Red war yet redder. Mad as hatters
They do no more for Christés sake
Than you who are helpless in such matters.

"That this is not the judgment hour
For some of them's a blessed thing,
For if it were they'd have to scour
Hell's floor for so much threatening ....

"하, 하. 내가 나팔을 부는 날이면
뜨거울거야(정말이지 내가 그렇게
한다면: 왜냐하면 너희들은 인간(人間)이어서
휴식(休息)이 영원(永遠)히 절실히 필요할 테니까)"
그래서 우리는 다시 누웠다. "도대체
세상이 언제야 더 정신(精神)을 차릴까"
하나가 말했다, "우리들의 무관심(無關心)한 세기(世紀)에,
"하나님이 우리를 하계(下界)로 보낼 때보다!"

그리고 많은 해골들이 머리를 저었다.
"사십년을 설교(說敎)하기보다."
내 이웃 써어들리 목사가 말했다,
"차라리 담배나 피우고 맥주나 마셨더라면 좋았을걸."

또다시 함포(艦砲)가 시간(時間)을 뒤흔들며
복수(復讐)의 용의(用意)를 으르렁댔다.
스타우어튼탑(塔)과 캐멜러트성(城),
그리고 별이 총총한 스토운헨지[1] 내지(內地)로 멀리.

1 스타우어튼 탑(塔)은 Wiltshire, Stourhead Park에 있는 18세기 塔으로 "King Alfred Tower"라 불린다. 그리고 Camelot는 Arthur왕의 궁정(宮廷)이 있었던 곳. 일설에 의하면 영국 Winchester였다고 한다. Stonehenge는 영국 남부(南部) Wiltshire의 Salisbury(소올즈버리) 평원(平原)에 있는 거석주(巨石柱)의 이중환열(二重環列, 石期時代 후기(後期)의 것이라 말해진다).

"Ha, ha. It will be warmer when
I blow the trumpet (if indeed
I ever do; for you are men,
And rest eternal sorely need)."

So down we lay again. "I wonder,
Will the world ever saner be,"
Said one, "than when He sent us under
In our indifferent century!"

And many a skeleton shook his head.
"Instead of preaching forty year,"
My neighbour Parson Thirdly said,
"I wish I had stuck to pipes and beer."

Again the guns disturbed the hour,
Roaring their readiness to avenge,
As far inland as Stourton Tower,
And Camelot, and starlit Stonehenge.

둘의 수렴(收斂)
(타이타닉號[1] 침몰(沈沒)에 붙이는 詩)

1

바다의 고독(孤獨) 속에,

인간(人間)의 허영(虛榮)과

배를 설계(設計)한 삶의 자랑에서 외떨어진 곳에, 조용히 배는 웅크리고 있다.

2

최근에 샐러멘더가 사는 불의

화장(火葬) 장작더미였던 강철방(强鐵房)들이

한류(寒流)를 헤쳐나가고, 리드미칼 한 조류(潮流)의 칠현금(七絃琴)이 된다.

3

부유(富裕)한 자(者)를 비추도록

의도(意圖)되었던 거울들엔

바닷벌레가 기어간다—괴상한, 끈적끈적한, 벙어리인, 무관심한.

4

관능적(官能的)인 마음을 황홀토록

환희 속에 디자인된 보석들이

빛을 잃고 누워 있다, 온갖 그들의 광채(光彩)가 흐려지고, 검고, 눈먼 채로.

---

1 타이타닉호는 3년에 걸쳐 건조(建造)된 그 당시 최대 초호화(最大 超豪華) 여객선이었다(46,000톤). 침몰 불가능이라 생각되었지만 1912년 4월 12일 영국 Southampton에서 미국 New York로 처녀항해 중 Newfoundland의 the Great Banks에서 빙산(氷山)과 충돌, 1,513명의 사상자(死傷者)를 내고 침몰했다.

THE CONVERGENCE OF THE TWAIN

(Lines on the loss of the "Titanic")

1

In a solitude of the sea
Deep from human vanity,
And the Pride of Life that planned her, stilly couches she.

2

Steel chambers, late the pyres
Of her salamandrine fires,
Cold currents thrid, and turn to rhythmic tidal lyres.

3

Over the mirrors meant
To glass the opulent
The sea worm crawls — grotesque, slimed, dumb, indifferent.

4

Jewels in joy designed
To ravish the sensuous mind
Lie lightless, all their sparkles bleared and black and blind.

5

근처의 눈이 흐린 야맹증(夜盲症) 물고기들이
도금(鍍金)한 톱니바퀴들을 응시하며
캐묻는다: "이 허영(虛榮)이 바다 밑에서 무얼 하고 있나?...

6

글쎄: 이 바닷물을 가르는 날개지닌
이 물건을 만드는 동안
만물(萬物)을 선동하고 휘모는 내재(內在)의 의지(意志)[2]가

7

마련했다—무척이나 화려하게 큰—
그 배의 불길(不吉)한 배우자(配偶者)—
얼음덩어리 하나를, 먼 훗날을 위해서.

8

그래서 멋진 배가
키, 우아(優雅), 그리고 색깔이 성장(成長)함에 따라,
그늘진 고요한 먼 곳에서 빙산(氷山) 또한 성장(成長)했었다.

9

무관심한듯 그들은 보였다:
어떠한 인간(人間)의 눈도 볼 수 없었다
그들의 그후의 역사(歷史)의 친밀한 용접(溶接)을,

5

Dim moon-eyed fishes near
Gaze at the gilded gear
And query: "What does this vaingloriousness down here?" ...

6

Well: while was fashioning
This creature of cleaving wing,
The Immanent Will that stirs and urges everything

7

Prepared a sinister mate
For her — so gaily great —
A Shape of Ice, for the time far and dissociate.

8

And as the smart ship grew
In stature, grace, and hue,
In shadowy silent distance grew the Iceberg too.

9

Alien they seemed to be;
No mortal eye could see
The intimate welding of their later history,

10

그들이 우연일치(偶然一致)의 길에 의해
곧 한 거대(巨大)한 사건의
쌍둥이 반(半)쪽이 되게 되어 있다는 전조(前兆)를,

11

세월(歲月)을 짜는 여신(女神)이
"지금이다!"라 말하고, 양(兩)쪽이 이 말을 듣고서
결혼(結婚)이 이루어져, 동서반구(東西半球)를 깜짝 놀라게 할 때까진.

2 Hardy의 철학(哲學)에 의하면, 우주(宇宙)를 휘모는 맹목적인 힘. 우주(宇宙)를 지배하는 무의식적이고 비인간적 세력. 운명. 맹목적이고 무책임한 세력.

10

Or sign that they were bent
By paths coincident
On being anon twin halves of one august event,

11

Till the Spinner of the Years
Said "Now!" And each one hears,
And consummation comes, and jars two hemispheres.

"국가(國家)들의 붕괴(崩壞)" 시기(時期)[1]에

1

걸으면서 반쯤 졸린 듯

비틀거리며 고개를 끄덕이는 늙은 말과 함께

천천히 말없이 걸으며

흙덩이를 잘게 쪼개는 사람만이.

2

개밀 더미로부터 나는

불길 없는 엷은 연기만이,

이것만이 한결같이 계속되리라

비록 왕조(王朝)들이 亡할지라도.

3

저편에 한 처녀(處女)와 그녀의 연인(戀人)이

속삭이며 다가오고 있다;

전쟁(戰爭)의 연대기(年代記)는 밤 속으로 흐트러지리라

그들의 이야기가 죽기 전에.

1 이 詩는 제1차 세계대전 중인 1915년에 쓰였다.

IN TIME OF "THE BREAKING OF NATIONS"

1

Only a man harrowing clods
In a slow silent walk,
With an old horse that stumbles and nods
Half asleep as they stalk.

2

Only thin smoke without flame
From the heaps of couch grass:
Yet this will go onward the same
Though Dynasties pass.

3

Yonder a maid and her wight
Come whispering by;
War's annals will fade into night
Ere their story die.

A. E. HOUSMAN

1859~1936

나무 중 가장 사랑스런

나무 중 가장 사랑스런 벚나무가 지금
가지 따라 만발한 꽃을 걸치고,
부활절(復活節)을 맞아 흰 옷을 입고서[1]
수풀속 승마(乘馬)길 옆에 늘어 서 있네.

이 제 내 일생(一生) 일흔 해 중
스물은 다시 돌아오지 않으리,
그러니 일흔 봄에서 스물을 빼면,
내게 남은 것은 오직 쉰뿐.

활짝 핀 꽃 보기에
쉰 봄이 너무나 짧으니
수풀 있는 곳으로 나는 가야지
눈처럼 피어 있는 벚꽃을 보러.

---

1 벚나무에 하얀 꽃이 핀 것을 부활절(復活節) 때 처녀가 흰 옷을 입는 것에 비유.

LOVELIEST OF TREES

Loveliest of trees, the cherry now
Is hung with bloom along the bough,
And stands about the woodland ride
Wearing white for Eastertide.

Now, of my threescore years and ten,
Twenty will not come again,
And take from seventy springs a score,
It only leaves me fifty more.

And since to look at things in bloom
Fifty springs are little room,
About the woodlands I will go
To see the cherry hung with snow.

마로니에가 횃불을 내던진다

마로니에가 횃불을 내던지고,[1] 꽃들이
　　아가위나무로부터 바람에 흘러내리고
도어가 덜커덕거리고, 유리창이 소나기로 눈멀어진다.
　　내게 잔을 돌려라, 얘야; 오월(五月)은 끝장이다.

우리 인생을 감소하려는 듯 봄이 하나 망쳐졌어,
　　우리의 짧은 수명(壽命) 중 한 계절(季節)이 파멸되었어.
내년 오월(五月)은 어쩌면 화창하겠지:
　　오, 허나 그땐 우린 스물네살.

우리는 확실히 폭풍우(暴風雨)가 희망(希望)찬 계획(計劃)을
　　무(無)로 팽개치는 동안, 주막집에 앉아, 어느
짐승 같은 악당(惡黨)이 이 세상을 만들었나
　　저주했던 최초(最初)의 사람은 아닐테지.

정말이지 우리의 선고(宣告)받은 영혼에서 갈망하는 것을
　　속여 빼앗고 너와 내가 무덤으로의
긴 바보 심부름을 갈 때
　　즐거움을 망쳐 놓은 것은 높으신 신(神)의 죄악(罪惡)이야.

1　"횃불"이란 마로니에의 꼿꼿한 꽃떨기를 말한다. "내던진다"는 열매를 익기 전에 떨어뜨린다는 뜻.

THE CHESTNUT CASTS HIS FLAMBEAUX

The chestnut casts his flambeaux, and the flowers
Stream from the hawthorn on the wind away,
The doors clap to, the pane is blind with showers.
Pass me the can, lad; there's an end of May.

There's one spoilt spring to scant our mortal lot,
One season ruined of your little store.
May will be fine next year as like as not:
But ay, but then we shall be twenty-four.

We for a certainty are not the first
Have sat in taverns while the tempest hurled
Their hopeful plans to emptiness, and cursed
Whatever brute and blackguard made the world.

It is in truth iniquity on high
To cheat our sentenced souls of aught they crave,
And mar the merriment as you and I
Fare on our long fool's-errand to the grave.

죄악(罪惡)이야 그건: 하지만 잔을 돌려라.
    얘야, 한 쌍의 왕(王)을 우리 어머니들은 낳지 않았어;
우리의 유일한 몫은 인간(人間)의 지위(地位)야:
    우리는 달을 원하지만 결코 얻지 못할거야.

여기 오늘 천둥의 구름이 나지막해졌다면
    내일 구름은 먼 사명(使命)을 띠고 발길을 재촉할거야.
육체(肉體)는 이윽고 우리의 것 아닌 다른 사람의 뼈에서
    비탄(悲嘆)할 것이고, 영혼(靈魂)은 다른 사람의 가슴속에서 슬퍼하리라.

우리의 오만하고 성 난 흙의 고난(苦難)은
    영원(永遠)으로부터 오는 것이니, 꼭 올거야.
그 고통(苦痛)들을 우리는 견딜 수 있어, 그리고 할 수만 있다면, 견디어야 해.
    하늘을 어깨에 짊어져라. 얘야, 그리고 술을 마셔라.

Iniquity it is; but pass the can.
　　My lad, no pair of kings our mothers bore;
Our only portion is the estate of man:
　　We want the moon, but we shall get no more.

If here today the cloud of thunder lours
　　Tomorrow it will hie on far behests;
The flesh will grieve on other bones than ours
　　Soon, and the soul will mourn in other breasts.

The troubles of our proud and angry dust
　　Are from eternity, and shall not fail.
Bear them we can, and if we can we must.
　　Shoulder the sky, my lad, and drink your ale.

RUDYARD KIPLING

1865~1936

퇴거찬미가(退去讚美歌)[1]

옛날부터 알려져 있는 우리 조상(祖上)들의 신(神)이시여—
　　우리의 광범한 전선(戰線)의 주(主)님이시여
당신의 두려운 손 아래 우리는
　　종려나무와 소나무를 통치(統治)하고 있나이다—
만군(萬軍)의 주(主) 하나님이시여, 우리와 함께 하소서
우리가 잊지 말도록—우리가 잊지 말도록!

야단법석과 고함소리는 죽고—
　　대장(隊長)들과 왕(王)들은 떠납니다
허나 여전히 당신의 옛 제물(祭物),
　　겸허하고 회개하는 마음은 변함없습니다.
만군(萬軍)의 주(主) 하나님이시여, 우리와 함께 하소서,
우리가 잊지 말도록—우리가 잊지 말도록!

멀리 호출(呼出)되어 우리 해군(海軍)은 녹아 없어집니다—
　　사구(砂丘)와 곶(岬)에 축화(祝火)는 가라앉습니다—
보십시오, 어제의 우리의 모든 영화(榮華)는
　　니네베와 티레와 하나입니다.
제국(諸國)의 심판관(審判官)이시여, 우리 목숨을 살려 주십시오,
우리가 잊지 말도록—우리가 잊지 말도록!

1　이 찬미가(讚美歌)는 1897년 6월 22일, 빅토리아女王의 즉위 60주년 기념일, 즉 Diamond Jubilee를 축하하기 위해 쓰였다. "퇴거찬미가(退去讚美歌)"란 예배가 끝난 후 목사와 성가대가 성단이 있는 곳(chancel)을 떠날 때 불리는 노래.

RECESSSIONAL

June 22, 1897

GOD of our fathers, known of old—
    Lord of our far-flung battle-line—
Beneath whose awful Hand we hold
    Dominion over palm and pine—
Lord God of Hosts, be with us yet,
Lest we forget, lest we forget!

The tumult and the shouting dies—
    The captains and the kings depart—
Still stands Thine ancient sacrifice,
    An humble and a contrite heart.
Lord God of Hosts, be with us yet,
Lest we forget, lest we forget!

Far-call'd our navies melt away—
    On dune and headland sinks the fire—
Lo, all our pomp of yesterday
    Is one with Nineveh and Tyre!
Judge of the Nations, spare us yet,
Lest we forget, lest we forget!

혹시 권력(權力)에 도취하여 우리가 당신을
　　두려워 않는 거치른 말을
이교도(異教徒)들이나 율법(律法) 없는 하등종족(下等種族)이
　사용하는 그런 자랑을 지껄인다 해도—
만군(萬軍)의 주(主) 하나님이시여. 우리와 함께 하소서,
우리가 잊지 말도록—우리가 잊지 말도록!

냄새나는 관(管)과 쇠파편(破片)을
　신봉(信奉)하는 이교적(異教的) 마음에 대해
흙 위에 집을 짓는 모든 용감(勇敢)한 흙,
　　당신을 지키려는 것이 아닌 경계소집(警戒召集),
미친 자랑과 어리석은 말에 대해
자비(慈悲)를 당신의 백성에게 내리소서, 주(主)여!

If, drunk with sight of power, we loose
    Wild tongues that have not Thee in awe—
Such boasting as the Gentiles use
    Or lesser breeds without the Law—
Lord God of Hosts, be with us yet,
Lest we forget, lest we forget!

For heathen heart that puts her trust
    In reeking tube and iron shard—
All valiant dust that builds on dust,
    And guarding calls not Thee to guard—
For frantic boast and foolish word,
Thy Mercy on Thy People, Lord!

D. H. LAWRENCE

1885~1930

바바리아 용담(龍膽)꽃

아무나 자기집에 용담(龍膽)꽃을 갖고 있지는 않다
온화한 구월(九月), 느리고 슬픈 미카엘제(祭)[1] 때에.

바바리아 용담(龍膽)꽃, 크고 어둡고, 어둡기만 하여
플루토신(神)[2]의 어둠의 연기 뿜는 푸름으로 낮을 횃불처럼
　　어둡게만 할 뿐,
갈비뼈 모양의 횃불처럼 어둠의 화영(火焰)으로 푸름을
아래로 펼쳐 點으로 판판해진다, 넓은 백일하(白日下)에 판판히 펴진,
푸름을 연기내는 어둠의 횃불꽃, 눈부신 플루토의 암청색(暗淸色),
암청색(暗靑色)으로 불타는 디즈[3]의 궁전(宮殿)의 검은 램프들,
어둠을, 푸른 어둠을 발산(發散)하는, 마치 데메테르[4]의
　창백한 램프들이 빛을 발산(發散)하듯.
자 나를 안내해다오, 내게 길을 안내해다오.

내게 용담(龍膽)꽃을 한송이 보내다오, 내게 횃불을 하나 다오
나로 하여금 혼자서 안내하게 해다오, 이 꽃의 푸른 갈래진 횃불을
가지고 점점 더 어두워지는 층계 아래로, 푸름이 푸르름 위에
　　겹친 캄캄한 곳으로.
페르세포네[5]가, 지금 막, 서리 내린 9월로부터
눈에 보이지 않는 왕국(王國)으로 간 곳으로, 거기선 어두움이 어둠 위에
　　잠깨어 있고
페르세포네 자신(自身)도 다만 한 목소리
혹은 플루토의 양팔에 한층 더 깊은 어둠 속에 포옹당한 짙은
유암(幽暗)의 정열(情熱)로 감동된, 불가시적(不可視的) 어둠에 지나지 않는다,
잃어버린 신부(新婦)와 그녀의 신랑(新郞)에게 어둠을 발산(發散)하는
　　어둠의 횃불의 광휘(光輝) 속에서.

1　9월 29일.

2　하계(하계(下界), Hades, Underworld의 왕)

3　로마신화(神話)에서 Pluto를 Dis라 한다. 둘 다 "rich"란 뜻. 하계(下界)에는 많은 보물이 있으므로.

4　Pluto의 妻인 Persephone의 어머니.

5　Pluto에게 납치되어 하계(下界)에서 王妃가 되었다.

BAVARIAN GENTIANS

Not every man has gentians in his house
in soft September, at slow, sad Michaelmas.

Bavarian gentians, big and dark, only dark
darkening the daytime, torchlike, with the smoking
            blueness of Pluto's gloom,
ribbed and torchlike, with their blaze of darkness spread blue
down flattening into points, flattened under the sweep of white day
torch-flower of the blue-smoking darkness, Pluto's dark-blue daze,
black lamps from the halls of Dis, burning dark blue,
giving off darkness, blue darkness, as Demeter's pale
            lamps give off light,
lead me then, lead the way.

Reach me a gentian, give me a torch!
Let me guide myself with the blue, forked torch of this flower
down the darker and darker stairs, where blue is darkened on blueness
even where Persephone goes, just now, from the frosted September
to the sightless realm where darkness is awake upon the dark
and Persephone herself is but a voice
or a drakness invisible enfolded in the deeper dark
of the arms Plutonic, and pieced with the passion of dense gloom,
among the splendor of torches of darkness, shedding darkness on
        the lost bride and her groom.

뱀

뱀 한 마리가 내 물통으로 왔다
덥고 더운 날에, 나도 더워서 파자마 바람으로,
거기에 물마시러.

커다란 울창한 구주콩나무의 짙은, 이상야릇한 냄새 품기는 그늘 아래
나는 주전자를 들고서 층계를 내려왔다
그리고 기다려야만, 서 있어야만, 기다려야만 했다 왜냐하면
　뱀이 나보다 먼저 물통에 와 있었기에.

그는 컴컴한 흙담 틈바구니에서 몸을 뻗어 내려와
황갈색 느릿한 보드라운 배를 돌물통 언저리 너머로
　질질 끌어서
돌 밑바닥에 모가지를 쉬게 했다,
그리고 물이 꼭지에서 방울방울 떨어져 작은 맑은 방울이 지는 데서
그는 일자(一字) 주둥이로 한모금씩 마셨다
부드러히 一字 잇몸을 통해 그의 느릿한 긴 몸으로 들이켰다
말 한마디 없이.

누군가가 나보다 앞서 내 물통에 와 있었다
그래서, 나는 그 다음에 온 사람처럼, 기다리는 중이었다.

그는 소처럼 마시다가 머리를 쳐들어
물마시는 소들처럼, 멍하니 나를 바라다보았다,
그리곤 두 갈래 포크 같은 혀를 입술에서 날름거리며, 잠시
　　　생각에 잠겼다,

SNAKE

A snake came to my water trough
On a hot, hot day, and I in pyjamas for the heat,
To drink there.

In the deep, strange scented shade of the great dark carob tree
I came down the steps with my pitcher
And must wait, must stand and wait, for there he was at the trough before me.

He reached down from a fissure in the earth-wall in the gloom
And trailed his yellow brown slackness soft-bellied down, over the edge of the stone trough
And rested his throat upon the stone bottom,
And where the water had dripped from the tap, in a small clearness,
He sipped with his straight mouth,
Softly drank through his straight gums, into his slack long body,
Silently.

Someone was before me at my water trough,
And I, like a second comer, waiting.

He lifted his head from his drinking, as cattle do,
And looked at me vaguely, as drinking cattle do,
And flickered his two-forked tongue from his lips, and mused a moment,

그리곤 몸을 구부려 좀 더 마셨다,
대지(大地)의 불타는 창자로부터 나온 흙—갈색(褐色), 흙—금색(金色) 뱀이,
에트나산(山)이 연기 뿜고 있는, 시실리섬의 7월(月)의 날에.

교육(敎育)받은 내 목소리는 내게 말했다
뱀을 죽여야 한다고,
왜냐하면 시실리섬에선 새까만 뱀들은 무해(無害)하지만
  황금색(黃金色) 뱀은 독(毒)이 있는 놈이므로.

그리고 내 속의 목소리들이 말했다, 만일 네가 사내라면
막대기를 집어들어 지금 당장 갈겨 없애버리라고.

그러나 고백(告白)해야만 할까 얼마나 내가 그 뱀을 좋아했는지,
그가 손님처럼 조용히 내 물통에 물마시러 와서,
평화로이, 목을 축이고 나서 감사(感謝)의 말 한 마디 없이
이 대지(大地)의 불타는 창자 속으로 떠나가는 것을 내가 얼마나
기뻐했는지?

비겁했기 때문이었던가, 내가 그를 죽이려 하지 않은 것은?
외고집 때문이었던가, 내가 그와 말을 걸고 싶어했던 것은?
비굴하기 때문이었던가, 그처럼 영광(榮光)을 느꼈던 것은?
나는 몹시도 영광(榮光)을 느꼈었다.

그러나 그 목소리들은:
네가 두려워 안했더라면, 그 놈을 죽였을텐데!

정말이지 나는 두려웠었다, 몹시 두려웠었다,
그러나 그가 은밀한 대지(大地)의 컴컴한 문(門)으로부터
내 환대(歡待)를 찾아온 것이 한층 더 영광(榮光)스러웠다.

And stooped and drank a little more,
Being earth brown, earth-golden from the burning bowels of the earth
On the day of Sicilian July, with Etna smoking.

The voice of my education said to me
He must be killed,
For in Sicily the black, black snakes are innocent, the gold are venomous.

And voices in me said, If you were a man
You would take a stick and break him now, and finish him off.

But must I confess how I liked him,
How glad I was he had come like a guest in quiet, to drink at my water trough
And depart peaceful, pacified, and thankless,
Into the burning bowels of this earth?

Was it cowardice, that I dared not kill him? Was it perversity, that I longed to talk
to him? Was it humility, to feel so honoured?
I felt so honoured.

And yet those voices:
If you were not afraid, you would kill him!

And truly I was afraid, I was most afraid, But even so, honoured still more
That he should seek my hospitality
From out the dark door of the secret earth.

그는 실컷 마셨다
그리고는 술취한 사람처럼 꿈을 꾸듯 고개를 쳐들어
시커먼 두 갈래진 밤(夜) 같은 혀를 空中에 날름거렸다
마치 입술을 핥는 듯
그러고선 신(神)처럼 보지도 않고 하늘을 빙둘러 보았다,
그리고는 천천히 머리를 돌려
천천히 매우 친천히, 마치 삼중(三重)의 꿈에 잠긴 듯,
느린 긴 봉을 구부려 당겨
담의 부서진 둑을 기어 올라가기 시작했다.

그리고 그가 저 끔찍스런 구멍 속으로 머리를 처넣었을 때
그리고 그가 천천히 어깨를 감고 몸을 끌어올려 더 안으로
들어갔을 때,
그가 저 무서운 시커먼 구멍 속으로 물러나는 데 대한,
고의적(故意的)으로 암흑(暗黑) 속으로 들어가는 데 대한, 그리고 천천히 몸을
끌어들이는 데 대한 일종의 공포(恐怖), 일종의 항의(抗議)가
나를 휩쓸었다, 그가 등을 돌리던 찰나.

나는 돌아보았다, 주전자를 내려 놓았다,
맵시없는 통나무를 집어들어
탁 물통에다 내던졌다.

He drank enough
And lifted his head, dreamily, as one who has drunken,
And flickered his tongue like a forked night on the air, so black,
Seeming to lick his lips,
And looked around like a god, unseeing, into the air,
And slowly turned his head,
And slowly, very slowly, as if thrice adream,
Proceeded to draw his slow length curving round
And climb again the broken bank of my wall-face.

And as he put his head into that dreadful hole,
And as he slowly drew up, snake—easing his shoulders, and entered farther,
A sort of horror, a sort of protest against his withdrawing into that horrid black
hole,
Deliberately going into the blackness, and slowly drawing himself after,
Overcame me now his back was turned.

I looked round, I put down my pitcher,
I picked up a clumsy log
And threw it at the water trough with a clatter.

내 생각엔 그것이 뱀을 맞추지 못했다;
그런데 뒤에 남아있던 그의 부분(部分)이 별안간 품위없이 경련을
일으키더니
번갯불처럼 몸부림치며 사라져 버렸다
시커먼 구멍, 담의 입술같이 생긴 틈바구니 속으로,
그 구멍을, 강렬한 고요한 정오(正午)에, 나는 매혹되어 응시했었다.

그리고 즉각 나는 뉘우쳤다.
나는 생각했다 얼마나 인색하고, 얼마나 저속하고, 얼마나 비열한
행동(行動)이었나!
나는 멸시했다 나 자신(自身)을, 그리고 내 저주받은 인간교육(人間教育)의 목소리들을.

그리고 나는 알바트로스[1]를 생각했다,
그리고 나는 바랐다 그가 돌아오기를, 나의 뱀이.

왜냐하면 그는 내겐 또다시 여겨졌기 때문에 王처럼,
하계(下界)에서 왕관(王冠)을 못 쓰고 있는,
지금 다시 왕관(王冠)을 씌어 줘야 할 추방(追放)당한 王처럼

이리하여 나는 놓쳐버렸다 생명(生命)의 왕(王)들의 하나와 만나뵐
기회(機會)를.
그리고 나는 뭔가 속죄(贖罪)해야만 했다:
쩨쩨함을.

1 S. T. Coleridge의 "The Rime of the Ancient Mariner" (노수부(老水夫)의 노래) 참조.

I think it did not hit him,
But suddenly that part of him that was left behind convulsed in undignified haste.
Writhed like lightning, and was gone
Into the black hole, the earth-lipped fissure in the wall-front,
At which, in the intense still noon, I stared with fascination.

And immediately I regretted it.
I thought how paltry, how vulgar, what a mean act!
I despised myself and the voices of my accursed human education.

And I thought of the albatross
And I wished he would come back, my snake.

For he seemed to me again like a king,
Like a king in exile, uncrowned in the underworld,
Now due to be crowned again.

And so, I missed my chance with one of the lords
Of life.
And I have something to expiate:
A pettiness.

피 아 노

부드러이 어둠 속에 한 여인(女人)이 내게 노래하고 있다;
나를 세월(歲月)의 통로(通路) 아래로 데리고 가, 마침내 나는 본다
진동하고 현(絃)이 울리는 피아노 아래 앉아, 노래하면서
미소(微笑)짓고 있는 어머니의 작은 가볍게 놓인 발을 누르고 있는 한 어린애를.

나도 모르게, 노래의 교묘한 숙달(熟達)이
나를 지난날로 드러내어, 내 마음은 운다
바깥은 겨울, 아늑한 응접실엔 찬송가(讚頌歌), 땅땅 치는 피아노가
우리 안내자(案內者)였던, 그 옛날 고향(故鄕)의 일요일(日曜日) 저녁으로 돌아가고파.

그래서 지금 그 노래하는 여인(女人)이 큰 검은 피아노반주에
아파시오나토[1]로 요란히 외쳐봤자 헛일. 어린 시절(時節)의
마력(魔力)이 내게 덮쳐, 내 성년(成年)은 추억(追憶)의 홍수(洪水) 속에
휩쓸리고. 나는 과거(過去)를 회상(回想)하며 어린애처럼 운다.

1 음악(音樂) 정열적(情熱的, impassioned)인.

PIANO

Softly, in the dusk, a woman is singing to me;
Taking me back down the vista of years, till I see
A child sitting under the piano, in the boom of the tingling strings
And pressing the small, poised feet of a mother who smiles as she sings.

In spite of myself, the insidious mastery of song
Betrays me back, till the heart of me weeps to belong
To the old Sunday evenings at home, with winter outside
And hymns in the cosy parlour, the tinkling piano our guide.

So now it is vain for the singer to burst into clamour
With the great black piano appassionato. The glamour
Of childish days is upon me, my manhood is cast
Down in the flood of remembrance, I weep like a child for the past.

JOHN MASEFIELD

1878~1967

그리운 바다

나는 다시 바다로 가야지, 외로운 바다와 하늘로,
내가 원하는 모든 것은 키큰 배 한 척, 그 배를 인도할 별 하나,
그리고 물결 차는 키바퀴, 바람의 노래, 펄럭이는 흰 돛,
바다 얼굴 위의 잿빛 안개와 동이 트는 잿빛 새벽.

나는 다시 바다로 가야지, 흐르는 호수(潮水)가 부르는 소리는
거절할 수 없는 야성적(野性的) 부름이며 뚜렷한 부름이기에;
그리고 내가 원하는 모든 것은 하얀 구름 날아가는 바람찬 날,
튀는 물보라, 날려가는 물거품, 울어대는 바다 갈매기.

나는 다시 바다로 가야지, 방랑의 집시 생활로,
바람이 칼날 같은 갈매기의 길로, 고래의 길로;
그리고 내가 원하는 모든 것은 껄껄 웃는 방랑자 친구의 즐거운 이야기,
그리고 긴 당번시간(時間)이 끝난 후의 고요한 잠과 달콤한 꿈.

SEA-FEVER

I must go down to the seas again, to the lonely sea and the sky,
And all I ask is a tall ship and a star to steer her by,
And the wheel's kick and the wind's song and the white sail's shaking,
And a grey mist on the sea's face, and a grey dawn breaking.

I must go down to the seas again, for the call of the running tide
Is a wild call and a clear call that may not bc denied;
And all I ask is a windy day with the white clouds flying,
And the flung spray and the blown spume, and the sea-gulls crying.

I must go down to the seas again, to the vagrant gypsy life,
To the gull's way and the whale's way where the wind's like a whetted knife;
And all I ask is a merry yarn from a laughing fellow-rover
And quiet sleep and a sweet dream when the long trick's over.

늙음에 관하여

나와 함께 있어다오, 미(美)여. 왜냐하면 불이 죽어가고 있기에,
내 개와 내가 헤매어 다니기엔 늙었기에, 너무 늙었기에.
젊은 정열(情熱)이 물보라를 날게 하는 사람도
곧 행진(行進)하기엔 너무 절름발이가 되고, 사랑하기엔 너무 차가와진다.
나는 책을 집어들고 화롯가로 가
낡은 누런 책장을 넘긴다; 시시각각(時時刻刻)
벽시계(壁時計) 소리가 내 마음에 째깍거린다; 시들은 철사가
스피니트에 얄팍한 유령 같은 음악(音樂)을 움직인다.
나는 당신의 바다를 항해(航海)할 수 없다, 나는 헤매일 수 없다
다시는 당신의 농장(農場)도 언덕땅도 당신의 골짜기도
또한 젊은 기사(騎士)들이 파선(破船)된 함대(艦隊)를 집합(集合)시키는
저편 전투(戰鬪)에도 낄 수 없다;
가만히 있기만 하라, 내 정신(精神)이 등걸불의 미(美)로부터
불의 미(美)를 기억하는 동안.

미(美)여, 가엾이 여겨다오, 왜냐하면 강자(强者)는 힘을 갖고 있고
부자(富者)는 재산(財産)을, 미인(美人)은 우아(優雅)함을.
인간(人間)의 여름은 그 햇빛과 꽃을,
인간(人間)의 봄은 얼굴에 온 4월(月)을 갖고 있기에.
오직 오합지졸(烏合之卒)들이 밀치거나 빈들거리거나 고함지르고,
접시를 손에 든 거지가
지나가는 군중(群衆)들에게 한 푼만이라도 달라는
스트랜드에서의 밀치락달치락처럼,
그와같이, 온갖 유행(流行)과, 사람의 활기(活氣)와 오락(娛樂),
동요(動搖), 진행(進行)에 찬 이 빤짝거리는 세계(世界)로부터,

ON GROWING OLD

Be with me, Beauty, for the fire is dying;
My dog and I are old, too old for roving.
Man, whose young passion sets the spindrift flying,
Is soon too lame to march, too cold for loving.
I take the book and gather to the fire,
Turning old yellow leaves; minute by minute
The clock ticks to my heart; A withered wire,
Moves a thiun ghost of music in the spinet.
I cannot sail your seas, I cannot wander
Your cornland, nor your hill-land, nor your valleys
Ever again, nore share the battle yonder
Where the young knight the broken squadron rallies;
Only stay quiet while my mind remembers
The beauty of fire from the beauty of embers.

Beauty, have pity! for the strong have power,
The rich their wealth, the beautiful their grace,
Summer of man its sunlight and its flower.
Spring time of man, all April in a face.
Only, as in the jostling in the Strand,
Where the mob thrusts, or loiters, or is loud,
The beggar with the saucer in his hand
Asks only a penny from the passing crowd,
So, from this glittering world with all its fashion,
Its fire, and play of men, its stir, its march,

나로하여금 지혜(智慧)를 갖게 해 다오, 미(美)여, 지혜(智慧)와 정열(情熱)을.
영혼에의 빵을, 여름이 타는 곳에 비를.
오직 이것만을 다오, 그러면 어둠이 내릴지라도
밤이 장미(薔薇)처럼 꽃피리라.

Let me have wisdom, Beauty, wisdom and passion,
Bread to the soul, rain when the summers parch.
Give me but these, and though the darkness close
Even the night will blossom as the rose.

RUPERT BROOKE

1887~1915

병사(兵士)

혹시 내가 죽는다면, 내게 관해 이것만을 생각해 다오,
　외국전장(外國戰場)에 영원(永遠)히 영국(英國)인
어떤 모퉁이가 있다고. 그 풍요한 토지(土地)에
　한층 더 비옥한 흙이 감춰져 있으리,
영국(英國)이 낳고, 형성(形成)하고, 깨닫게 하고,
　한때, 사랑스런 풀들과 산책(散策)길을 주었던 흙이,
영국(英國)의 공기(空氣)를 마시고, 강(江)물에 씻기고,
　고국(故國)의 태양(太陽)에 축복(祝福)받았던 영국(英國)의 유해(遺骸)가.

그리고 생각해 다오, 모든 악(惡)을 떨구어 버린 이 마음이,
　영원(永遠)한 마음의 고동(鼓動)이, 영국(英國)이 준
　사상(思想)을 어디선가에서 되돌려 주고 있다는 것을,
영국(英國)의 풍경(風景)과 소리를; 영국시절(英國時節)처럼 행복(幸福)한 꿈을,
　친구한테서 배운 웃음과 영국(英國)의 하늘 아래,
　평화(平和)로운 마음속에 깃든 온후(溫厚)함을.

THE SOLDIER

If I should die, think only this of me,
  That there's some corner of a foreign field
That is for ever England. There shall be
  In that rich earth a richer dust concealed;
A dust whom England bore, shaped, made aware,
  Gave, once, her flowers to love, her ways to roam,
A body of England's, breathing English air,
  Washed by the rivers, blest by suns of home.

And think, this heart, all evil shed away,
  A pulse in the eternal mind, no less
  Gives somewhere back the thoughts by England given,
Her sights and sounds; dreams happy as her day;
  And laughter, learnt of friends; and gentleness,
  In hearts at peace, under an English heaven.

WILFRED OWEN

1893~1918

더욱 위대(偉大)한 사랑

아무리 빨간 입술도 영국인(英國人) 사자(死者)의
　　키스를 받은 피묻은 돌만큼 붉지는 않다.
구혼(求婚)받는 자(者), 구혼자(求婚者)의 친절(親切)은
그들의 순수한 사랑엔 수치처럼 여겨진다.
오 사랑이여, 네 눈은 매력(魅力)을 잃는다
　　내가 나 대신 맹목(盲目)이 된 눈을 바라볼 때에!

네 가냘픈 자태(姿態)는
신(神)이 관심도 두지 않은 듯한 곳에서
딩굴며 딩구는 칼에 꿰인 사지(四肢)처럼
예민하게 떨리지 않고;
그들이 품은 맹렬한 사랑이
　　그들의 죽음의 극단적(極端的) 노쇠(老衰)로 속박할 때까지는

네 목소리는 그처럼 부드러이 노래하지 않는다—
　　서까래 다락을 통해 속삭이는 바람만큼도—
네 사랑스런 목소리는 사랑스럽거나,
상냥하거나, 저녁처럼 맑지 않다,
지금은 아무도 들을 수 없는, 지금은 흙이
　　기침했었던 가엾은 입들을 틀어막아 버린 그들의 목소리만치,

심장(心臟)이여, 너는 결코 뜨겁지 않다,
　또 크지도 않다, 또 충만되어 있지 않다, 총탄(銃彈)에 맞아 커진
심장(心臟)만큼
그리고 네 손이 창백하긴 해도
불길과 우박 속에 네 십자가(十字架)를
끌고갔던 모든 사람이 훨씬 창백하다:
　울어라, 당신은 울어도 좋다, 왜냐하면 당신은 그들을
　　감동시킬 수 없을 테니까.

GREATER LOVE

Red lips are not so red
  As the stained stones kissed by the English dead.
Kindness of wooed and wooer
Seems shame to their love pure.
O Love, your eyes lose lure
  When I behold eyes blinded in my stead!

Your slender attitude
  Trembles not exquisite like limbs knife-skewed,
Rolling and rolling there
Where God seems not to care;
Till the fierce Love they bear
  Cramps them in death's extreme decrepitude.

Your voice sings not so soft,
  Though even as wind murmuring through raftered loft,
Your dear voice is not dear,
Gentle, and evening clear,
As theirs whom none now hear
  Now earth has stopped their piteous mouths that coughed.

Heart, you were never hot,
  Nor large, nor full like hearts made great with shot;
And though your hand be pale,
Paler are all which trail
Your cross through flame and hail:
  Weep, you may weep, for you may touch them not.

헛 일

그를 햇볕 속으로 옮겨 놓아라—
살포시 햇볕의 감촉(感觸)이 전에 그를 깨운 적이 있었다.
고국(故國)에서, 씨뿌리지 않은 들판 이야기를 속삭이면서,
언제나 햇볕은 그를 깨웠다, 프랑스에서도,
눈오는 오늘 아침까지만 해도.
이제 무엇이 그를 일깨울 수 있는지
친절한 옛 태양(太陽)은 알리라.

생각해 보라 어떻게 햇볕이 종자(種子)들을 깨우는가를,—
전에, 차거운 별의 흙을 깨웠었다.
이처럼 귀중히 이룩된 사지(四肢), 이처럼 튼튼한
신경(神經) 있는 옆구리 —아직도 따뜻한— 가 굳어져 꿈쩍 못한단 말인가?
흙이 키 크게 자랐던 것이 이렇게 되기 위해서였단 말인가?
—오, 무엇이 얼빠진 햇볕으로 하여금 힘을 들여
대지(大地)의 잠을 깨뜨리게 했단 말인가?

FUTILITY

Move him into the sun—
Gently its touch awoke him once,
At home, whispering of fields unsown.
Always it awoke him, even in France,
Until this morning and this snow.
If anything might rouse him now
The kind old sun will know.

Think how it wakes the seeds—
Woke, once, the clays of a cold star.
Are limbs so dear-achieved, are sides
Full-nerved,—still warm,—too hard to stir?
Was it for this the clay grew tall?
—Oh, what made fatuous sunbeams toil
To break earth's sleep at all?

JOHN McCRAE

1872~1918

플란더즈 들판에

플란더즈 들판에 양귀비가 핀다
십자가(十字架) 사이에, 줄줄이
　　그것이 우리의 장소(場所)를 표시한다; 그리고 하늘엔
　　종달새들이, 여전히 용감히 노래하며, 날아간다
지상(地上)의 대포(大砲)들 사이에서, 거의 들리지도 않은 채.

우리는 사자(死者)들. 며칠 전만 해도
우리는 살아 있었다, 새벽을 느꼈었다, 노을이 타오르는 것을
보았었다.
　사랑하고 사랑받았었다, 그런데 지금 우리는 누워 있다
　플란더즈 들판에.

적(敵)과 우리의 싸움을 이어받아다오:
당신들에게, 힘이 사라지는 두 손으로부터 우리는 던진다
　　횃불을; 그 횃불을 높이 쳐들어다오.
　　만일 죽어가는 우리와의 신의(信義)를 깨뜨린다면
우리는 잠들지 않으리라, 양귀비가 자란다 한들
　　　　　플란더즈 들판에.

IN FLANDERS FIELDS

In Flanders fields the poppies blow
Between the crosses, row on row
        That mark our place; and in the sky
        The larks, still bravely singing, fly
Scarce heard amid the guns below.

We are the Dead. Short days ago
We lived, felt dawn, saw sunset glow,
        Loved and were loved, and now we lie
        In Flanders fields.

Take up our quarrel with the foe:
To you from failing hands we throw
        The torch; be yours to hold it high.
        If ye break faith with us who die
We shall not sleep, though poppies grow
        In Flanders fields.

W. B. YEATS

1865~1939

누가 퍼거스와 가는가?

누가 이제 퍼거즈[1]와 전차(戰車)를 몰려 하랴,
그리고 깊은 숲의 짜여진 그늘을 꿰뚫어
평탄한 해안(海岸)에서 춤추려 하랴?
젊은이여, 그대의 적갈색(赤褐色) 이마를 쳐들어라,
그리고 그대의 부드러운 눈꺼풀을 올려라, 처녀(處女)여,
그리고 희망(希望)을 생각하며 다시는 두려워 말라.

다시는 고개를 돌려 생각지 말라
사랑의 쓰라린 신비(神秘)를;
왜냐하면 퍼거스가 청동전차(靑銅戰車)[2]를 다스리기에,
다스리기에 숲의 그늘을
그리고 흐린 바다의 흰 젖가슴과
머리칼이 흐트러진 모든 헤매는 별들[3]을.

1 켈트신화에서, 王位를 버리고 숲속으로 살러 간 전설적인 Ulster 왕(Druid priest-king).
2 사냥용 전차(hunting chariot).
3 혜성(彗星, comets).

WHO GOES WITH FERGUS?

Who will go drive with Fergus now,
And pierce the deep wood's woven shade,
And dance upon the level shore?
Young man, lift up your russet brow,
And lift your tender eyelids, maid,
And brood on hopes and fears no more.

And no more turn aside and brood
Upon love's bitter mystery;
For Fergus rules the brazen cars,
And rules the shadows of the wood,
And the white breast of the dim sea
And all dishevelled wandering stars.

이니스프리 호도(湖島)

나는 이제 일어나 가야지, 이니스프리[1]로 가야지,
나뭇가지 엮어 진흙 발라 거기 작은 오막집 하나 짓고:
아홉 콩 이랑, 꿀벌집도 하나 가지리.
그리고 벌이 붕붕대는 숲속에서 홀로 살으리.

그럼 나는 평화를 느낄 수 있으리니, 천천히 아침의
베일로부터 귀뚜라미 우는 곳으로 방울져 내려오는 평화를;
거긴 한밤이 온 데 은은히 빛나고, 정오는 자줏빛[2]으로 불타오르고,
저녁은 가득한 홍방울새의 나래소리.

나는 이제 일어나 가야지, 항상 낮이나 밤이나
호수(湖水)물이 나지막이 철썩대는 소리 내게 들려오기에:
내가 차도(車道) 위 혹은 회색 포도 위에 서 있을 동안에도
나는 그 소릴 듣노라 가슴속 깊이.

1 아일랜드 서부 Sligo 근처의 Gill 호(湖)에 있는 작은 섬.

2 Innisfree는 게일 어(스코틀랜드 고지인(高地人), 아일랜드의 켈트 인의 언어)로 "heather island"란 뜻. heather는 heath의 일종. 꽃이 자줏빛이기 때문에, 그것이 정오(正午) 때 호수(湖水)물에 비쳐 온통 자줏빛으로 불타오르는 듯 보인다는 것.

THE LAKE ISLE OF INNISFREE

I will arise and go now, and go to Innisfree,
And a small cabin build there, of clay and wattles made;
Nine bean rows will I have there, a hive for the honeybee,
And live alone in the bee-loud glade.

And I shall have some peace there, for peace comes dropping slow,
Dropping from the veils of the morning to where the cricket sings;
There midnight's all a glimmer, and noon a purple glow,
And evening full of the linnet's wings.

I will arise and go now, for always night and day
I hear lake water lapping with low sounds by the shore;
While I stand on the roadway, or on the pavements gray,
I hear it in the deep heart's core.

그대 늙었을 때[1]

그대 늙어 백발이 되어 졸음이 자꾸 오고
벽로 가에서 고개를 끄덕끄덕할 때, 이 책을 꺼내어,
천천히 읽으며 그대 눈이 옛날 지녔던
부드러운 눈빛과 그 깊은 그림자를 꿈꾸어라;

얼마나 많은 사람이 그대의 즐거운 우아(優雅)의 순간을 사랑했으며,
또 그대의 미(美)를 참사랑 혹은 거짓사랑으로 사랑했던가를,
그러나 오직 한 사람 그대의 편력하는 영혼을 사랑했고,
그대의 변해가는 얼굴의 슬픔을 사랑했었음을;

그리고 달아오르는 쇠살대 곁에 몸을 구부리고서,
좀 슬프게 중얼대어라, 어떻게 사랑이
산 위로 하늘 높이 도망치듯 달아나
그의 얼굴을 무수한 별들 사이에 감추었는가를.

1 프랑스 시인 Pierre de Ronsard의 "Quand vous serez bien vielle, au soir, à la chande1le."(When you are old sitting at evening by candle light.)에서 시사(示唆)받은 시.

WHEN YOU ARE OLD

When you are old and gray and full of sleep,
And nodding by the fire, take down this book,
And slowly read, and dream of the soft look
Your eyes had once, and of their shadows deep;

How many loved your moments of glad grace,
And loved your beauty with love false or true,
But one man loved the pilgrim soul in you,
And loved the sorrows of your changing face;

And bending down beside the glowing bars,
Murmur, a little sadly, how Love fled
And paced upon the mountains overhead
And hid his face amid a crowd of stars.

에이레 비행사(飛行士)[1]가 자기 죽음을 예견(豫見)한다

나는 알고 있다 내가 나의 운명(運命)을 만날 것을
하늘 위 구름 속 어디선가에서;
내가 싸우는 자(者)들을 나는 미워하지 않는다,
내가 지키는 자(者)들을 나는 사랑하지 않는다;
내 고향(故鄕)은 킬타아탄 크로스[2],
내 동포(同胞)는 킬타아탄의 가난한 사람들,
어떤 있음직한 종말(終末)도 그들에게 손실(損失)을 가져온다거나
전보다 그들을 더 행복(幸福)히 할 수는 없으리라.
어떠한 법(法)이나, 의무(義務)가 나를 싸우게끔 한 것이 아니다,
어떠한 공인(公人), 어떠한 박수갈채하는 군상(群象)도.
외로운 환희(歡喜)의 충동(衝動)이
구름 속의 이 격동(激動)으로 몬 것이었다;
나는 모든 것을 저울질했다, 모든 것을 고려해 보았다.
다가올 세월(歲月)은 호흡(呼吸)의 낭비(浪費)로,
남은 세월(歲月)이 호흡(呼吸)의 낭비(浪費)로 여겨졌다
이 삶, 이 죽음과 비교할 때에.

---

1 이탈리아의 Dannunzio나 그 후의 프랑스의 St. Exupéry같은 지성적 비행사(知性的 飛行士)의 개인적 낭만주의(個人的 浪漫主義)를 표현하고 있다. 여기서 에이레 비행사는 Lady Gregory의 외아들인 탁월한 화가 Major Robert Gregory. 그는 1918년 1월 이탈리아에서 전사(戰死)했다.

2 Cool Park 근처의 마을. Yeats의 Thoor(Castle) Ballylee에 아주 가까이 있다.

AN IRISH AIRMAN FORESEES HIS DEATH

I KNOW that I shall meet my fate
Somewhere among the clouds above;
Those that I fight I do not hate,
Those that I guard I do not love;
My country is Kiltartan Cross,
My countrymen Kiltartan's poor,
No likely end could bring them loss
Or leave them happier than before.
Nor law, nor duty bade me fight,
Nor public man, nor cheering crowds,
A lonely impulse of delight
Drove to this tumult in the clouds;
I balanced all, brought all to mind,
The years to come seemed waste of breath,
A waste of breath the years behind
In balance with this life, this death.

둘째 트로이는 없다

어찌하여 내가 그녀[1]를 나무라야만 할까 그녀가 나의 시절(時節)을
비참(悲慘)으로 채웠다 해서, 혹은 그녀가 최근(最近)에 무지(無知)한 사람들에게
가장 폭력적(暴力的) 방법(方法)을 가르쳤을 것이라 해서
혹은 작은 거리들을 큰 거리로 내던졌을 것이라 해서,
그들이 욕망(慾望)과 대등(對等)한 용기(勇氣)를 갖고 있기만 했었더라면?
무엇이 그녀를 화평(和平)히 만들 수 있었을까, 고상(高尙)함이 불처럼
단순(單純)히 만든 마음과,
팽팽한 활 같은 미(美)와,
높고 외롭고 무척이나 엄격(嚴格)하기에
이런 시대(時代)에는 어울리지 않는 사람과?
그럼, 무엇을 그녀가 할 수 있었을까 그녀가 그런 여인(女人)이었으니?
그녀가 불태울 또 하나의 트로이가 있었단 말인가?

---

1 Yeats의 연인(戀人)이었던 아름다운 여우(女優)이며 애국자(愛國者)였던 그녀를, 트로이전쟁(戰爭)의 씨가 된 절세미녀(絶世美女) Helen에 비유하고 있다.

NO SECOND TROY

Why should I blame her that she filled my days
With misery, or that she would of late
Have taught to ignorant men most violent ways,
Or hurled the little streets upon the great,
Had they but courage equal to desire?
What could have made her peaceful with a mind
That nobleness made simple as a fire,
With beauty like a tightened bow, a kind
That is not natural in an age like this,
Being high and solitary and most stern?
Why, what could she have done, being what she is?
Was there another Troy for her to burn?

쿠울(湖)[1]의 백조(白鳥)

나무들은 가을의 아름다운 빛깔로 물들고.
숲사이 오솔길은 메말라 있다,
시월(十月)의 황혼 아래 호심(湖心)이
고요한 하늘을 비춘다.
바위 사이 넘치는 물결 위엔
쉰 아홉 마리의 백조(白鳥).

내가 맨 처음 백조(白鳥)를 헤아린 이래(以來)
열 아홉 번째의[2] 가을이 닥쳐왔구나;
나는 보았었다, 채 헤아리기가 끝나기도 전에,
모두들 별안간
요란하게 나래치며 커다란
부서진 원(圓)을 그리면서 선회하며 날아가 흩어지는 것을.

이 빛나는 새들을 바라보고
지금 내 가슴은 쓰리다.[3]
모든 것이 변해 버렸다, 내가, 황혼녘에
맨 처음 이 호숫가
내 머리 위로 날으는 백조(白鳥)들의 요란한 나래소릴 들으며,
한결 가벼운 걸음으로 걸었던 이래(以來).

---

1 아일랜드 서부 Galway에 있는 Lady Gregory의 집. Yeats는 1897년 이후 대부분의 여름을 이곳에서 보냈다.

2 이 시가 1916년 10월에 쓰였는데, 그의 최초의 방문은 1897년이었다.

3 Yeats는 최근에 또다시 청혼을 거절한 Maud Gonne에 대한 계속적인 사랑을 언급하고 있다.

THE WILD SWANS AT COOLE

The trees are in their autumn beauty,
The woodland paths are dry,
Under the October twilight the water
Mirrors a still sky;
Upon the brimming water among the stones
Are nine and fifty swans.

The nineteenth Autumn has come upon me
Since I first made my count;
I saw, before I had well finished,
All suddenly mount
And scatter wheeling in great broken rings
Upon their clamorous wings.

I have looked upon those brilliant creatures,
And now my heart is sore.
All's changed since I, hearing at twilight,
The first time on this shore,
The bell-beat of their wings above my head,
Trod with a lighter tread.

아직도 지칠 줄 모르고, 사랑하는 짝끼리,
백조(白鳥)들은 차가운 다정한 물결
헤엄치거나 공중을 날은다;
그들의 마음은 늙지를 않았다;
정열(情熱)과 정복심(征服心)은, 그들이 어딜 헤매든,
항상 그들을 따른다.

그런데 지금 백조(白鳥)들은 고요히 물 위로 떠돌고 있다.
신비(神秘)로이, 아름답게;
어느 골풀 사이에서 그들은 둥지를 틀고
어느 호숫가 혹은 푸울 가에서
사람들의 눈을 기쁘게 하고 있을까, 내가 언젠가 잠을 깨어
그들이 날아가 버린 것을 발견했을 때?

Unwearied still, lover by lover,
They paddle in the cold
Companionable streams or climb the air;
Their hearts have not grown old;
Passion or conquest, wander where they will,
Attend upon them still.

But now they drift on the still water
Mysterious, beautiful;
Among what rushes will they build,
By what lake's edge or pool
Delight men's eyes, when I awake some day
To find they have flown away?

재림(再臨)

점점 넓어지는 소용돌이로 돌고 돌기에
매는 매부리를 들을 수 없다;
만물(萬物)이 떨어져 나가, 중심(中心)이 지탱할 수 없다;
완전(完全)한 무질서상태(無秩序狀態)가 세상에 풀어진다,
피로 흐려진 호수(潮水)가 풀어져, 사방(四方)에서
순결(純潔)의 의식(儀式)이 익사(溺死)한다;
선(善)한 자(者)는 모든 신념(信念)을 잃고, 반면(反面) 악(惡)한 자(者)는
정열적(情熱的) 강렬성(强烈性)으로 넘쳐 있다.

분명히 무슨 계시(啓示)가 다가온 것이다;
분명히 재림(再臨)이 다가왔다.
재림(再臨)! 이 말이 입밖에 나오자마자
세계정신(世界精神)[1]에서 나온 거대(巨大)한 형상(形象)이
내 눈을 어지럽힌다: 사막(砂漠)의 어디선가에서
사자(獅子)의 몸과 인간(人間)의 머리를 가진 형체(形體)[2]가,
멍청한 그리고 태양(太陽)처럼 무자비(無慈悲)한 시선(視線)으로 응시(凝視)하며
그의 느린 허벅지를 움직이고 있다, 한편 온통 그 주위에선
분개한 사막(砂漠)새들의 그림자들이 맴돈다.
암흑(暗黑)이 다시 떨어진다; 그러나 지금 나는 알고 있다
돌 같은 잠의 스무 세기(世紀)[3]가 흔들요람에 의해
악몽(惡夢)을 꾸도록 괴롭힘을 당하고 있음을,
그런데 어떤 사나운 짐승이, 마침내 시간(時間)이 차서,
태어나려 베들레헴[4] 쪽으로 웅크려 걸어오고 있는 것일까?

---

1 창조(創造)와 기억의 원천(源泉)인 세계정신(世界精神).
2 스핑크스.
3 크리스트교의 2,000년.
4 크리스트의 탄생지가, 여기에서는 아이러니컬하게도 Antichrist의 탄생지로 되어 있다.

THE SECOND COMING

Turning and turning in the widening gyre
The falcon cannot hear the falconer;
Things fall apart; the centre cannot hold;
Mere anarchy is loosed upon the world,
The blood-dimmed tide is loosed, and everywhere
The ceremony of innocence is drowned;
The best lack all conviction, while the worst
Are full of passionate intensity.

Surely some revelation is at hand;
Surely the Second Coming is at hand.
The Second Coming! Hardly are those words out
When a vast image out of Spiritus Mundi
Troubles my sight: somewhere in sands of the desert
A shape with lion body and the head of a man,
A gaze blank and pitiless as the sun,
Is moving its slow thighs, while all about it
Reel shadows of the indignant desert birds.
The darkness drops again; but now I know
That twenty centuries of stony sleep
Were vexed to nightmare by a rocking cradle,
And what rough beast, its hour come round at last,
Slouches towards Bethlehem to be born?

비잔티움에의 항해(航海)

1

저곳은 늙은이들이 살 나라가 못된다. 서로 껴안고 있는
젊은이들, 나무 속의 새들
—저 죽어가는 세대(世代)들—은 노래 부르며,
연어폭포(瀑布), 고등어 우굴대는 바다,
물고기, 짐승, 혹은 조류는 온 여름 내내 찬미한다
온갖 배고 태어나고 죽는 것을.
관능(官能)의 음악(音樂)에 사로잡혀, 모두가
늙지 않는 지성(知性)의 기념비(記念碑)를 소홀히 하고 있다.

2

늙은이는 한낱 하찮은 물건,
막대기에 걸쳐진 누더기, 만일
영혼이 손뼉치며 노래부르지 않는다면,
죽어야 할 옷의 조각조각을 위해 더욱더 소리높이
노래 부르지 않는다면,
또한 거기엔 영혼(靈魂)의 장려(莊麗)한 기념비(記念碑)를 공부하는
노래학교가 없다면;
그래서 나는 바다를 건너
성(聖)스러운 도시(都市) 비잔티움[1]으로 항해(航海)해 왔다.

1 비잔티움은 Yeats에겐 생물적(生物的)인 활동(活動)의 자연세계(自然世界)와 반대되는, 예술(藝術) 혹은 예술품(藝術品)의 상징(象徵)이다. 생장(生成)과 성장(成長)의 관능적(官能的) 세계(世界)와 다른 시간(時間)을 초월한(超越)한 예술세계(藝術世界)이다.

SAILING TO BYZANTIUM

1

That is no country for old men. The young
In one another's arms, birds in the trees
— Those dying generations — at their song,
The salmon-falls, the mackerel-crowded seas,
Fish, flesh, or fowl, commend all summer long
Whatever is begotten, born, and dics.
Caught in that sensual music all neglect
Monuments of unageing intellect.

2

An aged man is but a paltry thing,
A tattered coat upon a stick, unless
Soul clap its hands and sing, and louder sing
For every tatter in its mortal dress,
Nor is there singing school but studying
Monuments of its own magnificence;
And therefore I have sailed the seas and come
To the holy city of Byzantium.

3

오 마치 벽의 금빛 모자이크 속에 있는 것처럼
신(神)의 성(聖)스런 불 속에 서 있는 성인(聖人)들이여,[2]
성화(聖火)로부터 나오라, 감돌며 내려오라,
그래서 내 영혼의 노래 스승이 되라,
나의 심장을 태워 없애다오; 욕망(慾望)으로 병들고
죽어가는 동물(動物)에 얽매이어
심장은 스스로가 뭔지 알지 못하니; 그리고 나를
영원(永遠)한 예술품(藝術品) 속으로 끌어 넣어다오.
일단 자연(自然)을 벗어나면 나는 결코

4

어떤 자연(自然)에 닮은 육체(肉體)의 형태를 취(取)하지 않으리,
오직 희랍(希臘) 금세공(金細工)이
졸음 오는 황제(皇帝)를 깨어 놓기 위해
혹은 비잔티움의 귀족(貴族)과 귀부인(貴婦人)들에게 과거(過去), 현재(現在), 미래(未來)를
노래해 주도록 황금(黃金)가지 위에 앉혀놓은
두드려 쳐늘인 황금(黃金) 혹은 황금(黃金)에나멜로 만든
그런 형상[3]이 되리라.

---

2 비잔티움은 모자이크 미술로 유명.

3 Andersen 동화 〈나이팅게일〉 참조.
중국 황제의 궁전은 세상에서 가장 아름다웠다. 정원은 바닷가에까지 뻗혀 있었고, 숲의 나무들 속엔 나이팅게일 한마리가 있어 이루 말할 수 없이 감미로운 노래를 불렀었다. 외국여행자들은 궁전과 정원에 감탄했지만 나이팅게일이 최고라고들 격찬했다.
중국 황제는 책을 읽다가, '나이팅게일이 무엇이냐? 내 왕국에 나이팅게일이 있느냐?고 물으면서, 시종장에게 나이팅게일을 불러오도록 명령했다. 궁전에 온 나이팅게일을 황제의 응접실 한가운데에 있는 황금 막대기 위에 앉혔다.
어느 날 일본 천황이 보낸 커다란 소포가 황제에게 왔는데, 그 속엔 인조(人造) 나이팅게일이 들어있었다. 온 몸엔 다이아몬드. 루비, 사파이어가 장식으로 박혀있었다. 인조(人造) 나이팅게일은 태엽을 감으면 꼬리를 흔들면서 진짜 새처럼 노래했다. 하루에 33번 이상 불러도 지칠 줄 몰랐다.
사람들이 인조(人造) 나이팅게일을 더 좋아하게 되자, 이에 슬픔을 느낀 나이팅게일은 날아가 버리고 1년이 지난 어느 날 인조(人造) 새는 고장이 나 음악이 그쳐버렸다. 새를 수리했지만 기

3

O sages standing in God's holy fire
As in the gold mosaic of a wall,
Come from the holy fire, perne in a gyre,
And be the singing-masters of my soul.
Consume my heart away; sick with desire
And fastened to a dying animal
It knows not what it is; and gather me
Into the artifice of eternity.

4

Once out of nature I shall never take
My bodily form from any natural thing,
But such a form as Grecian goldsmiths make
Of hammered gold and gold enameling
To keep a drowsy Emperor awake;
Or set upon a golden bough to sing
To lords and ladies of Byzantium
Of what is past, or passing, or to come.

계가 닳아 이젠 1년에 한번밖에 노래하는 것이 허락되지 않았다. 나이팅게일의 노래를 듣지 못하게 된 황제는 근심 속에 병이 들어 5년이 지났을 땐 거의 임종을 맞게 되었다. 이 소식을 듣고서 진짜 나이팅게일이 나타나 죽어가는 황제를 다시 소생시켰다.

비잔티움

낮의 정화되지 않은 형상(形象)들[1]이 물러나고,
황제(皇帝)의 술취한 兵士들이 잠들고,
밤의 반향(反響)도 물러난다, 성당(聖堂)의 대종(大鐘)이 울린 후
밤 보행(步行)자들의 노래소리도;
별빛 비친 혹은 달빛 비친 돔[2]이 멸시(蔑視)한다
인간존재(人間存在) 전부(全部)를,
온갖 복잡(複雜)한 것들을,
인간(人間)의 혈관(血管)의 격분(激憤)과 진창을.

내 앞에 떠오른다 한 형상(形象)이, 인간(人間)인지 유령(幽靈)인지,
인간(人間)이라기엔 유령(幽靈), 유령(幽靈)이라기엔 형상(形象)이;
미이라 삼베에 감긴 하계(下界)의 실패가
구불구불한 길을 풀어 놓을 수도 있을 것이기에[3];
습기도 숨결도 없는 입들
호흡(呼吸) 없는 입들은 소환(召喚)할 수도 있을 것이니;
나는 환영(歡迎)한다 초인(超人)을;
나는 그것을 생중사(生中死), 사중생(死中生)이라 부른다.

기적(奇蹟)이, 새든 황금세공(黃金細工)이든,
새나 황금세공(黃金細工)이라기보단 기적(奇蹟)이
별빛 비치는 황금(黃金)가지에 앉히어져,

---

1 정화된 한밤의 상징적 이미지들과 구별되는 일상의 경험의 대상물들(즉 상상력의 불에 의해 정화되지 않은 대상물들).

2 즉 St. Sophia 대성당의.

3 "하계(下界)의 실패"는 살아 있는 동안 경험(經驗)의 미이라 천을 감는 영혼(靈魂).

BYZANTIUM

The unpurged images of day recede;
The Emperor's drunken soldiery are abed;
Night resonance recedes, night walkers' song
After great cathedral gong;
A starlit or a moonlit dome disdains
All that man is,
All mere complexities,
The fury and the mire of human veins.

Before me floats an image, man or shade,
Shade more than man, more image than a shade;
For Hades' bobbin bound in mummy-cloth
May unwind the winding path;
A mouth that has no moisture and no breath
Breathless mouths may summon;
I hail the superhuman;
I call it death-in-life and life-in-death.

Miracle, bird or golden handiwork,
More miracle than bird or handiwork,
Planted on the starlit golden bough,

하계(下界)의 수탉[1]처럼 울 수 있다!
혹은, 달에 원한(怨恨)을 품고, 소리높이 조소(嘲笑)할 수 있다
변(變)함없는 금속(金屬)의 영광(榮光) 속에서
보통 새나 꽃잎을
그리고 진창이나 피의 온갖 복잡(複雜)한 것들을.

한밤에 황제(皇帝)의 포도(鋪道) 위엔 훨훨 난다
장작이 때는, 혹은 강철(强鐵)이 밝히는,
또한 폭우(暴雨)가 흐트릴 수도 없는 불꽃, 불꽃에서 태어난 불꽃이,
그 불꽃 속에 피어서 낳은 망령(亡靈)들이 와서
분노(憤怒)의 온갖 복잡(複雜)한 것들을 떠나
죽는다 춤 속으로,
황홀(恍惚)의 격통(激痛),
소매를 태울 수 없는 불꽃의 격통(激痛)[2]으로.

돌고래의 진창과 피에 걸터앉은[3]
망령(亡靈) 다음에 또 망령(亡靈)! 대장간들이 바다를 부순다
황제(皇帝)의 황금(黃金)대장간들이!
무도용(舞蹈用) 마루의 대리석(大理石)들이
부순다 복잡성(複雜性)의 원한(怨恨)에 찬 분노(憤怒)들을,
아직도 새로운 형상(形象)들을
낳은 그런 형상(形象)들을,
저 돌고래에 찢긴, 저 대종(大鐘)에 고문(拷問)당하는 바다를.

---

1 로마 묘비(墓碑) 위의 수탉은 재생(再生)의 전령(傳令)이다. 즉 인간생명(人間生命)의 계속적인 사이클의 전령이다.

2 "불꽃의 격통(激痛)'은 일본(日本)의 No(能)劇 "Motomezuka'에서 시사받은 것. 이 작품에서 한 처녀가 영구(永久)한 불길(즉 자기 자신의 죄의식)에 고통 받는다. 한 사제(司祭)가, 만일 그녀가 그 불길의 실제성(實際性)을 믿지 않는다면 불길이 그칠 것이라 말한다. 그러나 그녀는 그렇게 믿을 수 없어, 이 극(劇)은 그녀의 격통(激痛)의 춤으로 끝난다.

3 돌고래는 한 상태에서 다른 상태로 옮겨 가는 영혼(靈魂) 외 상징(象徵)이다. 시인(詩人)은 여기서 돌고래 등에 올라타 인간격정(人間激情)의 바다를 건너갈 수 있다.

Can like the cocks of Hades crow,
Or, by the moon embittered, scorn aloud
In glory of changeless metal
Common bird or petal
And all complexities of mire or blood.

At midnight on the Emperor's pavement flit
Flames that no faggot feeds, nor steel has lit,
Nor storm disturbs, flames begotten of flame,
Where blood-begotten spirits come
And all complexities of fury leave,
Dying into a dance,
An agony of trance,
An agony of flame that cannot singe a sleeve.

Astraddle on the dolphin's mire and blood,
Spirit after spirit! The smithies break the flood.
The golden smithies of the Emperor!
Marbles of the dancing floor
Break bitter furies of complexity,
Those images that yet
Fresh images beget,
That dolphin-torn, that gong-tormented sea.

레다[1]와 백조(白鳥)

불시(不時)의 겁탈(劫奪): 커다란 날개가 아직도
비틀거리는 처녀(處女) 위에 퍼드덕거리며, 그녀의 허벅지가
시커먼 물갈퀴에 애무(愛撫)당하고, 목덜미가 부리에 잡힌 채,
백조(白鳥)는 옴싹달싹 못하는 그녀의 가슴을 그의 가슴에 껴안는다.

어떻게 저 공포(恐怖)에 질린 모호한 손가락들이 밀칠 수 있으랴
그녀의 느슨해지는 허벅지로부터 깃털의 영광(榮光)을?
그리고 어떻게, 하얀 급습(急襲)에 쓰러진 몸이,
그녀의 품에서 낯선 심장(心臟)의 고동(鼓動)을 느끼지 않을 수 있었으랴?

사타구니의 전율(戰慄)이 거기에 낳는다
무너진 성벽(城壁), 불타는 지붕과 탑(塔)[2],
그리고 죽은 아가멤논[3]을.

　하늘을 나는 짐승의 피에
이처럼 붙잡히고, 이처럼 정복(征服) 당했을 적에
그녀가 그의 힘과 함께 그의 지식(知識)을 전해 받았을까,
무관심해진 부리가 그녀를 떨어뜨리기 전에?

* 레다와 백조 이야기는 예이츠가 좋아했었고, 미켈란젤로의 "레다"복사판을 그의 책상위에 놓았었다. 많은 비평가들은 미켈란젤로의 모티프가 예이츠의 후기 작품에 많이 나타난다고 지적했다.

---

1 Aetolia의 왕녀. Tyndarus의 아내로, Eurotas강(江)에서 목욕하다가 그 아름다움에 반한 Zeus가 백조(白鳥)로 변신(變身)하여 접근했다. 그 결과 트로이 전쟁(戰爭)의 씨가 된 Helen을 낳았다.

2 트로이 성(城)의.

3 트로이 전쟁(戰爭) 때 그리스군의 총사령관. 그는 전쟁이 끝나 귀국하여 자기 집에서 목욕하다가, 남편이 부재(不在) 중 정부(情夫) Aegisthus와 통정(通情)한 그의 처(妻) Clytemnestra에 의해 목욕탕에서 살해(殺害)되었다.

LEDA AND THE SWAN

A sudden blow: the great wings beating still
Above the staggering girl, her thighs caressed
By the dark webs, her nape caught in his bill,
He holds her helpless breast upon his breast.

How can those terrified vague fingers push
The feathered glory from her loosening thighs?
And how can body, laid in that white rush,
But feel the strange heart beating where it lies?

A shudder in the loins engenders there
The broken wall, the burning roof and tower
And Agamemnon dead.

Being so caught up,
So mastered by the brute blood of the air,
Did she put on his knowledge with his power
Before the indifferent beak could let her drop?

학교(學校) 어린이들 사이에서

1

나는 걷는다 긴 교실을 질문하면서;
흰 두건을 쓴 늙은 수녀(修女)가 대답한다;
어린이들은 배운다 셈본과 노래,
독본(讀本)과 역사,
재단과 재봉을, 모든 것에 있어서
최선의 현대식 방식(現代式 方式)으로 솜씨 있도록—어린이들의 시선(視線)이
잠시 의아한 듯 빤히 쳐다본다
예순 살의 미소(微笑)띤 공직자(公職者)[1]를.

2

나는 꿈꾼다 꺼져가는 화롯불 위에
몸을 웅크린 레다의 몸[2]을, 그녀가 말했던
가혹한 책망의 이야기, 혹은 어느 어린 날을
비극(悲劇)으로 바꾸었던 사소한 사건(事件)을—
이야기를 듣고서 우리 두 성정(性情)은 섞이는 듯했다.
젊은 공감(共感)으로 인해 하나의 구휴(球休)로.
혹은, 플라톤의 비유(比喩)[3]를 뒤집어 말하면,
한 달걀의 노른자위와 흰자위로.

---

1 1926년 상원의원인 Yeats는 아일랜드 남부(南部) Waterford에 있는 Convent School을 방문했다.

2 여기서 Leda에 대한 언급이라기보다 Helen을 가리킨다. 물론 Yeats는 미녀(美女)였던 그의 연인(戀人) Maud Gonne을 중심(心中)에 두고 있다.

3 〈심포지움〉에서 Aristophanes는 사랑의 기원을 설명하면서. 사람은 본래 남녀일체였으나 둘로 갈라진 이래, 서로 하나가 되려고 애쓴다는 것이다.
"The primeval man was round and had four hands and four feets, back and sides forming a circle one head with two faces.... After the division, the two parts of man, each desiring his other half, came together, and threw their arms about one another eager to grow into one."

AMONG SCHOOL CHILDREN

1

I walk through the long schoolroom questioning;
A kind old nun in a white hood replies;
The children learn to cipher and to sing,
To study reading-books and histories,
To cut and sew, be neat in everything
In the best modern way — the children's eyes
In momentary wonder stare upon
A sixty-year-old smiling public man.

2

I dream of a Ledaean body, bent
Above a sinking fire, a tale that she
Told of a harsh reproof, or trivial event
That changed some childish day to tragedy —
Told, and it seemed that our two natures blent
Into a sphere from youthful sympathy,
Or else, to alter Plato's parable,
Into the yolk and white of the one shell.

3

비탄(悲嘆)이나 분노(憤怒)의 그 발작(發作)을 생각하면서
나는 바라본다 교실(敎室)의 이 아이 저 아이를
그리고 그녀도 저 나이에 저랬을까 생각해 본다—
왜냐하면 백조(白鳥)의 딸들도 모든 물새의
유산(遺産)을 약간 지니고 있을 테니—
뺨이나 머리칼도 저런 색깔이었을까 하고,
그러자 곧 내 마음은 미칠 것만 같다:
그녀가 내 앞에 서 있다 살아 있는 아이로서.

4

그녀의 현재(現在)의 모습이 내 마음에 떠오른다—
십오세기(十五世紀)의 손가락[4]이, 마치 바람을 들이키고
고기 대신에 그림자를 음식물로 취(取)한 듯,
움푹 파인 뺨[5]을 만들어 놓았던 것인가?
그리고 나는 비록 결코 레다의 종족(種族)은 아닐지라도
한때는 예쁜 깃털을 갖고 있었다—이건 이 정도로 그치자,
미소(微笑)짓는 모두에게 미소(微笑)지어 주고,
마음편한 늙은 허수아비임을 보여 주는 편이 더 나으리.

4 15세기 이탈리아 화가 Botticelli의 “Dante 초상화” 참조.

5 늙었을 때 Maud Gonne은 홀쭉하고 거의 뼈만 앙상했다.

3

And thinking of that fit of grief or rage
I look upon one child or t'other there
And wonder if she stood so at that age —
For even daughters of the swan can share
Something of every paddler's heritage —
And had that colour upon cheek or hair,
And thereupon my heart is driven wild:
She stands before me as a living child.

4

Her present image floats into the mind —
Did Quattrocento finger fashion it
Hollow of cheek as though it drank the wind
And took a mess of shadows for its meat?
And I though never of Ledaean kind
Had pretty plumage once — enough of that,
Better to smile on all that smile, and show
There is a comfortable kind of old scarecrow.

5

어떤 젊은 어머니가, 생식(生殖)의 꿀이 저도 모르게 낳은,
그리고 전생(前生)의 회상(回想)이나 약(藥)이 결정(決定)하는 바에 따라,
잘 자거나 비명(悲鳴)지르거나, 도망치려 애써야만 하는[6]
형체(形體)[7]를 무릎 위에 얹고서,
생각하랴, 그녀의 아들이 그의 머리에
육십여(六十餘) 성상(星霜)을 인 그 형체(形體)를 보기만 했더라면,
그를 낳은 산고(産苦)에 대한 혹은 그의 출발(出發)의
불안(不安)에 대한 보상(報償)이라고?

6

플라톤은 자연(自然)을 단지 사물(事物)의 유령(幽靈) 같은 패턴 위에
놀고 있는 물거품으로만[8] 생각했다;
한층 견고(堅固)한 아리스토텔레스는 왕중왕(王中王)의
엉덩이에다 회초리를 갈겼다[9];
세계적(世界的)으로 유명(有名)한 황금(黃金)허벅지를 가진 피타고라스는
바이올린 활인가 현(絃)에다 켰다
별이 노래하고 무심한 시신(詩神)들이 들었던 것[10]을:
새에게 겁주기 위해 낡은 막대기에 입혀 놓은 옷들 격(格)이다.[11]

---

6 "생식(生殖)의 꿀"이란 성교(性交)의 쾌감(快感). 신(新)플라톤학파(學派) 철학자 Porphyry(A.D. 232—305)에 따르면, 영혼들은 그들의 행복한 상태에서 꿀(부모의 성적 환희)에 의해 생명으로 끌려 나온다. Yeats는 출생 후에도 어린애는 이따금 자기의 전생의 행복을 회상하고 비명을 지르고 도망치려 애쓰거나, 아니면 생식의 꿀이 너무 강하게 작용했을 경우엔 잠이 든다고 시사한다.

7 아기.

8 플라톤은 물질세계를 이데아의 그림자라 하여 물질을 무시했다.

9 그러나 아리스토텔레스는 이데아와 물질을 이원론적으로 보지 않고 하나로 보았다. 그는 알렉산더대왕의 선생이었다.

10 피타고라스는 천체들이 회전할 때 음악소리를 낸다고 생각했다. 한번은 그가 옷을 벗었을 때, 그의 허벅다리가 황금색이었다고 한다.

11 아무리 위대한 사람도, 그들이 유명해졌을 때는 늙은 허수아비에 지나지 않는다.

5

What youthful mother, a shape upon her lap
Honey of generation had betrayed,
And that must sleep, shriek, struggle to escape
As recollection or the drug decide,
Would think her Son, did she but see that shape
With sixty or more winters on its head,
A compensation for the pang of his birth,
Or the uncertainty of his setting forth?

6

Plato thought nature but a spume that plays
Upon a ghostly paradigm of things;
Solider Aristotle played the taws
Upon the bottom of a king of kings;
World-famous golden-thighed Pythagoras
Fingered upon a fiddle-stick or strings
What a star sang and careless Muses heard:
Old clothes upon old sticks to scare a bird.

7

수녀(修女)와 어머니 둘 다 형상(形象)[12]들을 숭배한다,
그러나 촛불이 밝히는 형상(形象)들은 어머니의 환상(幻想)에
활기(活氣) 주는 형상(形象)들이 아니고,
대리석(大理石)이나 청동(靑銅)의 안정(安靜)을 지닌 형상(形象)들.
허지만 그 형상(形象)들은 가슴을 찢는다—오
정열(情熱), 경신(敬神), 혹은 애정(愛情)[13]이 알고 있는
그리고 모든 천국(天國)의 영광(榮光)을 상징(象徵)하는 존재(存在)여—
오 인간(人間)의 기도(企圖)에 대해 절로 태어나 비웃는 자(者)여;

8

노동(勞動)은 꽃피거나 춤춘다
육체(肉體)가 영혼(靈魂)을 즐겁게 하기 위해 상처입지 않을 경우.
또한 미(美)도 그 자신(自身)의 절망(絶望)[14]에서 태어나지 않으며
또한 흐린 눈의 지혜(智慧)도 한밤중 기름[15]에서 태어나지 않는다.
오 마로니에여, 커다란 뿌리를 박고 꽃피는 나무여,
너는 잎이냐, 꽃이냐, 아니면 줄기냐?
오 음악(音樂)에 맞춰 흔들리는 몸이여, 오 빛나는 시선(視線)이여,
어찌 우리가 춤과 무희(舞姬)를 구별할 수 있으리오?

12 수녀(修女)들은 크리스트, 혹은 성모의 이미지를 숭배하고, 어머니들은 그들의 자식의 마음속 이미지를 숭배한다.

13 Yeats의 Maud Gonne에 대한 정열, 수녀(修女)의 종교(宗敎)에 대한 경신(敬神), 혹은 어머니의 자식(子息)에 대한 애정.

14 미(美)의 결핍에 대한 절망

15 램프불 아래 밤늦게 공부하는 것.

7

Both nuns and mothers worship images,
But those the candles light are not as those
That animate a mother's reveries,
But keep a marble or a bronze repose.
And yet they too break hearts — O presences
That passion, piety or affection knows,
And that all heavenly glory symbolise —
O self-born mockers of man's enterprise;

8

Labour is blossoming or dancing where
The body is not bruised to pleasure soul,
Nor beauty born out of its own despair,
Nor blear-eyed wisdom out of midnight oil.
O chestnut-tree, great-rooted blossomer,
Are you the leaf, the blossom or the bole?
O body swayed to music, O brightening glance,
How can we know the dancer from the dance?

미친 제인이 주교(主敎)님과 이야기한다

나는 길을 가다가 주교님을 만났지
그리고 주교님과 많은 말을 했었지.
"저 유방(乳房)들도 이젠 납작해졌군
저 혈관(血管)들도 곧 메마르겠지;
천국(天國)의 저택(邸宅)에 살아라,
더러운 돼지우리에 살지 말고."

"아름다운 것과 더러운 것은 친척이죠,
아름다운 것은 더러운 것이 필요해요", 나는 외쳤다.
"내 친구들은 가버렸어요, 하지만 이건 진실(眞實)이예요
무덤도 침대도 부인(否認) 못하는,
육체적(肉體的) 비천(卑賤)에서
그리고 마음의 방만(傲慢)에서 배운.

"여자(女子)는 오만하고 빳빳할 수 있어요
사랑에 열중(熱中)할 땐;
헌데 사랑의 신(神)은 그의 저택(邸宅)을 지었어요
배설(排泄)의 장소[1]에다;
왜냐하면 찢어져 있지 않은 것은
무엇이든지 밑창일 수도 완전(完全)할 수도 없으니까요[2]."

---

1 비교. Blake, Jerusalem: "For I will make their places of love and joy excrementions.

2 Only by experiencing everything fair and foul, can the soul be made whole: only by being torn can it be ultimately be made 'sole'.

CRAZY JANE TALKS WITH THE BISHOP

I met the Bishop on the road
And much said he and I.
'Those breasts are flat and fallen now,
Those veins must soon be dry;
Live in a heavenly mansion,
Not in some foul sty.'

'Fair and foul are near of kin,
And fair needs foul,' I cried.
'My friends are gone, but that's a truth
Nor grave nor bed denied,
Learned in bodily lowliness
And in the heart's pride.

'A woman can be proud and stiff
When on love intent;
But Love has pitched his mansion in
The place of excrement;
For nothing can be sole or whole
That has not been rent.'

오랜 침묵(沈默) 후에

오랜 침묵(沈默) 후에[1] 말하기를:
다른 애인(愛人)들은 모두 사이가 멀어졌거나 죽고.
무장한 램프 등(燈)은 갓 아래 감추이고,
커어튼은 무정한 밤에 드리웠으니.
우리 예술(藝術)과 노래의 가장 높은 테마를
노래하고 또 노래함이 옳으리:
육체의 노쇠(老衰)는 지혜(智慧); 젊었을 땐
우리 서로 사랑했으나 어리석었어라.

1 Yeats는 옛 친구 Mrs. Olivia Shakespeare를 방문하고 나서 얼마 후 이 시를 썼다. 그녀와 Yeats의 연애는 Maud Gonne에 대한 失戀의 짐을 덜어 주고 Yeats로 하여금 원숙에 도달케 했다.

AFTER LONG SILENCE

Speech after long silence; it is right,
All other lovers being estranged or dead,
Unfriendly lamplight hid under its shade,
The curtains drawn upon unfriendly night,
That we descant and yet again descant
Upon the supreme theme of Art and Song:
Bodily decrepitude is wisdom; young
We loved each other and were ignorant.

라피스 라줄리[1]
(해리 크리프튼을 위하여)

나는 들었다 히스테리칼한 여자(女子)들이
자기들은 팔레트와 바이올린 활이,
항상 쾌활(快活)한 시인(詩人)들이 지긋지긋하다고 말하는 것을,
왜냐하면 모두들 알고 있기에, 혹은 알아야 하기에
단호(斷呼)한 조치(措置)가 취해지지 않는 한(限)
비행기(飛行機)와 비행선(飛行船)이 나오리라는 것을,
도시가 두들겨맞아 납짝히 될 때까지
빌리왕[2]처럼 폭탄(爆彈)을 던지리라는 것을.

모두들 자기들의 비극(悲劇)놀이를 한다,
저기 햄리트가 우쭐대며 걷고, 저기 리어가 있고
저건 오필리어, 저건 코오딜리어;
그러나 그들은, 만일 최후(最後)의 장면(場面)이 되어
대무대(大舞臺)의 커어튼이 막 내리려 한다면,
만일 극중(劇中)의 그들의 역(役)이 가치(價値) 있다면
울어서 시행(詩行)을 깨뜨리지 않는다.
그들은 알고 있다 햄리트도 리어도 쾌활(快活)하다는 것을
쾌활이 온갖 두려움을 변형(變形)시키기에.
모든 사람이 목표(目標)했다가 찾았다가 잃어 왔다;
무대소등(舞臺消燈); 천국(天國)이 머릿속에 활활 타들어온다:

---

1 a deep blue stone. Henry Talbot Devere Clifton이 라피즈 라줄리의 기증자. "Someone has sent me a present of a great piece carved by some Chinese sculptor into the semblance of a mountain with temple trees, paths and an ascetic and pupil about to climb the mountain."

2 1690년 the Battle of the Boyne에서 James 2세의 군대를 패배시켰던 윌리엄 3세(오렌지공(公) William). 그의 군대의 Limerick 포격은 전(全) 거리를 잿더미로 만들었다.

LAPIS LAZULI

(FOR HARRY CLIFTON)

I have heard that hysterical women say
They are sick of the palette and fiddle-bow.
Of poets that are always gay,
For everybody knows or else should know
That if nothing drastic is done
Aeroplane and Zeppelin will come out.
Pitch like King Billy bomb-balls in
Until the town lie beaten flat.

All perform their tragic play,
There struts Hamlet, there is Lear,
That's Ophelia, that Cordelia;
Yet they, should the last scene be there,
The great stage curtain about to drop,
If worthy their prominent part in the play,
Do not break up their lines to weep.
They know that Hamlet and Lear are gay;
Gaiety transfiguring all that dread.
All men have aimed at, found and lost;
Black out; Heaven blazing into the head:

극도(極度)에 달한 비극(悲劇).
햄리트가 어슬렁거리고 리어가 발광(發狂)한들,
그리고 십만(十萬) 무대(舞台)에
모든 현수막(懸垂幕)이 동시(同時)에 내린들,
비극(悲劇)은 한 인치도 한 온스도 자랄 수 없다.

걸어서 그들은 온다, 혹은 배를 타고,
낙타등, 말등, 나귀등. 노새등을 타고[3],
칼로 베인 옛 文明들은.
그리하여 그들과 그들의 지혜(智慧)는 파괴(破壞)되었다:
대리석(大理石)을 마치 청동(青銅)마냥 다루고,
바닷바람이 모퉁이를 휩쓸 때
일어나는 듯이 여겨지는
우아한 주름을 만들었던
칼리마코스[4]의 수공품(手工品) 하나 남아있지 않다;
가느다란 종려(棕櫚)나무 가지처럼
생겼던 그의 긴 등피(燈皮)도 단 하루를 견디었었다;
모든 것은 쓰러지고 다시 지어진다,
그리고 다시 짓는 자(者)는 쾌활(快活)하다.

두 중국인(中國人)이, 그뒤에 세째 사람이 하나 더,
라피스 라줄리에 새겨져 있다,
그들 뒤엔 장수(長壽)의 상징(象徵)인
긴 다리 가진 새가 한 마리 날고 있다;
분명코 하인(下人)인 세째 사람이
악기(樂器)를 휴대하고 있다.

Tragedy wrought to its uttermost.
Though Hamlet rambles and Lear rages,
And all the drop-scenes drop at once
Upon a hundred thousand stages,
It cannot grow by an inch or an ounce.

On their own feet they came, or on shipboard,'
Camel-back; horse-back, ass-back, mule-back,
Old civilisations put to the sword.
Then they and their wisdom went to rack:
No handiwork of Callimachus,
Who handled marble as if it were bronze,
Made draperies that seemed to rise
When sea wind swept the corner, stands;
His long lamp chimney shaped like the stem
Of a slender palm, stood but a day;
All things fall and are built again,
And those that build them again are gay.

Two Chinamen, behind them a third,
Are carved in lapis lazuli,
Over them flies a long-legged bird,
A symbol of longevity;
The third, doubtless a serving-man,
Carries a musical instrument.

그 보석(寶石)의 모든 변색(變色)이,
우연한 모든 금 혹은 틈이
수로(水路)나 사태(沙汰)로 여겨진다,
혹은 비록 의심할 여지 없이 오얏이나 버찌 가지가
그 중국인(中國人)들이 기어올라 가는 작은
중턱 집을 향기롭게 하긴 해도
아직도 눈내리는 높은 비탈마냥 여겨진다; 그리고 나는
그들이 거기에 앉아 있는 모습을 상상(想像)하고 기쁨을 느낀다;
거기 산(山)과 하늘에서
온갖 비극적(悲劇的) 장면(場面)을 그들은 응시한다.
한 사람이 슬픈 곡(曲)을 청하자;
능숙한 손가락이 연주(演奏)하기 시작한다.
그들의 눈은 많은 이마의 주름살 속에서, 그늘의 눈은,
그들의 늙은 반짝거리는 눈은 즐겁기만 하다.

---

3 이집트인들, 아라비아인들, 크리스트교도들, 모하메트교도들.

Every discoloration of the stone,
Every accidental crack or dent,
Seems a water course or an avalanche,
Or lofty slope where it still snows
Though doubtless plum or cherry branch
Sweetens the little halfway house
Those Chinamen climb towards, and I
Delight to imagine them seated there;
There, on the mountain and the sky,
On all the tragic scene they stare.
One asks for mournful melodies;
Accomplished fingers begin to play.
Their eyes mid many wrinkles, their eyes,
Their ancient, glittering eyes, are gay.

---

4 B.C. 5세기의 아테네 조각가(彫刻家)로, 코린트식 기둥과, 조각의 옷주름을 새기는 천공기(穿孔機)의 발명가(發明家).

T. E. HULME

1883~1917

가을

가을밤의 싸늘한 감촉(感觸)—
나는 바깥을 거닐다가
보았다 불그스름한 달이 산울타리를 넘어가는 것을
붉은 얼굴의 농부(農夫)처럼.
나는 말하려 걸음을 멈추지 않고, 고개만 끄덕였다,
그리고 주위엔 생각에 잠긴 별들이 모여 있었다
도시(都市) 어린애들처럼 하얀 얼굴을 한.

AUTUMN

A touch of cold in the Autumn night ——
I walked abroad
And saw the ruddy moon lean over a hedge
Like a red-faced farmer.
I did not stop to speak, but nodded,
And round about were the wistful stars
With white faces likc town children.

EDITH SITWELL

1887~1964

아직도 비가 내린다
1940년 공습(空襲)[1] 밤과 새벽

아직도 비가 내린다—
인간(人間)의 세계(世界)처럼 어두운, 우리의 상실(喪失)처럼 검은—
십자가(十字架)에 박는 천구백 사십개의 못처럼 맹목(盲目)으로.

아직도 비가 내린다
무연묘지(無緣墓地)[2]에서 망치소리로 변(變)하는 심장(心臟)의
고동(鼓動)소리로, 그리고 무덤을 짓밟는

불경(不敬)스런 발자국 소리로:
아직도 비가 내린다
작은 희망(希望)들이 새끼치고 인간(人間)의 두뇌가
카인의 이마를 가진 저 벌레 탐욕(貪慾)을 기르고 양육한다, 피의 들판에.

아직도 비가 내린다
십자가(十字架)에 매달린 굶주린 사람의 발 밑에,
매일 밤낮 거기서 못박히는 크리스트여, 자비(慈悲)를 베푸소서 우리에게—
부자(富者)와 나자로[3]에게도:
비 아래에서는 종기(腫氣)와 황금(黃金)이 하나이오니.

아직도 비가 내린다!—
아직도 굶주린 사람의 상처(傷處)난 옆구리에서 피가 내린다:

---

1 the Battle of Britain 동안 독일공군은 영국에 많은 폭격을 했다.
2 유다가 버린 피의 돈으로 산, 예루살렘 근처의 연고자 없는 이들을 위한 묘지.
3 사후(死後)에 부자 Dives는 지옥으로 보내지고, 문둥병에 걸린 거지 Lazarus는 천국(天國)에 갔다. (누가복음 16 : 19—31)

STILL FALLS THE RAIN

(THE RAIDS, 1940 · NIGHT AND DAWN)

Still falls the Rain—
Dark as the world of man, black as our loss—
Blind as the nineteen hundred and forty nails upon the Cross.

Still falls the Rain
With a sound like the pulse of the heart that is changed to the hammer beat
In the Potter's Field, and the sound of the impious feet

On the Tomb:
Still falls the Rain
In the Field of Blood where the small hopes breed and the human brain
Nurtures its greed, that worm with the brow of Cain.

Still falls the Rain
At the feet of the Starved Man hung upon the Cross.
Christ that each day, each night, nails there, have mercy on us—
On Dives and on Lazarus:
Under the Rain the sore and the gold are as one.

Still falls the Rain—
Still falls the Blood from the Starved Man's wounded Side:

그는 그의 마음에 모든 상처를 지닌다, 사라진 빛의 상처,
자살자의 심장의
최후의 맥없는 스파이크의 상처, 슬픈 이해(理解) 안되는 암흑(暗黑)의 상처,
괴롭힘 당하는 곰의 상처—
주인이 그의 가엾은 살에 매질하는
눈먼 울고 있는 곰의 상처를[4],…쫓기는 토끼의 눈물을.

아직도 비가 내린다—
그때—"오 나는 내 하나님에게로 뛰어올라 갈테야! 누가 날 끌어내리나?
보라, 보라, 창공(蒼空)에 크리스트의 피가 흘러내리는 데를"[5]
그 피는 흐른다 우리가 나무에 못 박았던 그 이마로부터
깊이 죽어가는 자(者)에게로,—세계(世界)의 불을 所有한
목마른 심장(心臟), 시이저의 월계관처럼
苦痛으로 검게 더럽혀진 심장(心臟)으로.

그때, 인간(人間)의 심장처럼, 한때 짐승들 속에
누웠던 어린애였던 분의 목소리가 들린다—
"아직도 나는 사랑하고, 아직도 너를 위해 내 순결한 빛을, 내 피를 뿌리련다."

4 막대기에다 사슬로 묶어 놓은 곰을 한 떼의 불독으로 하여금 물어뜯게 하며 즐거워했던 중세기(中世紀)의 오락(娛樂).
5 Marlowe의 Dr. Faustus의 마지막에서 Faustus의 절망의 외침.

He bears in His Heart all wounds,—those of the light that died,
The last faint spark
In the self—murdered heart, the wounds of the sad uncomprehending dark,
The wounds of the baited bear—
The blind and weeping bear whom the keepers beat
On his helpless flesh… the tears of the hunted hare.

Still falls the Rain——
Then—— "O Ile leape up to my God: who pulles me doune——
See, see where Christ's blood streames in the firmament":
It flows from the Brow we nailed upon the tree
Deep to the dying, to the thirsting heart
That holds the fires of the world, —dark-smirched with pain
As Caesar's laurel crown.

Then sounds the voice of One who like the heart of man
Was once a child who among beasts has lain—
"Still do I love, still shed my innocent light, my Blood, for thee."

T. S. ELIOT

1888~1965

J. 앨프리드 프루프로크의 연가[1]

만일 내 대답이 세상으로 돌아갈
사람에게 하는 것이라 생각한다면
이 불길은 더 이상 흔들리지 않으리라.[2]
그러나 아무도 산 채로 이 심연(深淵)에서
돌아간 사람이 없기에, 내가 들은 말이 사실이라면,
수치의 두려움 없이 그대에게 대답하겠노라.[3]

자 우리 가볼까, 당신과 나[4]와
수술대(手術臺) 위의 마취(痲醉)된 환자(患者)처럼
저녁이 하늘을 배경(背景)으로 사지(四肢)를 뻗고 있는 지금;
우리 가볼까, 어느 반쯤 인적(人跡) 끊어진 거리,
싸구려 일박(一泊)호텔의 불안한 밤의
속삭거리는 으슥한 길,
굴껍질 흩어진 톱밥 깔린 레스토랑을 지나:
위압적(威壓的)인 문제(問題)로 당신을 인도할
음흉한 의도(意圖)의
지리한 논의(論議)처럼 잇단 거리들을 지나…
오, 묻지 말아다오, "그것이 무엇이냐?"고.
우리 가서 방문(訪問)이나 해보자.

---

1 의식의 흐름 수법을 사용한 Prufrock의 내적(內的) 독백.

2 여기서 말하는 사람의 유령은 지옥의 불길 속에 갇혀 있다. 불길이 흔들릴 때는 그것이 말할 때이다.

3 단테의 〈지옥편〉 XXVII, 61—66에서. 배신적 조언 때문에 그 벌로써 높은 불길 속에 갇힌 Guido da Montefeltro백작은 단테에게 죽기 이전의 그의 수치스런 사악했던 생활을 말한다. 왜냐하면 그는 결코 세상으로 단테가 다시 돌아갈 수 없으리라 믿었기 때문이다.

4 Prufrock의 분신(分身, alter ego).

THE LOVE SONG OF J. ALFRED PRUFROCK

S'io credesse che mia risposta fosse
A persona che mai tornasse al mondo,
Questa fiamma staria senza piu scosse.
Ma perciocche giammai di questo fondo
Non torno vivo alcun, s'i'odo il vero,
Senza tema d'infamia ti rispondo.

LET us go then, you and I,
When the evening is spread out against the sky
Like a patient etherized upon a table;
Let us go, through certain half-deserted streets,
The muttering retreats
Of restless nights in one-night cheap hotels
And sawdust restaurants with oyster shells:
Streets that follow like a tedious argument
Of insidious intent
To lead you to an overwhelming question….
Oh, do not ask, "What is it?"
Let us go and make our visit.

방안에는[5] 여인(女人)들이 오고 간다
미켈란젤로를 이야기 하면서.

등을 창(窓)유리에 비비는 노란 안개,
주둥이를 창(窓)유리에 비비는 노란 연기
혀로 저녁의 구석구석을 핥았다가,
하수도(下水道)에 괸 웅덩이에 머뭇거리다가
굴뚝에서 떨어지는 검댕을 자기 등에다 떨어뜨리고,
테라스를 살짝 빠져나가, 별안간 껑충 뛰었다가
온화한 시월(十月)의 밤임을 알고서
한번 집 둘레를 살피고서는 잠이 들었다.

정말이지 시간(時間)은 있으리라
등을 창(窓)유리에 비비며
거리를 따라 미끄러져 가는 노란 안개에게도;
시간(時間)은 있으리라, 시간(時間)은 있으리라
당신이 만날 얼굴들을 만나기 위해 얼굴을 꾸밀;
시간(時間)은 있으리라 살인(殺人)하고 창조(創造)할,
당신의 접시에다 문제(問題)를 들어 올렸다 내려놓을
양(兩)손의 모든 일과 날들[6]에게도 시간(時間)은 있으리라;
당신에게도 시간(時間)이, 나에게도 시간(時間)이,
아직 백(百)가지 망설일 시간(時間)이,
백(百)가지 몽상(夢想)과 수정(修正)의 시간(時間)이,
토스트와 차(茶)를 들기 이전(以前)에.

In the room the women come and go
Talking of Michelangelo.

The yellow fog that rubs its back upon the window—panes,
The yellow smoke that rubs its muzzle on the window—panes
Licked its tongue into the corners of the evening,
Lingered upon the pools that stand in drains,
Let fall upon its back the soot that falls from chimneys,
Slipped by the terrace, made a sudden leap,
And seeing that it was a soft October night,
Curled once about the house, and fell asleep.

And indeed there will be time
For the yellow smoke that slides along the street,
Rubbing its back upon the window panes;
There will be time, there will be time
To prepare a face to meet the faces that you meet;
There will be time to murder and create,
And time for all the works and days of hands
That lift and drop a question on your plate;
Time for you and time for me,
And time yet for a hundred indecisions,
And for a hundred visions and revisions,
Before the taking of a toast and tea.

방안에는 여인(女人)들이 오고 간다
미켈란젤로를 이야기하면서.

정말이지 시간(時間)은 있으리라
"한번 해볼까?" "한번 해볼까?"하고 생각할.
내 머리칼의 한복판에 대머리 반점(斑點)을 이고서
되돌아서 층계를 내려갈 시간(時間)이,
(그녀들은 말하리라: "그런데 저 사람 머리칼은 점점 숱이 빠지네!")
내 모오닝코오트, 턱까지 빳빳이 솟은 내 칼라,
화려하나 젊잖은, 허나 소박한 핀을 꽂은 내 넥타이—
(그녀들은 말하리라: "그런데 저 사람 팔다리가 가늘기도 해!")
내가 한번
천지(天地)를 뒤흔들어나 볼까?
한 순간에도 있다
한 순간이 역전(逆轉)시킬 결정(決定)과 수정(修正)의 시간(時間)이.

왜냐하면 나는 이미 그녀들을 알고 있기에, 그녀들을 다 알고 있기에—
저녁과 아침과 오후를 알고 있기에.
나는 인생을 커피 스푼으로 떠왔기에[7]:
먼 방에서 들려오는 음악(音樂) 속에
종지(終止)로 작아져 가는 목소리들을 알고 있기에.
그러니 어떻게 내가 해볼 수 있으랴?

---

5 아마 Prufrock가 지금 방문하려고 하고 있는 여자의 방.
6 Works and Days는 B.C. 8세기 그리스 시인 Hesiod가 쓴 세시기적(歲時記的)인 시.

In the room the women come and go
Talking of Michelangelo.

And indeed there will be time
To wonder, "Do I dare?" and, "Do I dare?"
Time to turn back and descend the stair,
With a bald spot in the middle of my hair—
(They will say: "How his hair is growing thin!")
My morning coat, my collar mounting firmly to the chin,
My necktie rich and modest, but asserted by a simple pin—
(They will say: "But how his arms and legs are thin!")
Do I dare
Disturb the universe?
In a minute there is time
For decisions and revisions which a minute will reverse.

For I have known them all already, known them all—
Have known the evenings, mornings, afternoons,
I have measured out my life with coffee spoons;
I know the voices dying with a dying fall
Beneath the music from a farther room.
So how should I presume?

그리고 나는 이미 그 눈들을 알고 있기에, 그녀들의 눈을 모두
　알고 있기에
공식적(公式的) 문구(文句)로 당신을 고정(固定)시켜 버리는 눈들을,
그래서 핀에 꽂혀 사지(四肢)를 뻗고, 내가 공식화(公式化)될 때,
내가 핀에 꽂혀 벽(壁)에서 꿈틀거리고 있을 때,
어떻게 내가 배앝기
시작할 수 있으랴 내 일상생활(日常生活)의 온갖 꽁초들을?
그러니 어떻게 내가 해볼 수 있으랴?

그리고 나는 이미 그 팔들을 알고 있기에, 그녀들의 팔을 모두
　알고 있기에
팔찌를 낀, 하얀 드러낸 팔들을
(그러나 램프불 아래선, 엷은 갈색 솜털이 나 있는!)
나를 이렇게 탈선(脫線)시킴은
옷에서 풍기는 향수(香水) 때문일까?
테이블을 따라 놓인, 혹은 쇼올을 휘감은 팔들.
그러니 어떻게 내가 해볼 수 있으랴?
어떻게 내가 시작할 수 있으랴?

. . . .

이렇게나 말할까, 땅거미질 무렵 좁은 거리를 지나가다가
窓밖으로 몸을 내민 샤쓰 바람의 고독남(孤獨男)의
파이프에서 솟아오르는 연기(煙氣)를 지켜보았다고나?......

차라리 나는 한쌍의 게 집게발이라도 되었으면 싶다
조용한 바다 바닥을 총총히 달리는.

. . . .

7 "My life has been trivial, full of non—significant social engagement, strung on an empty routine." Louis MacNeice, Modern English Poetry.

And I have known the eyes already, known them all—
The eyes that fix you in a formulated phrase,
And when I am formulated, sprawling on a pin,
When I am pinned and wriggling on the wall,
Then how should I begin
To spit out all the butt-ends of my days and ways?
And how should I presume?

And I have known the arms already, known them all—
Arms that are braceleted and white and bare
(But in the lamplight, downed with light brown hair!)
Is it perfume from a dress
That makes me so digress?
Arms that lie along a table, or wrap about a shawl.
And should I then presume?
And how should I begin?

. . . .

Shall I say, I have gone at dusk through narrow streets
And watched the smoke that rises from the pipes
Of lonely men in shirt-sleeves, leaning out of windows?...

I should have been a pair of ragged claws
Scuttling across the floors of silent seas.

. . . .

그리고 오후, 저녁이 무척이나 평화로이 잠들어 있다!
긴 손가락의 애무(愛撫)를 받으며,
잠들었거나‥‥ 지쳤거나‥‥ 아니면 꾀병부리고 있다,
여기 당신과 내곁에서, 마루에 몸을 쭉 뻗고서.
내가, 차와 케이크와 아이스크림을 먹고난 후
순간을 위기(危機)로 몰고 갈 힘을 가질 수 있을까?
그러나 내가 울고 단식(斷食)하고, 울고 기도했지만,
내 머리(약간 대머리인)가 접시[8]에 담겨 오는 것을 보긴 했지만
나는 전혀 예언자(豫言者)가 아니다—그러고 이건 큰 문제가 아니다;
나는 내 위대함의 순간이 깜빡거리는 것을 보았다,
그리고 영원(永遠)한 하인(下人)[9]이 내 코오트를 잡고 킥킥 웃는 것을 보았다,
요컨대, 나는 겁이 났었다.

그런데, 그럴 보람이 있었을까.
잔과 마머레이드, 차후(茶後)에
자기(磁器) 사이에서, 당신과 나의 몇마디 이야기 사이에서,
그럴 보람이 있었을까,
문제(問題)를 미소(微笑)로 깨물어 잘라버렸다면,
세계(世界)를 압착하여 하나의 공으로 만들어[10]
어떤 위압적(威壓的)인 문제(問題)로 향해 그것을 굴렸었더라면.
나는 죽은 자(者)들로부터 온 나자로[11]
"당신들 모두에게 말하러 돌아왔다, 당신들 모두에게 말하련다"고
만일 말한다면—한 여인(女人)[12]이 그녀의 머리맡의 베개를 고치며
이렇게 말한다면: "그건 전혀 제 뜻이 아니예요.
그건 전혀 그렇지가 않아요."

---

8 세례 요한의 목은 헤로드왕명에 의해 잘려져, 접시에 담겨 가져와진다.(마태복음 14:3—11)
9 아마 사신(死神), 혹은 운명(運命).
10 Andrew Marvell의 "To His Coy Mistress"에서 "Let us roll all our strength and all/Our sweetness up into one ball."
11 누가복음 16:19—31, 요한복음 11:1—44 참조.
12 Prufrock가 만나러 갔던 여자(女子).

And the afternoon, the evening, sleeps so peacefully!
Smoothed by long fingers,
Asleep … tired … or it malingers,
Stretched on the floor, here beside you and me.
Should I, after tea and cakes and ices,
Have the strength to force the moment to its crisis?
But though I have wept and fasted, wept and prayed,
Though I have seen my head (grown slightly bald) brought in upon a platter,
I am no prophet—and here's no great matter;
I have seen the moment of my greatness flicker,
And I have seen the eternal Footman hold my coat, and snicker,
And in short, I was afraid.

And would it have been worth it, after all,
After the cups, the marmalade, the tea,
Among the porcelain, among some talk of you and me,
Would it have been worth while,
To have bitten off the matter with a smile,
To have squeezed the universe into a ball
To roll it toward some overwhelming question,
To say: "I am Lazarus, come from the dead,
Come back to tell you all, I shall tell you all"—
If one, settling a pillow by her head,
Should say: "That is not what I meant at all.
That is not it, at all."

그런데 그럴 보람이 있었을까, 결국(結局),
그것이 그럴 보람이 있었을까,
일몰(日沒)과 마당과 살수(撒水)된 거리 후(後)에,
소설(小說), 찻잔, 마루를 따라 질질 끄는 스커어트 후(後)에
그리고 이것과 다른 많은 것들 후(後)에‥?
내가 말하고 싶은 것을 표현하기란 불가능(不可能)하다!
하지만 마치 환등(幻燈)이 스크린에 신경조직(神經組織)을 투사(投射)한 거와 마찬가지.
그럴 보람이 있었을까
만일 한 여인(女人)이, 베개를 고치거나, 쇼올을 내던지며,
창문(窓門)쪽을 향해 말한다면:
　"'그건 전혀 그렇지가 않아요,
　그건 전혀 저 뜻이 아니예요."

. . . .

아냐! 나는 햄리트왕자(王子)가 아냐 또 그런 사람이 못돼;
시종관(侍從官)[13], 왕의 행차(行次)를 흥성히 하거나,
한두 장면(場面)을 시작시키거나,
왕자(王子)에게 조언(助言)이나 할 사람; 확실히, 손쉬운 연장,
굽실거리고, 심부름하기 즐겁게 여기고,
교활하고, 조심성 많고, 소심(小心)하고;
호언장담을 잘 하지만, 약간 둔감하고;
때로는, 정말로, 거의 가소(可笑)롭고—
때로는 거의 어릿광대.

---

13 아마도 Polonius.

And would it have been worth it, after all,
Would it have been worth while,
After the sunsets and the dooryards and the sprinkled streets,
After the novels, after the teacups, after the skirts that trail along the floor—
And this, and so much more?—
It is impossible to say just what I mean!
But as if a magic lantern threw the nerves in patterns on a screen:
Would it have been worth while
If one, settling a pillow or throwing off a shawl,
And turning toward the window, should say:
"That is not it at all,
That is not what I meant, at all."

. . . .

No! I am not Prince Hamlet, nor was meant to be;
Am an attendant lord, one that will do
To swell a progress, start a scene or two,
Advise the prince; no doubt, an easy tool,
Deferential, glad to be of use,
Politic, cautious, and meticulous;
Full of high sentence, but a bit obtuse;
At times, indeed, almost ridiculous—
Almost, at times, the Fool.

나는 늙어간다‥‥나는 늙어간다‥‥
바짓자락을 접어 올려 입어나 볼까[14].

머리칼을 뒤로 갈라나 볼까? 감히 복숭아를 먹어나 볼까?
흰 플란넬바지를 입고서 해변(海邊)을 걸어봐야지.
나는 들었다 인어(人魚)들이 노래하는 것을, 서로에게.

인어(人魚)들이 내게 노래해 주리라곤 나는 생각 안해.

나는 보았다 인어(人魚)들이 파도(波濤)를 타고 바다 쪽으로 가며
뒤로 젖혀진 파도의 하얀 머리칼을 빗는 모습을,
바람이 바닷물을 희고 검게 불 때에.

우리는 바다의 방(房)에 머물렀었다
적갈색(赤褐色) 해초(海草)를 휘감은 바다처녀(處女)들 곁에,
이윽고 인간(人間)의 목소리들[15]이 우리를 깨워, 우리는 익사(溺死)한다.

---

14 Prufrock는 그 당시 최신 유행이던, 바지자락 접어 올리기를 시도하려 한다.

15 프로포즈도 못해보고 좌절당한 Prufrock는 환상 속에서 해녀(海女)들과 즐기나, 여자(女子)들의 목소리가 들리자 곧 그 환상은 깨지고 현실의 바다에 익사한다.

I grow old … I grow old …
I shall wear the bottoms of my trousers rolled.

Shall I part my hair behind? Do I dare to eat a peach?
I shall wear white flannel trousers, and walk upon the beach.
I have heard the mermaids singing, each to each.

I do not think that they will sing to me.

I have seen them riding seaward on the waves
Combing the white hair of the waves blown back
When the wind blows the water white and black.

We have lingered in the chambers of the sea
By sea-girls wreathed with seaweed red and brown
Till human voices wake us, and we drown.

귀부인(貴婦人)의 초상(肖像)

너는 범(犯)했다—
간통(姦通)을: 그러나 그건 다른 나라에서였고,
더군다나 그 계집은 죽었다.
〈말타島의 유대인〉

I

십이월(十二月) 오후(午後)의 연기와 안개 속에 저절로 마련된
당신은 저절로 마련된 장면(場面)을 갖게 된다—마치 장면(場面)이 저절로 꾸며지듯—
"내가 당신을 위해 오늘 오후(午後)를 남겨 뒀어요"라고 말하며;
그리고 어둡게 한 방에는 네 개의 양초,
머리 위 천정(天井)엔 네 개의 빛의 동그라미,
줄리에트의 무덤의 분위기,
말해지거나 말하지 않은 채 남겨둘 모든 것에 대비한.
우리가 폴란드의 신진(新進) 피아니스트가
그의 머리칼과 손가락 끝으로 前奏曲[1]을 치는 것을 들으러 갔었다 하자.
"너무나도 친밀해요, 이 쇼팽은, 그래서 나는 생각해요 그의 영혼(靈魂)이
오로지 그의 친구들, 두셋 친구들 사이에서만
부활(復活)해야 한다고, 음악회(音樂會)에서 애무당하고 의문시당한
꽃을 만지려 하지 않을 친구들 사이에서만"
—이런 식(式)으로 대화(對話)는 미끄러진다,
먼 코르네트[1]와 섞이는
바이올린의 가냘픈 음조(音調)를 통해
불완전의욕(不完全意慾)과 조심스레 잡힌 아쉬움 속에,
그리고 시작된다.

1 폴란드 作曲家 Frederic Chopin(1810~49)의 곡.

PORTRAIT OF A LADY

Thou hast committed—
Fornication: but that was in another country,
And besides, the wench is dead.
The Jew of Malta.

I

Among the smoke and fog of a December afternoon
You have the scene arrange itself——as it will seem to do—
With "I have saved this afternoon for you";
And four wax candles in the darkened room,
Four rings of light upon the ceiling overhead,
An atmosphere of Juliet's tomb
Prepared for all the things to be said, or left unsaid.
We have been, let us say, to hear the latest Pole
Transmit the Preludes, through his hair and finger-tips.
"So intimate, this Chopin, that I think his soul
Should be resurrected only among friends
Some two or three, who will not touch the bloom
That is rubbed and questioned in the concert room."
—And so the conversation slips
Among velleities and carefully caught regrets
Through attenuated tones of violins
Mingled with remote cornets
And begins.

"당신은 몰라요, 그들이 내게 얼마나 소중한지, 내 친구들이,
그리고 얼마나 얼마나 희귀하고 이상한지, 너무나도 많은
너무나도 많은 어중이떠중이들로 구성(構成)된 인생(人生)에서 발견(發見)한다는 것이
(왜냐하면 정말 나는 인생(人生)을 사랑 안 해요‥‥당신도 알고 있었죠?
　당신은 장님이 아니니까! 얼마나 영리해요 당신은!)
이런 특질(特質)을 가진,
우정(友情)이 살 이런 특질(特質)을
갖고 있고 또 주는 친구를 발견(發見)한다는 것이.
얼마나 소중한지 내가 당신에게 이런 말 하는 거예요—
이런 우정(友情)이 없다면—인생(人生)은 얼마나 끔찍스런 악(惡)이겠어요!"

바이올린의 장식음(裝飾音)과
금이 간 코르네트의
아리에타 가운데 서
내 두뇌(頭腦) 내부(內部)에서 둥둥 소리가 시작된다
자기(自己) 나름의 서곡(序曲)을 함부로 치며,
변덕스런 단조(單調)
그건 적어도 명확(明確)히 틀린 가락이죠.
—자 바람이나 좀 쐽시다, 담배에 취했으니,
기념비(記念碑)를 찬미하고,
최근(最近)의 사건(事件)들을 논의(論議)하고,
공중(公衆) 괘종시계(時計)로 우리 회중시계(時計)를 고칩시다.
그리고 나서 반시간쯤 앉아서 흑(黑)맥주나 마십시다.

"You do not know how much they mean to me, my friends,
And how, how rare and strange it is, to find
In a life composed so much, so much of odds and ends,
(For indeed I do not love it … you knew? you are not blind!
How keen you are!)
To find a friend who has these qualities,
Who has, and gives
Those qualities upon which friendship lives.
How much it means that I say this to you—
Without these friendships—life, what cauchemar!"

Among the windings of the violins
And the ariettes
Of cracked cornets
Inside my brain a dull tom-tom begins
Absurdly hammering a prelude of its own,
Capricious monotone
That is at least one definite "false note."
—Let us take the air, in a tobacco trance,
Admire the monuments,
Discuss the late events,
Correct our watches by the public clocks.
Then sit for half an hour and drink our bocks.

II

라일락이 만발한 지금
그녀는 방에 라일락 화병을 하나 갖고 있다,
그리고 이야기하는 동안 하나를 손가락으로 비튼다.
"아 내 친구, 당신은 몰라요, 당신은 몰라요
인생(人生)이 무엇인지, 두 손에 인생(人生)을 쥐고 있는 당신은;"
(천천히 라일락 줄기를 비틀면서)
"당신은 인생(人生)을 흘려 보내고 있어요, 인생(人生)을 흘려 보내고 있어요,
그리고 젊음은 잔인해요, 후회(後悔)도 전혀 없어요
그리고 젊음은 뜻을 알지 못하는 상황(狀況)을 보고 미소(微笑)해요."
나는 미소(微笑)한다, 물론
그리고 계속 차(茶)를 마신다.
"그러나 어쩐지 나의 묻힌 삶[2]과 봄의 파리(巴里)를 회상(回想)케 하는
이런 사월(四月)의 황혼 무렵이면,
나는 측량할 수 없을 만큼 평화로움을 느껴요. 그리고 세상이,
역시, 놀라웁고 젊다는 것을 발견해요."

그 목소리는 어느 팔월 오후의 부서진 바이올린의
끈덕진 불협화음마냥 되돌아온다:
"나는 언제나 당신이 내 감정(感情)을
이해한다고 확신해요, 당신이 느끼리라고 언제나 확신해요,
만(灣) 건너로 당신이 손을 뻗으리라 확신해요.

---

2 Matthew Arnold(1822—88)의 "The Buried Life". Arnold에게 있어서 "묻힌 삶"이란 "the mystery of this heart which beats so wild, so deep in us" 즉 우리가 자주 무시하려 하거나 억압하려 애쓰는 인간성(人間性)의 충동적인 면이다.

II

Now that lilacs are in bloom
She has a bowl of lilacs in her room
And twists one in her fingers while she talks.
"Ah, my friend, you do not know, you do not know
What life is, you who hold it in your hands";
(Slowly twisting the lilac stalks)
"You let it flow from you, you let it flow,
And youth is cruel, and has no remorse
And smiles at situations which it cannot see."
I smile, of course,
And go on drinking tea.
"Yet with these April sunsets, that somehow recall
My buried life, and Paris in the Spring,
I feel immeasurably at peace, and find the world
To be wonderful and youthful, after all."

The voice returns like the insistent out-of-tune
Of a broken violin on an August afternoon:
"I am always sure that you understand
My feelings, always sure that you feel,
Sure that across the gulf you reach your hand.

당신은 불사신이에요, 아킬레스의 발꿈치[3]를 안 가졌으니까요.
당신은 계속 나아갈 것이고, 당신이 이겼을 때
이렇게 말할 수 있어요: 이 점에서 많은 사람들이 실패했다고.
하지만, 내 친구여, 당신에게 줄 무엇을 내가 갖고 있겠어요,
무엇을 내가 갖고 있겠어요, 또 무엇을 당신은 나한테서 받을 수 있겠어요?
오직 여행 목적지에 도달하려는 여자의
우정과 동정뿐이에요.

나는 여기 앉아서, 차(茶)나 친구들에게 따르겠어요・・・"

나는 모자를 집는다: 어떻게 내가 비겁한 보상(補償)을 할 수 있으랴
그녀가 내게 한 말에 대해?
내가 어느 아침이든 공원(公園)에서
만화와 스포츠기사를 읽고 있는 것이 눈에 띌 것이다.
특히 나는 주목한다
어느 영국 백작부인이 무대에 섰다,
어느 그리스인이 폴란드 무도회에서 살해되었다,
또 한 사람의 銀行 채무불이행자가 고백했다는 記事에.
나는 안색을 바꾸지 않는다.
나는 침착한 채로 있다,
단 기계적이고 지친 피아노 오르간이,
다른 사람들이 욕망했던 것들을 회상시키며
정원에서 풍겨오는 히아신스 香氣와 함께
어느 닳아빠진 속요(俗謠)를 되풀이할 때를 제외하고선.
이런 생각들이 옳은 것인가 그른 것인가?

3 그리스의 영웅(英雄) 아킬레스는 단 한군데 급소(急所), 혹은 약점(弱點)이 있었는데 그것이 발꿈치였다. 다른 부분은 다치게 할 수 없었다.

You are invulnerable, you have no Achilles' heel.
You will go on, and when you have prevailed
You can say: at this point many a one has failed.
But what have I, but what have I, my friend,
To give you, what can you receive from me?
Only the friendship and the sympathy
Of one about to reach her journey's end.

I shall sit here, serving tea to friends...."

I take my hat: how can I make a cowardly amends
For what she has said to me?
You will see me any morning in the park
Reading the comics and the sporting page.
Particularly I remark
An English countess goes upon the stage.
A Greek was murdered at a Polish dance,
Another bank defaulter has confessed.
I keep my countenance,
I remain self-possessed
Except when a street piano, mechanical and tired
Reiterates some worn-out common song
With the smell of hyacinths across the garden
Recalling things that other people have desired.
Are these ideas right or wrong?

III

시월(十月)의 밤이 내려온다; 약간 불안(不安)스런 느낌 이외엔
전(前)처럼 되돌아와
나는 층계로 올라가서 도어의 핸들을 돌린다,
그리고 마치 내가 손과 무릎으로 기어올라온 듯한 기분이 든다.
"그런데 당신이 외국(外國)으로 간다죠; 언제 돌아오세요?
허지만 그건 쓸모없는 질문이죠.
당신도 언제 돌아올는지 거의 모를테니,
많이 배울 것이 있을 거예요."
내 미소(微笑)는 무겁게 떨어진다 골동품 사이에.

"어쩜 당신이 내게 편지 쓸 수 있겠지요"
내 침착(沈着)은 한 찰나 타오른다;
이것은 내가 예기(豫期)했던 대로다.
"나는 최근에 자주 생각해 보았어요
(그러나 우리들의 시작(始作)은 결코 끝을 알지 못한다!)
왜 우리가 친구로 발전(發展)하지 못했는지"
나는 미소(微笑)짓다가 돌아섰을 때
갑자기 거울에 비친 자기 표정(表情)을 본 사람처럼 느낀다.
내 침착(沈着)은 나풀거린다; 우리는 정말 어둠 속에 있다.

"왜냐하면 모두들 그렇게 말했어요, 우리 친구들 모두가,
그이들은 모두 우리의 감정(感情)이 밀접히
맞아들어갈 거라고 확신했었지요! 나도 잘 이해(理解)할 수 없어요.
우린 이젠 운명(運命)에 맡길 수밖에.
어쨌든, 당신은 편지해 주시겠지요.
어쩜, 너무 늦을 리는 없어요

III

The October night comes down; returning as before
Except for a slight sensation of being ill at ease
I mount the stairs and turn the handle of the door
And feel as if I had mounted on my hands and knees.
"And so you are going abroad; and when do you return?
But that's a useless question.
You hardly know when you are coming back,
You will find so much to learn."
My smile falls heavily among the bric-à-brac.

"Perhaps you can write to me."
My self-possession flares up for a second;
This is as I had reckoned.
"I have been wondering frequently of late
(But our beginnings never know our ends!)
Why we have not developed into friends."
I feel like one who smiles, and turning shall remark
Suddenly, his expression in a glass.
My self-possession gutters; we are really in the dark.

"For everybody said so, all our friends,
They all were sure our feelings would relate
So closely! I myself can hardly understand.
We must leave it now to fate.
You will write, at any rate.
Perhaps it is not too late.

나는 여기 앉아서, 친구들에게 차(茶)나 따르겠어요”

그리고 나는 표현(表現)을 발견하기 위해
온갖 변화하는 모양을 빌려야만 한다.‥‥춤추고 춤춰야 한다
춤추는 곰처럼,
앵무새처럼 소리쳐야 하고, 원숭이처럼 재잘대어야 한다.
우리 바람이나 좀 쐽시다, 담배에 취했으니

글쎄! 어떻게 하지, 만일 그녀가 어느날 오후(午後)
회색의 흐린 오후(午後), 노랑과 장미색 저녁에 죽는다면;
죽어서, 손에 펜을 들고 앉아 있는 나를 두고 가 버린다면,
연기(煙氣)가 지붕꼭대기에서 내려올 무렵에;
무엇을 느껴야 하는지 혹은 내가 이해(理解)하는지,
혹은 현명한지, 어리석은지, 늦은지 너무 이른지
잠시 회의(懷疑)에 잠긴다‥‥
그녀가, 결국(結局) 유리하지 않을까?
이 음악(音樂)은 종지(終止)가 성공적(成功的)이다
우리가 죽음을 이야기하는 지금엔—
그런데 내게 미소(微笑)지을 권리(權利)가 있을까?

I shall sit here, serving tea to friends."

And I must borrow every changing shape
To find expression … dance, dance
Like a dancing bear,
Cry like a parrot, chatter like an ape.
Let us take the air, in a tobacco trance—

Well! and what if she should die some afternoon,
Afternoon grey and smoky, evening yellow and rose;
Should die and leave me sitting pen in hand
With the smoke coming down above the housetops;
Doubtful, for quite a while
Not knowing what to feel or if I understand
Or whether wise or foolish, tardy or too soon…
Would she not have the advantage, after all?
This music is successful with a "dying fall"
Now that we talk of dying—
And should I have the right to smile?

헬렌 이모(姨母)

헬렌 슬링즈비처양(孃)은 나의 처녀(處女) 이모(姨母),
번화한 네거리 근처에 살며
시중드는 하인(下人)이 넷이나 있었다.
그녀가 죽었을 때 천국(天國)엔 정적(靜寂)이 있었고
그녀가 살았던 거리의 끝에도 정막이 내렸다.
덧문이 닫히고 장의인(葬儀人)은 그의 발을 닦았다.
이런 일이 전에도 일어났음을 그는 알고 있었다.
개들은 잘 먹여졌으나.
얼마 후 곧 앵무새는 죽어 버렸다.
독일(獨逸) 드레즈덴제(製) 괘종시계(掛鐘時計)는 벽화로 위에서 계속 짹깍거렸고
하인(下人)은 식탁(食卓)에 앉아서
둘째 하녀(下女)를 그의 무릎 위에 안고 있었다—
여주인(女主人)이 살았을 적엔 무척 조심스러웠던 그녀를.

AUNT HELEN

Miss Helen Slingsby was my maiden aunt,
And lived in a small house near a fashionable square
Cared for by servants to the number of four.
Now when she died there was silence in heaven
And silence at her end of the street.
The shutters were drawn and the undertaker wiped his feet—
He was aware that this sort of thing had occurred before.
The dogs were handsomely provided for,
But shortly afterwards the parrot died too.
The Dresden clock continued ticking on the mantelpiece,
And the footman sat upon the dining-table
Holding the second housemaid on his knees—
Who had always been so careful while her mistress lived.

게론티온[1]

자네는 젊지도 늙지도 않아
마치 젊음과 늙음 둘 다를 꿈꾸며
식후(食後) 잠을 자는 듯해[2].

여기 있는 나는 메마른 달의 노인(老人),
책 읽어 주는 소년(少年)에게 귀기울이며, 비를 기다리고 있다.
나는 격전의 성문[3]에 나간 적도
더운 비를 맞으며 싸운 적도 없고
또 단도(短刀)를 쳐들고서. 짜거운 늪에 무릎 깊숙이 빠져,
모기에 물리며 싸운 적도 없다.
내 집은 썩은 집,
그리고 유대인[4]이 창턱에 쪼그리고 앉아 있다,
앤트워프의 어느 싸구려 카페에서 까서
브뤼셀에서 물집이 생기고, 런던에서 반창고 대고 껍질이 벗겨진 主人이.
염소가 밤에 머리 위 들판에서 기침한다;
바위, 이끼, 꿩의 비름, 쇠, 똥.
여자(女子)가 부엌을 돌보고, 차(茶)를 끓이고,
저녁에 재채기하며, 짜증나는 수채를 부지깽이로 쑤신다
나는 노인(老人),
바람 센 공간(空間) 속의 한 둔한 머리.

---

1 Gerontion은 인명(人名)이지만, 그리스어로 little old man이란 뜻. Cardinal John Henry Newman의 극시(劇詩) "The Dream of Gerontion" 참조.

2 Shakespeare의 Measure for Measure, III, I에서, 공작(公爵)은 처형 직전의 Claudio를 위로하기 위해 인생이 허무하다는 견해를 말한다.

3 "hot gates"는 그리스군이, 침공해 오는 페르시아군을 무찔렀던 Thermopylae의 직역(直譯).

4 뿌리 뽑힌 인간의 상징으로, 불유쾌하게 Eliot가 자주 쓴다.

GERONTION

Thou hast nor youth nor age
But as it were an after dinner sleep
Dreaming of both.

Here I am, an old man in a dry month,
Being read to by a boy, waiting for rain.
I was neither at the hot gates
Nor fought in the warm rain
Nor knee deep in the salt marsh, heaving a cutlass,
Bitten by flies, fought.
My house is a decayed house,
And the jew squats on the window sill, the owner,
Spawned in some estaminet of Antwerp,
Blistered in Brussels, patched and peeled in London.
The goat coughs at night in the field overhead;
Rocks, moss, stonecrop, iron, merds.
The woman keeps the kitchen, makes tea,
Sneezes at evening, poking the peevish gutter.
I an old man,
A dull head among windy spaces.

표적(表迹)이 기적(奇蹟)으로 잘못 알아진다. "우리에게 표적을 보여주소서!"[5]
말 속의 말, 말을 말할 수 없는,
암흑(暗黑)의 강보에 싸인. 해의 청춘(靑春)에
왔다 호랑이 크리스트[6]가

타락한 오월에, 산딸나무와 밤, 꽃피는 유다나무가
먹히고, 분배(分配)되고, 마셔진다[7]
속삭임 속에서; 리모쥬[8]에서, 애무하는 손으로
옆방에서 밤새도록 걸었던
실베르씨에 의해서;
티찌아노의 그림 앞에서 절을 하는 하까가와에 의해서;
캄캄한 방에서 촛불을 옮기는
드 토른퀴스트부인(夫人)에 의해서; 홀에서, 한 손은 도어에 댄 채
획 돌아섰던 폰 쿨프양(孃)에 의해서. 텅빈 북(杼)들이
바람을 짠다. 아무런 유령(幽靈)을 갖고 있지 않은 나는
바람센 언덕 밑에 있는
틈바람 센 집에 사는 한 노인(老人).

이런 것을 알고 나서[9], 무슨 용서란 말인가? 생각하라 지금
역사는 많은 교활한 통로(通路)를, 비밀낭하(祕密廊下)와
출구를 갖고 있음을, 속삭여대는 야심(野心)으로 속이고
허영으로서 우리를 인도함을. 생각하라 지금
역사는 우리의 주의(注意)가 흐트러졌을 때에 주고,
역사가 주는 것은 너무나 미묘한 혼란(混亂)으로 주기 때문에

5 마가복음 12:38—39.
6 부활절 때의 크리스트의 부활이 Gerontion에겐 관용과 사랑보다는 힘과 두려움을 상기시킨다.
7 성찬(聖餐)에의 언급.
8 도자기로 이름난 프랑스 타운.
9 크리스트를 알고 나서(아무리 불완전(不完全)할지라도).

Signs are taken for wonders. "We would see a sign":
The word within a word, unable to speak a word,
Swaddled with darkness. In the juvescence of the year
Came Christ the tiger

In depraved May, dogwood and chestnut, flowering judas,
To be eaten, to be divided, to be drunk
Among whispers; by Mr. Silvero
With caressing hands, at Limoges
Who walked all night in the next room;
By Hakagawa, bowing among the Titians;
By Madame de Tornquist, in the dark room
Shifting the candles; Fraulein von Kulp
Who turned in the hall, one hand on the door. Vacant shuttles
Weave the wind. I have no ghosts,
An old man in a draughty house
Under a windy knob.

After such knowledge, what forgiveness? Think now
History has many cunning passages, contrived corridors
And issues, deceives with whispering ambitions,
Guides us by vanities. Think now
She gives when our attention is distracted
And what she gives, gives with such supple confusions

주는 것이 오히려 갈망(渴望)을 굶주리게 함을. 믿어지지 않는 것을
너무 늦게 주거나, 믿어진다 해도,
기억 속에서만, 재고(再考)된 정열(情熱) 속에서만 믿을 수 있는 것을 준다.
힘없는 손에 너무 일찍 준다 없어도 괜찮다고 생각되는 것을,
허나 거절(拒絶)이 공포(恐怖)를 낳을 때가 온다. 생각하라
공포도 용기(勇氣)도 우리를 구(救)하지 못함을. 천륜(天倫)에 어긋나는 악(惡)은
우리의 영웅심(英雄心)의 열매. 미덕(美德)은
우리의 파렴치한 범죄(犯罪)에 의해 우리에게 강요(强要)된다.
이 눈물은 분노의 나무[10]에서 흔들리어 떨어지는 것이.

호랑이가 새해에 껑충 뛰어나온다. 우리를 그는 삼켜버린다.[11]
생각하라 마지막으로 우리가 결론에 도달하지 않았음을, 내가
셋집에서 사지(四肢)가 빳빳한 때에. 생각하라 마지막으로
내가 이 쇼를 목적없이 한 것이 아니라는 것을
그리고 이 쇼가 뒷걸음치는 악마(惡魔)들의
어떤 사주(使嗾)에 의한 것이 아니라는 것을.
이 점을 나는 솔직히 당신에게 명백(明白)히 하겠다.
당신의 심장에 가까웠던 나는 거기서 떨어져
미(美)를 공포 속에, 공포를 취조(取調) 속에 잃었다.
나는 내 정열(情熱)을 잃어버렸다: 왜 내가 그것을 가질 필요가 있으랴,
보유(保有)되는 것이 불순(不純)해지는데?
나는 잃어버렸다 내 시력(視力), 내 후각(嗅覺), 청각(聽覺), 미각(味覺). 촉각(觸覺)을:
어떻게 내가 그것들을 사용(使用)해야 하는가 당신과의 보다 가까운 접촉(接觸)을 위해?

10 인간(人間)의 크리스트 배반의 상징인 꽃피는 유다나무.
11 신자들이 그를 "삼키는" 성찬(聖餐)과는 반대로.

That the giving famishes the craving. Gives too late
What's not believed in, or if still believed,
In memory only, reconsidered passion. Gives too soon
Into weak hands, what's thought can be dispensed with
Till the refusal propagates a fear. Think
Neither fear nor courage saves us. Unnatural vices
Are fathered by our heroism. Virtues
Are forced upon us by our impudent crimes.
These tears are shaken from the wrath-bearing tree.

The tiger springs in the new year. Us he devours. Think at last
We have not reached conclusion, when I
Stiffen in a rented house. Think at last
I have not made this show purposelessly
And it is not by any concitation
Of the backward devils
I would meet you upon this honestly.
I that was near your heart was removed therefrom
To lose beauty in terror, terror in inquisition.
I have lost my passion: why should I need to keep it
Since what is kept must be adulterated?
I have lost my sight, smell, hearing, taste and touch:
How should I use it for your closer contact?

이러한 사려(思慮)들이 천가지 사소한 사려들과 함께
그 사려들의 냉각된 광기(狂氣)의 이익(利益)을 연기시키고,
막(膜)을, (감각(感覺)이 싸늘해졌을 때)
자극적(刺戟的) 소오스로 흥분시키고. 거칠은 거울들 속에
변종(變種)을 증가시킨다. 무엇을 거미는 할 것인가,
그의 일을 중지(中止)시킬 것인가, 바구미는
지연할 것인가? 전율하는 대웅성좌(大態星座)의 궤도(軌道) 너머로
원자(原子)의 가루가 되어 소용돌이치고 있는
드 바유아슈, 프레스카, 캐멀부인(夫人). 바람센 벨아일 해협(海峽)[12]에
혹은 호온갑(岬)을 달리는 바람을 안은 갈매기.
눈 속에 묻힌 하얀 깃털을, 만(灣)은 요구(要求)한다
그리고 무역풍(貿易風)에 졸음 오는 모퉁이로 쫓겨난 노인(老人)을.

차가인(借家人)들,
메마른 계절의 메마른 머리의 생각들.

12 캐나다 동부에 있음.

These with a thousand small deliberations
Protract the profit of their chilled delirium,
Excite the membrane, when the sense has cooled,
With pungent sauces, multiply variety
In a wilderness of mirrors. What will the spider do,
Suspend its operations, will the weevil
Delay? De Bailhache, Fresca, Mrs. Cammel, whirled
Beyond the circuit of the shuddering Bear
In fractured atoms. Gull against the wind, in the windy straits
Of Belle Isle, or running on the Horn,
White feathers in the snow, the Gulf claims,
And an old man driven by the Trades
To a a sleepy corner.

Tenants of the house,
Thoughts of a dry brain in a dry season.

영생불멸(永生不滅)의 속삭임

웹스터[1]는 죽음의 강박관념에 사로잡혀
피부 밑에 두개골을 보았다;
그리고 지하의 가슴 없는 사람들이
입술 없는 희죽웃음을 지으며 몸을 뒤로 제꼈다.

수선화구근(水仙花球根)이 안구(眼球) 대신
눈의 소케트로부터 빤히 내다봤다!
그는 알고 있었다 생각이 죽은 사지(四肢)에 달라붙어
색욕(色慾)과 쾌락(快樂)을 죈다는 것을.

단[2]도, 내 생각엔. 그런 사람이어서
그는 포착하고 움켜잡고 투시(透視)할
감각의 대용물(代用物)을 하나도 발견(發見) 못했었다;
경험을 초월한 전문가(專門家)

그는 알고 있었다 골수(骨髓)의 고통을
해골의 악한(惡寒)을;
육체에의 어떠한 접촉(接觸)도
뼈의 열병(熱病)을 경감(輕減) 못했다

. . . .

그리쉬킨은 예쁘다; 그녀의 러시아인 눈은
밑줄이 쳐져 강조(强調)되어 있다;

---

1 John Webster(c. 1580—c. 1625), 그의 劇 The Duchess of Malfi와 The White Devil은 횡사(橫死)로 차 있다.

2 시인이며 사제(司祭)였던 John Donne(1572—1631).

WHISPERS OF IMMORTALITY

Webster was much possessed by death
And saw the skull beneath the skin;
And breastless creatures under ground
Leaned backward with a lipless grin.

Daffodil bulbs instead of balls
Stared from the sockets of the eyes!
He knew that thought clings round dead limbs
Tightening its lusts and luxuries.

Donne, I suppose, was such another
Who found no substitute for sense;
To seize and clutch and penetrate,
Expert beyond experience,

He knew the anguish of the marrow
The ague of the skeleton;
No contact possible to flesh
Allayed the fever of the bone.

. . . .

Grishkin is nice: her Russian eye
Is underlined for emphasis;

코르세트를 벗을 때, 그녀의 다정한 유방은
폭신한 행복(幸福)을 약속해 준다.

웅크린 브라질산 표범이
질겁하여 도망치는 명주원숭이를 압도한다
고양이의 야릇한 냄새를 풍겨서;
그리쉬킨은 작은 집을 가졌다;

매끈한 브라질산 표범은
발산하지 않는다
응접실의 그리쉬킨처럼
그렇게 지독한 고양이의 냄새를.

그리고 추상적(抽象的) 실체(實體)까지가
그녀의 매력(魅力) 주위를 배회한다;
그러나 우리의 운명은 마른 갈빗대 사이로 기어다닌다
우리의 형이상학(形而上學)을 따뜻이 유지하려고.

Uncorseted, her friendly bust
Gives promise of pneumatic bliss.

The couched Brazilian jaguar
Compels the scampering marmoset
With subtle effluence of cat;
Grishkin has a maisonette;

The sleek Brazilian jaguar
Does not in its arboreal gloom
Distil so rank a feline smell
As Grishkin in a drawing—room.

And even the Abstract Entities
Circumambulate her charm;
But our lot crawls between dry ribs
To keep our metaphysics warm.

하마(河馬)

이 편지를 너희들이 읽고 나서 라오디
게아人의 교회에게도 읽게 하라.[1]

등이 넓은 하마(河馬)는
배를 흙탕에 뒹군다;
비록 하마(河馬)가 우리에겐 몹시 튼튼해 보이지만
단지 살과 피에 지나지 않는다.

살과 피는 연약하다.
신경충격(神經衝擊)에 예민하다;
반면 참 교회(敎會)는 결코 쓰러질 수 없다
반석(盤石) 위에 세워져 있기에.

하마(河馬)의 가냘픈 걸음은
물질적(物質的) 목적(目的)을 달성(達成)하는 데는 잘못을 저지를 수도 있다,
반면 참 교회(敎會)는 전혀 꿈쩍도 할 필요 없다
그의 배당금(配當金)을 받아들이기 위하여.

하마는 결코 망고나무
망고에 닿지 못하지만;
석류와 복숭아 열매는
바다 건너로부터 교회를 활기(活氣)띠게 한다.

1 바울이 골로새 사람들에게 보낸 편지에서.(골로새서 4:16)

THE HIPPOPOTAMUS

And when this epistle is read among you, cause that it be read also in the church of the Laodiceans

The broad-backed hippopotamus
Rests on his belly in the mud;
Although he seems so firm to us
He is merely flesh and blood.

Flesh and blood is weak and frail,
Susceptible to nervous shock;
While the True Church can never fail
For it is based upon a rock.

The hippo's feeble steps may err
In compassing material ends,
While the True Church need never stir
To gather in its dividends.

The 'potamus can never reach
The mango on the mango-tree;
But fruits of pomegranate and peach
Refresh the Church from over sea.

교미기(交尾期)에 하마의 목소리는
기묘한 귀에 거슬리는 억양(抑揚)을 내나,
매주 우리는 하나님과 하나가 된 것에
교회가 기뻐하는 것을 듣는다.

하마(河馬)는 낮을
잠으로 보내고; 밤에 사냥한다;
하나님은 신비(神祕)로이 일하시기에—
교회는 동시에 잠자고 먹을 수 있다.

나는 보았다 하마가 날개가 돋혀
습기찬 대초원(大草原)으로부터 솟아오르고,
합창하는 천사(天使)들이 그의 주위에서 큰소리로
호산나를 부르며 하나님의 찬미가(讚美歌)를 부르는 것을.

양(羊)의 피가 하마를 깨끗이 씻으리라,
그리고 천사의 팔이 그를 껴안으리라,
성인(聖人)들 사이에서 황금의 하아프를 켜는
그가 눈에 띄리라.

그는 눈처럼 희게 씻기리라,
모든 순교한 처녀들에게 키스받으며,
반면 참 교회는 아래에 남아 있다
오랜 독기(毒氣) 서린 안개에 쌓인 채로.

At mating time the hippo's voice
Betrays inflexions hoarse and odd,
But every week we hear rejoice
The Church, at being one with God.

The hippopotamus's day
Is passed in sleep; at night he hunts;
God works in a mysterious way—
The Church can sleep and feed at once.

I saw the potamus take wing
Ascending from the damp savannas,
And quiring angels round him sing
The praise of God, in loud hosannas.

Blood of the Lamb shall wash him clean
And him shall heavenly arms enfold,
Among the saints he shall be seen
Performing on a harp of gold.

He shall be washed as white as snow,
By all the martyr'd virgins kist,
While the True Church remains below
Wrapt in the old miasmal mist.

나이팅게일에 둘러싸인 스위이니

아, 나는 치명적 일격을 당했구나[1]

에이프네크 스위이니는, 웃을 때면, 두 무릎을 벌리고서
두 팔을 축 늘어뜨린다,
턱을 따라 있는 얼룩말 줄무늬가
부풀어 올라서 반점 있는 기린이 된다.

폭풍우(暴風雨) 오는 밤의 달 무리들이
서쪽 플라타江[2]을 향해 미끄러진다,
사신(死神)과 까마귀좌(座)가 하늘에 떠돌고
스위이니가 뿔난[3] 문(門)을 지킨다.

침울한 오리온좌(座)와 견좌(犬座)는
베일을 쓰고 있고; 위축된 바다는 조용하다;
스페인풍 케이프를 걸친 여인(女人)이
스위이니의 무릎에 앉으려고 애쓰다가

미끄러져 식탁보를 잡아당겨
커피를 엎지른다,
바닥에서 다시 몸을 고쳐 잡고서
그녀는 하품하면서 스타킹을 끌어올린다;

---

1 Aeschylus, Agamemnon, 1343행. Agamemnon이 목욕탕에서 그의 처 Clytemnestra에게 살해당할 때 지른 말.

2 남미 우르과이와 아르헨티나 사이를 흐르는 강.

3 하계(下界)의 문(門)으로, 거기를 통해 참 꿈들이 위의 세상으로 나온다.

SWEENEY AMONG THE NIGHTINGALES

ὤμοι, πέπληγμαι καιρίαν πληγὴν ἔσω

Apeneck Sweeney spreads his knees
Letting his arms hang down to laugh,
The zebra stripes along his jaw
Swelling to maculate giraffe.

The circles of the stormy moon
Slide westward toward the River Plate,
Death and the Raven drift above
And Sweeney guards the horned gate.

Gloomy Orion and the Dog
Are veiled; and hushed the shrunken seas;
The person in the Spanish cape
Tries to sit on Sweeney's knees

Slips and pulls the table cloth
Overturns a coffee cup,
Reorganized upon the floor
She yawns and draws a stocking up;

모카 브라운색 옷을 입은 말없는 남자(男子)가
창문 문지방에서 사지(四肢)를 뻗고서 입을 떡 벌린다;
웨이터가 가져 들어온다 오렌지
바나나 무화과 그리고 온실포도를;

갈색옷 입은 말없는 척추동물이
움추렸다가 집중했다가, 물러난다;
구성(舊姓)이 라비노비치인 레이철이
살인적 발톱으로 포도를 움켜쥔다;

그녀와 케이프를 걸친 부인(婦人)은
수상하다, 한 패거리인 듯;
그래서 졸리는 눈의 그 남자(男子)는
미끼를 거절(拒絶)하고, 피로한 척한다,

방을 나와서 창문(窓門) 바깥에
다시 나타나 집안을 기웃거린다,
등(藤)나무 가지들이
황금이빨의 희죽웃음을 둘러싼다;

주인(主人)이 정체불명(正體不明)의 누군가와
조금 열려진 도어에서 이야기한다,
나이팅게일이 성심(聖心)수도원
근처에서 노래하고 있었다,

그리고 피비린내 나는 숲속에서 노래했었다
아가멤논이 큰 소리로 비명(悲鳴)을 질렀을 때에도,
그리고 그들의 물렁물렁한 똥을 떨어뜨려
욕을 당한 빳빳한 수의(壽衣)를 더럽혔었다.

The silent man in mocha brown
Sprawls at the window sill and gapes;
The waiter brings in oranges
Bananas figs and hothouse grapes;

The silent vertebrate in brown
Contracts and concentrates, withdraws;
Rachel *née* Rabinovitch
Tears at the grapes with murderous paws;

She and the lady in the cape
Are suspect, thought to be in league;
Therefore the man with heavy eyes
Declines the gambit, shows fatigue,

Leaves the room and reappears
Outside the window, leaning in,
Branches of wistaria
Circumscribe a golden grin;

The host with someone indistinct
Converses at the door apart,
The nightingales are singing near
The Convent of the Sacred Heart,

And sang within the bloody wood
When Agamemnon cried aloud,
And let their liquid droppings fall
To stain the stiff dishonoured shroud.

東方博士들의 여행

"오느라고 우리 참 추웠었지,
여행하기에, 이렇게 긴 여행을 하기엔
하필 일년 중에서도 가장 나쁜 때였지:
길은 깊고 날씨는 살을 에이고
한 겨울이었지."[1]
그리고 낙타들은 껍질이 벗겨지고, 발이 쓰리고, 옹고집 부리고,
녹는 눈 속에 드러누웠었지.
몇번이나 우리는 그리워했었어
산비탈에 선 여름 별장, 테라스,
그리고 셔베트를 가져오는 실크 입은 아가씨들을.
그리고 낙타 모는 사람들은 욕을 하며, 투덜대고,
술과 계집들을 구(求)하여 도망쳐 버렸고,
노영(露營)불은 꺼져가고 잠자리는 모자라고,
도시들은 적대적이고 타운들은 불친절하고
마을들은 더럽고 비싼 값을 청구하고:
우리는 참 고생했었지.
마지막에 우리는 밤새도록 여행하기로 했지,
틈틈이 잠자면서,
이건 다 어리석은 짓이야
라고 노래하는 목소리들을 귓전에 들으며.

---

1 17세기 신학자 Lancelot andrews의 예수탄생 설교에서 인용.

JOURNEY OF THE MAGI

"A cold coming we had of it,
Just the worst time of the year
For a journey, and such a long journey:
The ways deep and the weather sharp,
The very dead of winter."
And the camels galled, sore footed, refractory,
Lying down in the melting snow.
There were times we regretted
The summer palaces on slopes, the terraces,
And the silken girls bringing sherbet.
Then the camel men cursing and grumbling
And running away, and wanting their liquor and women,
And the night fires going out, and the lack of shelters,
And the cities hostile and the towns unfriendly
And the villages dirty, and charging high prices:
A hard time we had of it.
At the end we preferred to travel all night,
Sleeping in snatches,
With the voices singing in our ears, saying
That this was all folly.

이윽고 새벽녘에 우리는 내려왔지 초목(草木)냄새 풍기는,
설선(雪線) 아래의, 물기 있는 온화한 골짜기로;
흐르는 시냇물과 어둠을 때리는 물방앗간,
그리고 나지막한 하늘에 나무 세 그루가 있는 곳으로.
그리고 늙은 백마가 초원에 껑충껑충 뛰며 사라졌었지.
그후 우리는 상인방(上引枋) 위에 포도잎새를 단 주막집으로 왔지,
여섯 놈이 도어를 열어 놓고 은화를 걸고 주사위노름을 하며
발로는 텅빈 포도주 가죽부대를 차고 있었지.
그러나 아무런 소식이 없어 우리는 계속 나아가
저녁에 바로 정각에 도착하여
그곳을 찾아냈어; 그게 (당신은 말하겠지); 만족스러웠다고.

이 모든 것은. 내가 기억하기엔, 오래 전 일이었어,
그리고 나는 다시 그런 여행을 하고 싶어, 하지만 명심(銘心)하라
이것을, 명심(銘心)하라
이것을: 우리가 그 먼 길을 찾아온 것이
탄생이었던가 죽음이었던가? 탄생이 있었지, 분명히,
우리는 증거가 있고 전혀 의심치 않아. 나는 탄생과 죽음을 보았어,
그러나 그것들이 다른 것이라 생각했었지: 이 탄생은
우리에겐 가혹하고 쓰라린 격통(激痛)이였어, 죽음같이, 우리의 죽음같이.
우리는 고향으로, 이 왕국으로 되돌아왔어,
허나 이방인들이 이교신(異教神)들을 움켜잡고 있는
이곳에선, 옛 율법(律法)에서는 이젠 벌써 마음이 편치 않아.
나는 또한번 죽었으면 싶구나.

Then at dawn we came down to a temperate valley,
Wet, below the snow line, smelling of vegetation;
With a running stream and a water mill beating the darkness,
And three trees on the low sky,
And an old white horse galloped away in the meadow.
Then we came to a tavern with vine-leaves over the lintel,
Six hands at an open door dicing for pieces of silver,
And feet kicking the empty wineskins.
But there was no information, and so we continued
And arrived at evening, not a moment too soon
Finding the place; it was (you may say) satisfactory.

All this was a long time ago, I remember,
And I would do it again, but set down
This set down
This: were we lead all that way for
Birth or Death? There was a Birth, certainly,
We had evidence and no doubt. I have seen birth and death,
But had thought they were different; this Birth was
Hard and bitter agony for us, like Death, our death.
We returned to our places, these Kingdoms,
But no longer at ease here, in the old dispensation,
With an alien people clutching their gods.
I should be glad of another death.

황무지(荒蕪地) 해설(解說)

"이 시의 제목뿐만 아니라 설계(設計)와 많은 부수적인 상징은 성배전설에 관한 제시 L. 웨스튼 여사의 저서 [풍요제의(豊饒祭儀)로부터 기사(騎士)이야기로](From Ritual to Romance, 케임브리지대학 출판부. 1920)에 의해 시사되었다. 정말, 너무나 깊이 나는 신세졌으며, 웨스튼 여사의 저서는 이 시의 난해함을 나의 주(註)보다 훨씬 더 잘 설명해 줄 것이다. 그래서 나는 그 책을(책 자체의 큰 흥미는 별도로 하고) 그러한 시의 해명(解明)을 수고할 보람이 있다고 생각하는 사람에게 추천한다. 나는 인류학의 또 하나의 저서 [황금빛 가지](Tne Golden Bough)에 전반적으로 신세졌다. 나는 특히 [아도니스, 아티스, 오시리스] 2권을 사용했는데, 이 저서를 알고 있는 사람은 누구나 이 시 속의 식물제(植物祭)에의 약간의 언급을 즉시 알아차릴 것이다." (엘리어트).

웨스튼의 저서는, 프레이저와 다른 인류학자(人類學者)들의 자료를 사용하면서, 중세기사전설(中世騎士傳說) 중의 하나인 성배전설의 기원이, 기독교 이전의 고대의 풍요신화(豊饒神話) 및 풍요제의(豊饒祭儀)임을 입증하는 것이었다. 그녀는 풍요신화의 패턴을 성배전설에 나오는 어부왕(Fisher King)에서 발견하는데, 이 이야기에선 국토는 어부왕의 불구(不具) 혹은 성적무능에 의해, 불모의 저주가 내려 비는 오지 않고, 강은 마르고, 식물은 시들고, 동물은 생식을 그쳐 황무지가 된다.

이 저주는 왕(王)이 낳을 때까지 걷히지 않는다. 그래서 왕과 나라를 구하려면 마음이 순결한 기사(騎士)가 황무지 한복판에 있는 위험성당(危險聖堂)으로 가서 육체와 정신의 위험을 무릅쓰고서 성배(최후의 만찬 때 쓰였고, 후에 예수가 십자가(十字架)에서 창에 찔렸을 때 흘린 피를 받았다고 하는)를 찾아내어야 한다—성배(聖杯, Grail, Cup)와 창(槍, Lance)은 원래는 여성(女性)과 남성(男性)을 각각 나타내는 풍요상징(fertility symbol)이었다. 성배를 찾게 되면, 성배의 힘으로 어부왕(漁夫王)이 낳게 되고 황무지에 다시 풍요를 가져온다는 것이다.

엘리어트의 직접적 황무지는 제1차 세계대전(1914—18) 직후의 세계(世界)와 자기 자신의 황폐한 사생활(私生活)이다. 그러나 그가 의미하는 황무지란 전쟁의 황폐와 유혈(流血)의 황무지가 아니라, 서구인(西歐人)의 정신적 불모, 우리 문명(文明)의 황무지이다. 그는 웨스튼의 저서(著書)를 읽으면서, 거기 자주 나오는 말 "The Waste Land"란 말에서 객관적 상관물(objective correlative)을 발견했다. "As a matter of fact, I believe that the 'Waste Land' is really the very heart of our problem.") 그리고 그 황무지의 Setting을 런던으로 잡았다.

〈황무지〉는 황무지의 구원(救援)에 관한 시(詩)이다. 그는 죽음과 부활의 테마를 많은 문명(文明)들의 풍요신화 및 제의에서 발견했는데, 어부왕은 시리아의 Adonis, 메소포타미아의 Tammuz, 이집트의 Osiris, 그리스의 Hyacinthus 같은 식물신(植物神)들에게도 유사성이 있으며, 그들의 죽음과 부활은 불모(不毛)의 '겨울 후에' 즉 봄에 식물(植物)의 재생(再生)을 성취케 하려고 의도되었던 고대(古代)의 풍요제의에서 재현(再現)되었다. F. R. Leavis는 The Waste Land는 원점(原點)에서 끝난다고 말했지만, 실은 주인공(主人公)이 자기가 처한 상황을 뼈저리게 인식하고 있다는 사실만 해도, 벌써 재생(再生)과 부활에의 큰 출발점이라고 볼 수가 있다. 인류(人類)의 구원(救援)을 갈망하는 시(詩)이지, 결코 환멸만의 시가 아니다.

황 무 지

1922

"정말 쿠마에서 나는 한 巫女가 항아리 속에 달려 있는 것을 똑똑히 내 눈으로 보았다. 애들이: '무녀야. 넌 무얼 원하니?'하고 물었을 때; 무녀는 대답했다: '난 죽고 싶다.'"

보다 훌륭한 예술가
에즈라 파운드에게

I. 사자(死者)의 매장(埋葬)

4월은 가장 간인한 달, 라일락꽃을
죽은 땅에서 피우며, 추억(追憶)과
욕망(慾望)을 뒤섞고, 봄비로
활기 없는 뿌리를 일깨운다.
겨울이 오히려 우리를 따뜻이 해 주었었다, 대지(大地)를
망각(忘却)의 눈으로 덮고, 마른 구근(球根)으로
작은 생명(生命)을 길러주며,
여름은 우리를 급습(急襲)해 왔다, 슈타른베르게르호(湖)를 넘어

---

* **「정말 쿠마에서 … 죽고 싶다」**: 이 에피그라프는 로마의 네로황제 때의 궁정시인이었던 Gaius Petronius의 일종의 피카레스크 소설 『사튀리콘』(*Satyricon*, 諷刺) 중 가장 중요한 에피소드인 48장 「트리말키오의 향연」에서의 인용문. 이 향연을 베푼 벼락부자 트리말키오가 손님인 아가멤논에게 한 이야기. 쿠마에의 무녀(Siblyl)는 젊었을 적에 아폴로 신의 사랑을 받아 예언의 힘을 얻었다. 또 한 주먹 안에 있는 『먼지 알』(『황무지』 제30행 참조)만큼 오랜 생명을 얻었지만 어리석게도 영원한 젊음을 요구하길 잊었다. 그 결과 그녀는 늙어서 몸이 오므라들어 작은 항아리 속에 넣어져 전국의 이곳저곳에서 구경거리가 되었다. 동네 애들이 "무녀야, 넌 뭘 원하니?"하고 조롱했을 때, 그녀는 대답했다. "나는 죽고 싶다."라고. 이런 상태에서 오래 살기보다는 오히려 죽어서 재생하기를 염원하면서.

제一부 사자(死者)의 매장(埋葬)

* **사자의 매장**: "The Order for the Burial of the Dead" (8 페이지)가 성공회 장례식의 full title. 첫

THE WASTE LAND

"Nam Sibyllam quidem Cumis ego ipse oculis meis vidi in ampulla pendere, et cum illi pueri dicerent: Σίβυλλα τίθέλεις; respondebat illa: άποθανεῖν θέλω."

FOR EZRA POUND
il miglior fabbro.

I. *The burial of the dead*

April is the cruelest month, breeding
Lilacs out of the dead land, mixing
Memory and desire, stirring
Dull roots with spring rain.
Winter kept us warm, covering
Earth in forgetful snow, feeding
A little life with dried tubers.
Summer surprised us, coming over the Starnbergersee

줄이 "I am the resurrection and the life, saith the Lord····"로 시작됨.

* **쿠마에** : 나폴리 서쪽 12마일에 있는 고대 항구도시. 무녀로 유명(Virgil, *The Aeneid* 참조).

* **보다 훌륭한 예술가**: 단테의 『신곡』 중 『煉獄篇』 XXVI. 117행에서 인용. 기도 기니첼리가 프로방스 시인인 아르노 다니엘을 가리켜 쓴 말을 엘리어트가 에즈라 파운드를 존경하여 쓴 말. 그가 『황무지』의 원고를 절반 정도로 간추려 현재의 이 시를 만드는데 결정적으로 도왔기 때문에.

1—7행. **4월····길러주며**: 봄은 희망과 재생의 계절인데도, 황무지의 주민들은 겨울의 평화로운 죽음과 망각의 잠을 좀 더 좋아하고 부활을 위한 꿈틀거림을 오히려 귀찮고 잔인하다고 생각한다. 이 첫 行은 초오서의 『캔터베리 이야기』의 첫 行과 충격적인 대조를 이룬다.

8행. **슈타른베르게르湖**: 독일 뮌헨에서 몇마일 남쪽에 있는 휴양지 호수. **호프가르텐**은 이 도시에 있는 공원.

소낙비를 몰아와; 우리는 회곽(廻廓) 에 머물렀다가
햇볕이 나자 호프가르텐으로 가서
커피를 마시며 한 시간이나 이야기했지.
나는 러시아여인(女人)이 아니고, 리투아니아출신(出身) 순수한 독일인(獨逸人)이예요.
어릴 적 내가 사촌 대공(大公) 집에
머물렀을 때 사촌이 날 썰매에 태워줬었는데,
나는 겁이 났어요. 마리, 사촌이 소리쳤죠,
마리, 꼭 붙들어. 그리곤 미끄러져 내려갔어요.
산(山)에선 자유로운 느낌이 들어요.
나는 밤엔 대개 책을 읽고, 겨울엔 남쪽으로 가요.

이 움켜잡는 뿌리는 무엇이며, 무슨 가지가
이 돌투성이 쓰레기 속에서 자라나는가? 인간(人間)의 아들아,
너는 말도 추측도 할 수 없다, 왜냐하면 너는 다만
부서진 우상(偶像) 더미만 알기 때문에, 거기엔 해가 때리는 듯 쪼이고,
죽은 나무는 아무런 피난처도, 귀뚜라미는 아무런 위안도
주지 않고, 메마른 돌엔 물소리도 없다. 다만,
이 붉은 바위 밑에 그늘이 있다,
(이 붉은 바위 그늘 밑으로 들어오라),

8—18행. 이 부분은 마리 라리쉬(Marie Larisch)백작부인 [오스트리아의 皇后의 조카 딸. 황태자 Rudolsh大公(1858—1899)과 그의 情婦 Marie Vetsera의 중매노릇을 했다. 그들은 1889년 1월 총에 맞은 시체로 발견되었다]의 자서전적 회상과 유사하다. Valerie Eliot에 의하면, 이 귀절의 바탕은 Eliot가 백작부인과 가졌던 대화였다.

20행. 참조. 『에스겔』 2.1.(E). “인간의 아들아 너의 발로 일어서라, 그러면 나는 네게 말하리라.”라고 하나님은 에스겔에게 말한다. 『에스겔』 37장, 마른 뼈의 골짜기에서 하나님은 에스겔에게 묻는다. “인간의 아들아. 이 뼈들이 살겠느냐?” 그는 대답한다, “오 주여, 당신만이 아나이다.”

23행. 참조. 『傳道書』 12.5.(E). 여기서 preacher가 “그런 자들은 높은 곳을 두려워 할 것이며, 길에서

With a shower of rain; we stopped in the colonnade,
And went on in sunlight, into the Hofgarten,
And drank coffee, and talked for an hour.
Bin gar keine Russin, stamm' aus Litauen, echt deutsch.
And when we were children, staying at the archduke's,
My cousin's, he took me out on a sled,
And I was frightened. He said, Marie,
Marie, hold on tight. And down we went.
In the mountains, there you feel free.
I read, much of the night, and go south in the winter.

What are the roots that clutch, what branches grow
Out of this stony rubbish? Son of man,
You cannot say, or guess, for you know only
A heap of broken images, where the sun beats,
And the dead tree gives no shelter, the cricket no relief,
And the dry stone no sound of water. Only
There is shadow under this red rock,
(Come in under the shadow of this red rock),

는 놀랄 것이며, 살구나무가 꽃이 될 것이며, 메뚜기가 짐이 될 것이며 욕망이 쇠할 것이니……" 라고 재앙의 날들을 환기시킨다.

25—6행. 이 붉은 바위: 참조. 『이사야』 32:2. 이 대목은 "마른 땅에 냇물 같을 것이며, 피로한 땅에 큰 바위 그늘 같으신" 구세주에 관해 말하고 있다. 엘리어트의 친구 John Hayward는 이 붉은 바위가 聖杯라고 시사한다.

그럼 나는 아침에 너의 등 뒤에 성큼성큼 걸어오는
네 그림자나, 저녁때 너를 마중나오는 그림자와도 다른
무엇인가를 보여 주리라.
나는 너에게 한줌의 재 속에서 공포를 보여 주리라.

바람은 선선히
고향으로 부는데
애란(愛蘭)의 우리님은
어디 있느뇨?

"일년 전 처음으로 당신이 내게 히아신쓰를 주었기에;
사람들이 날 히아신쓰 소녀(少女)라 불렀어요."
—그러나 네가 팔에 꽃을 한아름 안고, 늦게,
머리칼이 젖은 채, 같이 히아신쓰 정원(庭園)에서 돌아왔을 때 나는
말할 수도 없고 눈은 안 보여, 나는
산 것도 죽은 것도 아니고, 아무것도 모르고
다만 빛의 핵심(核心), 정적(靜寂)을 들여다 보았다.
바다는 황량하고 쓸쓸하구나.

유명한 천리안(千里眼) 소소스트리스 부인(夫人)은

31—4행. **바람은····있느뇨**: Wagner의 오페라 『트리스탄과 이졸데』 I.5—8.(E). 이 말은 아일랜드의 Isolde를 영국 서남쪽 코온월의 Mark왕에게 싣고 오는 배의 선원이 뒤에 남겨 두고 온 자기 애인을 생각하며 부르는 노래.

41행. **빛의 핵심, 정적**: 화자(話者)가 살아 있는 사자(死者)들 사이에서도 그리워하는 젊은 시절의 체험의 회상. 참조. "Burnt Norton" I,IV.

And I will show you something different from either
Your shadow at morning striding behind you
Or your shadow at evening rising to meet you;
I will show you fear in a handful of dust.

Frisch weht der Wind
Der Heimat zu,
Mein Irisch Kind,
Wo weilest du?

"You gave me hyacinths first a year ago;
They called me the hyacinth girl."
—Yet when we came back, late, from the Hyacinth garden,
Your arms full, and your hair wet, I could not
Speak, and my eyes failed, I was neither
Living nor dead, and I knew nothing,
Looking into the heart of light, the silence.
Oed' und leer das Meer.

Madame Sosostris, famous clairvoyante,

42행. **바다‥‥쓸쓸하구나**: 『트리스탄과 이졸데』 III.24.(E). 트리스탄은 이졸데와 간통했다가 붙잡혀 중상을 입고서, 이졸데가 와서 그를 치료해 주기를 기다린다. 그러나. 이졸데의 배가 오는지 망을 보던 목동은 슬프게도 말한다. "바다는 쓸쓸하고 황량하다"고.

43행. **소소스트리스 부인**: Aldous Huxley의 소설 *Crome Yellow*(1921)에 사기꾼 점쟁이 madame-Sesostris가 나온다(27장). 1921년 11월 출간되자 이 소설을 읽었다고 엘리어트가 말했는데, 그가 이 이름을 빌려온 것은 거의 확실하다.

심한 감기에 걸렸는데도, 그래도
사악(邪惡)한 트럼프 한 벌을 가진
유럽 제일(第一)의 여자 점(占)장이로 알려져 있다. 그녀가 말했다, 여기
당신 카드가 있어요, 익사(溺死)한 페니키아 수부(水夫)예요,
(그의 눈은 진주(眞珠)로 변했어요, 보세요!)
이건 벨라돈나, 암석(巖石)의 부인(婦人),
부정(不貞)한 여인(女人)이예요.
이건 세 막대기를 가진 남자(男子), 그리고 이건 바퀴,
이건 일안상인(一眼商人), 그리고 아무것도 안 그려 진
이 카드는 이 상인(商人)이 등 뒤에 짊어진
무엇인데, 나는 못 보게 되어 있어요.
그 교살(絞殺)된 남자(男子)를 못 찾겠네. 수사(水死)를 조심하세요.
사람들이 원(圓)을 그리며 돌아가는 것이 보여요.

46행. 태로우 카드(Tarot card)는 고대(古代) 풍요신화의 상징들을 사용하고 있다. "나는 태로우 카드 한 벌의 정확한 구성을 잘 모른다. 나는 나 자신의 편의에 맞추기 위하여 분명히 그 구성에서 벗어났다. 전통적 카드 짝의 하나인 (교살(絞殺)된 남자(男子), Hanged man)는 두 가지로 내 목적에 맞는다. 첫째 그는 내 마음속에 프레이저의 「교살(絞殺)된 神(신)」과 연결되며, 둘째로 나는 그를 제5부(第五部)의 에마우스로 가는 제자들의 귀절에서 두건(頭巾)을 쓴 인물과 연결한다. (페니키아 수부(水夫)와 상인(商人)은 뒤에 나타난다: 또한 군상(群像)도; 수사(水死)는 제4부(第四部)에서 일어난다. (세 막대기를 가진남자) 태로우 카드의 순종(純種)의 하나를 나는 멋대로 어부왕(漁夫王, Fisher Kine)과 연결시킨다." (E). 점장이가 사용한 태로우 카드는 대단히 오랜, 불명확한 기원을 갖고 있다. 그러나 그것이 고대(古代) 식물제의식(植物祭儀式)의 일부였음은 확실하다. 카드 중 컵, 창. 칼, 접시 같은 것이 있는데, 이것은 성배전설(聖杯傳說) 중의 성배(聖杯, Grail, Cup)와 창(槍, Lance)에서도 발견되는 상징(豫微)이다.

47행. **페니키아수부(水夫)**: 여름의 죽음을 상징하기 위하여 그 모상(模像, effigy)이 매년 바다에 던져지는 풍요신(豊饒神)의 한 전형(典型). 페니키아인(人)들은 지중해(地中海)의 고대(古代) 수부(水夫) 및 상인들. 수부(水夫)는 제4부에서 플레바스(Phlebas)로 나타난다.

48행. **그의 눈은····변했어요**: 셰익스피어 「폭풍우(暴風雨)」 I, ii. 396.
젊은 왕자(王子) Ferdinand가
Sitting on a bank,
Weeping again my father's wrack. (하는 동안)

Had a bad cold, nevertheless
Is known to be the wisest woman in Europe,
With a wicked pack of cards. Here, said she,
Is your card, the drowned Phoenician Sailor,
(Those are pearls that were his eyes. Look!)
Here is Belladonna, the Lady of the Rocks,
The lady of situations.
Here is the man with three staves, and here the Wheel,
And here is the one-eyed merchant, and this card,
Which is blank, is something he carries on his back,
Which I am forbidden to see. I do not find
The Hanged Man. Fear death by water.
I see crowds of people, walking round in a ring.

This music crept by me on the waters... (387—389)
그 음악이란 요정(妖精) Ariel이 부르는 노래로, Ariel은 (거짓으로) Ferdinand에게 말한다.:
Full fathom five thy father lies,
Of his bones are coral made,
Those are pearls that were his eyes.
Nothing of him that doth fade,
But doth suffer a sea-change,
Into something rich and strange. (394~399)
49행. **벨라돈나**: 아름다운 여자(이탈리아어), 또한 독(毒), 그녀를 "the Lady of the Rocks"라 부른 것은 레오나르도 다 빈치의 성모 마리아의 그림 "Madonna of the Rocks"에의 아이러니한 언급이다.
51행. **바퀴**: 목적 없는 단조로운 생활의 회전을 상징하며, 제사부(第四部)에선 『물매미』를 말한다. 즉 운명의 바퀴(Wheel of Fortune) 그리고 어쩌면 불교의 Wheel of Existence (거기서 영혼은 도망치려 애쓴다)
52행. **일안상인(一眼商人)**: 태로우 카드에 그려진 얼굴이 측안(側顔, profile)이기 때문에, 제삼부(第三部)의 Eugenides.
55행. 교살(絞殺)된 남자(男子): 태로우 카드에서는 거꾸로 매달려 있다. 그는 그의 부활이 땅을 비옥하게 하도록 살해된 신(神)을 나타낸다.

감사해요, 혹시나 에퀴튼 부인(夫人)을 만나시거든
천궁원(天宮圖)를 내가 직접 가져간다고 말해 주세요.
요즘은 무척 조심 않으면 안 돼요.

공허한 도시(都市),
겨울 새벽 갈색 안개 속을
런던 브리지 위로 사람들이 흘러갔다. 이렇게 많이
이렇게도 많은 사람을 죽음이 파멸시켰으리라 나는 결코 생각 못했다.
짧은 한숨을 이따금 내쉬며
각자 자기 발 앞을 주시(注視)하면서,
언덕을 올라가서 킹 윌리엄가(街)로 내려가
성(聖) 메어리 울노쓰 교회가 죽은 소리로 아홉 시의
마지막 일배(一打)를 울려 시간을 알리는 곳으로.
거기서 나는 친구를 발견하곤 "스테트슨"하고 소리쳐 그를 멈췄다.
"자네 밀라에해전(海戰) 때 나하고 같은 배에 타고 있었지!
작년 자네가 정원(庭園)에 심었던 그 시체(屍體)가
싹이 트기 시작했나? 올해에는 꽃이 필까?
혹은 갑작스런 서리가 묘상(苗床)을 해쳤나?
오 인간(人間)에게 친구인 '개'를 멀리하게,
그렇찮으면 그놈이 발톱으로 다시 파헤칠거야!
그대! 위선적(僞善的) 독자(讀者)여! —나의 동포(同胞), —나의 형제(兄弟)여!"

60행. 참조. 보들레르의 『악(惡)의 꽃』 중 "일곱 노인(老人)들"의 첫 구절: 우글우글한 도시(都市). 꿈으로 가득 찬 도시(都市). 여기선 유령들이 대낮에도 행인(行人)을 끌어당긴다." (E).
63행. 참조. 단테 『지옥편(地獄篇)』 III, 55—57.
"죽음이 그렇게도 많은
사람들을 파별시켰으리라 내가 결코 믿을 수 없었던
기나 긴 바람들의 행렬." (E).
I **그들이 림보(지옥(地獄)의 변방**: 그리스도교가 있기 전의 착한 사람 또는 세례를 받지 못한 어린아이, 이교도, 백치의 영혼이 사는 곳)에 있는 까닭은 그들이 칭찬도 비난도 받음이 없이 살았거나 신앙 없이 살았기 때문이다. 엘리어트는 선(善)과 악(惡)에 대한 무관심을 나무란다.
64행. **『지옥편(地獄篇)』**, IV. 25—27.
"여기선 아무런 울음소리도
없고 들리는 건 오직
영원한 공기를 떨리게 하는 한숨뿐" (E).
이 한숨은 그리스도 이전에 살았던 덕망 높은 이교도(異敎徒)들의 영혼의 한숨.
66행, **킹 윌리엄가(街)**: 런던 중심부에 있으며, 금융 및 상업 지구.

Thank you. If you see dear Mrs. Equitone,
Tell her I bring the horoscope myself:
One must be so careful these days.

Unreal City,
Under the brown fog of a winter dawn,
A crowd flowed over London Bridge, so many,
I had not thought death had undone so many.
Sighs, short and infrequent, were exhaled,
And each man fixed his eyes before his feet.
Flowed up the hill and down King William Street,
To where Saint Mary Woolnoth kept the hours
With a dead sound on the final stroke of nine.
There I saw one I knew, and stopped him, crying "Stetson!
You who were with me in the ships at Mylae!
That corpse you planted last year in your garden,
Has it begun to sprout? Will it bloom this year?
Or has the sudden frost disturbed its bed?
Oh keep the Dog far hence, that's friend to men,
Or with his nails he'll dig it up again!
You! hypocrite lecteur!—mon semblable,—mon frère!"

67행. 성(聖) 메리어 울노쓰 교회(教會): 「황무지(荒蕪地)」, 전체를 통하여, 여러 교회에 대한 언급은 제5부에 나오는 「위험성당(危險聖堂)」에 대한 언급이다.

68행. 내가 자주 주목한 현상(現象) (E).: 관청은 아침9시에 일을 시작한다. 템즈강(江) 남쪽에 사는 사람들이 런던 브리지를 건너 "the city"라고 알려진 금융지구로 출근하기 위해 (윌리엄가(街)와 롬바르가(街)의 모퉁이에 있는) 아름다운 시교회(市教會) 성 메어리 울노쓰 교회를 지나간다.

69행. **스테트슨**: 아마 보통 사업가의 상징. Stetson은 유명한 미국 모자 이름으로, 괜찮은 실업가들이 자주 썼기 때문에 이렇게 이름 지었으리라.

70행. **밀라에**: 이탈리아 시실리 섬 동북방에 있는 Mylazzo 항의 옛 이름.

제1 포에니 전쟁 때 이 근처 해전에서 로마군이 카르타고군을 격파, 포에니 전쟁이나 제1차 세계대전이나 다 상업적, 경제적 전쟁이며, 모든 전쟁은 한 전쟁이다.

71행. 제1부의 제목은 여기서 나왔고, 조롱하듯 언급된 시체는 풍요신(豊饒神)이다.

74~5행. 참조. John Webster의 『백귀(白鬼)』 중의 만가(挽歌). 개가 땅에 묻은 풍요신을 파헤쳐 재생을 방해할 테니까 개를 멀리하라는 뜻일 것이다.

76행. **그대‧‧‧‧형제여**: 보들레르의 『악(惡)의 꽃』의 서시(序詩) "독자(讀者)에게"의 맨 마지막 행. 이 말로서 시인은 별안간 독자를 공격하면서 독자도 자기와 같은 입장에 있음을, 즉 똑같은 황무지의 인간임을 상기시킨다.

II 체스 놀이

그녀가 앉은 의자는 찬란한 왕자(王座)처럼
대리석(大理石) 위에 빛났다. 거기엔 거울이
열매 주렁주렁한 포도넝쿨이 새겨진 주각(柱脚)으로 받쳐져 있고
그 넝쿨 사이에서 황금빛 큐피드가 하나 빠끔히 내다봤다
(또 하나는 날개 뒤에 눈을 가리고서)
거울은 칠지촉대(七枝燭臺)의 불길을 이중(二重)으로 하여
새틴상자(箱子) 속에서 화려히 넘쳐흐르는 그녀의 보석(寶石)들의 광채(光彩)와
만나 테이블 위에 빛을 반사했다;
마개 뽑힌 상아(象牙)와 색(色)유리의 향수병(香水甁) 속엔
그녀의 연고(軟膏), 분(粉), 액체향유(液體香油)의
이상한 인조합성(人造合成) 향료(香料)들이 들어 있어
감각을 향내 속에 어지럽히고 혼란시키고
익사시켰다; 창문으로 선선히 불어오는
공기에 향내는 흔들리어
위로 올라가 길게 늘여진 촉대(燭臺)의 불을 살찌게 태우며
촛불 연기를 우물반자 속으로 불어올려
격자천정(格子天井) 무늬를 어른거리게 했다.
구리못이 박힌 큰 바다 표목(漂木)은

제2부 체스 놀이
* 제목은 Thomas Middleton (c. 1570—1627)의 희곡 『체스놀이(*A Game at Chess*)』에서 나왔지만, 내용은 그의 다른 희곡 『여자는 여자를 조심하라(*Women Beware Women*)』의 2막 2장에서, 며느리가 겁탈당하는 동안 옆방에서 체스놀이가 보호자인 시어머니의 주의를 빼앗기 위해 사용되었다.
77행. 그녀가……: 참조. 『안토니우스와 클레오파트라』 II. ii 190 (E).
"The barge she sat in, like a burnished throne,
Burned on the water."

II. A GAME OF CHESS

The Chair she sat in, like a burnished throne,
Glowed on the marble, where the glass
Held up by standards wrought with fruited vines
From which a golden Cupidon peeped out
(Another hid his eyes behind his wing)
Doubled the flames of sevenbranched candelabra
Reflecting light upon the table as
The glitter of her jewels rose to meet it,
From satin cases poured in rich profusion;
In vials of ivory and coloured glass
Unstoppered, lurked her strange synthetic perfumes,
Unguent, powdered, or liquid—troubled, confused
And drowned the sense in odours; stirred by the air
That freshened from the window, these ascended
In fattening the prolonged candle-flames,
Flung their smoke into the laquearia,
Stirring the pattern on the coffered ceiling.
Huge sea-wood fed with copper

Enobarbus는 어떻게 처음에 클레오파트라가 안토니우스를 만났으며, 관능적 매력으로 그를 압도했는가를 말한다. 여기서 "그녀"는 벨라돈나(49행).

91행. **우물반자**: 움푹 들어가 네모의 격자세공(格子細工)의 로마식 천정. Vergilius 아이네이드 I. 726. 엘리어트는 카르타고 여왕 Dido가 애인 Aeneas를 위해 베푼 잔치의 묘자(描字)에 언급하고 있다.

"황금(黃金)우물반자에 불켜진 등불이 걸려 있고
횃불은 불길로 밤을 정복한다." (E)

93행. 구리못······표목(標木): 녹이 슬지 않도록 구리 못을 박아 만든 배가 파선(破船) 당해 표류해 다니는 나무 조각. 이것을 말려서 태우면 구리가 배어있어 초록빛 오렌지빛으로 탄다.

색채(色彩) 대리석(大理石)으로 테두리지어져
초록빛, 오렌지 빛으로 타오르고
그 슬픈 빛 속을 돌고래 조각(彫刻)이 헤엄치고 있었다.
고풍(古風)의 벽로(壁爐)선반 위엔,
마치 삼림경치(森林景致)가 내다보이는 창문처럼,
저 야만적(野蠻的)인 왕(王)에게 난폭히도 능욕(凌辱)당한
피로멜라의 변신(變身) 그림이 장식되어 있었다; 그러나 거기서 나이팅게일은
침범할 수 없는 목소리로 온 황야(荒野)를 채웠다.
그리고 여전히 울었고, 여전히 세상은 추격한다.
"작 작" 더러운 귀에.
시간(時間)의 많은 시든 토막들이 벽에
그려져 있어, 빤히 노려보는 인물(人物)들이
상체(上體)를 밖으로 내밀어 기대며 닫힌 방을 조용케 했다.
계단에서 발을 질질 끄는 소리가 들렸다.
화로 빛을 받아, 빗질한 그녀의 머리칼은
타오르는 불꽃처럼 뾰쪽이 되어
작열(灼熱)해서 말이 되었다가, 다시 소름끼치게 고요해졌다.

98행. **삼림경치(森林景致)**: 밀튼, 『실락원(失樂園)』 VI. 40을 보라 (E). 사탄의 에덴동산 묘사.
99행. Ovidius의 『**변신보(變身譜)**』 VI. 필라멜라를 참조 (E).
100행. 참조. 제3부 204행 (E).
102행. 세인(世人)은 분명히 야만적인 데리우스 왕의 행위를 같이 하고 있으며, 아직도 그 행위를 계속하고 있다. 데메테르와 페르세포네(Persephone)의 신화에서, 하계의 왕 하데스의 페르세포네 겁탈(Rape)이 땅을 황무지로 만들었다.
103행. **작 작**: 속인(俗人)의 귀엔 나이팅게일의 소리가 온 황야를 채웠던 침범할 수 없는 목소리가 아니라, 다만 "작 작"이란 더러운 탁음으로 들린다.

Burned green and orange, framed by the coloured stone,
In which sad light a carvèd dolphin swam.
Above the antique mantel was displayed
As though a window gave upon the sylvan scene
The change of Philomel, by the barbarous king
So rudely forced; yet there the nightingale
Filled all the desert with inviolable voice
And still she cried, and still the world pursues,
"Jug Jug" to dirty ears.
And other withered stumps of time
Were told upon the walls; staring forms
Leaned out, leaning, hushing the room enclosed.
Footsteps shuffled on the stair,
Under the firelight, under the brush, her hair
Spread out in fiery points
Glowed into words, then would be savagely still.

"오늘밤 내 신경(神經)이 이상해요. 정말 그래요, 같이 있어주세요.
내게 말해 봐요, 왜 도무지 말도 안 해요, 말해 봐요.
당신은 무얼 생각하고 있어요? 무슨 생각을? 무얼?
나는 당신이 무얼 생각하는지 도무지 알 수가 없어요. 생각해 봐요."

나는 생각해 우리는 죽은 사람들이 뼈를 잃은
쥐의 골목에 있다고.

"저 소리는 뭐예요?"
도어 밑을 지나는 바람.
"지금 저 소리는 뭐예요? 바람이 뭘 하고 있어요?"
아무것도 하지 않아 아무것도.
"아무것도
당신은 몰라요? 아무것도 못 봐요? 아무것도 당신은 기억
못해요?"
나는 기억해
그의 눈이 진주(眞珠)로 변한 것을.
"당신은 살았어요, 죽었어요? 당신 머리 속엔 아무것도 안 들었나요?"
들어 있는 건 고작
오 오 오 오 저 셰익스피히어의 재즈—
그것 참 우아하고
참 지적(知的)이야란 팝송 가사(歌辭)뿐.

111행. **내 신경(神經)이…**: 벨라돈나와 주인공이 아마 지금 비참한 대화를 하고 있을 것이다.
116행. **쥐의 골목**: 참조. 제3부 195행 (E).
118행. 참조. Webster: "아직도 바람이 저 도어에 있나?" 『악마(惡魔)의 소송(訴訟)』에서, 살인적 공격의 희생자가 아직도 숨을 쉬고 있음을 발견하고 의사가 이 질문을 한다.
126행. 참조, 제1부. 37, 48행 (E).
127행. (原詩) But: 접속사가 아니고, 전치사 except의 뜻.
128행. **셰익스피히어의 재즈**: 셰익스피어의 시가 현대에 이르러 타락하여 재즈가 된 것을 풍자한 말. Bruce E. McElderry는 "Shakespearian Rag"이 1912년의 Ziegfeld(1867~1932, 미국의 무대연출가)의 시사풍자극(時事諷刺劇)의 히트곡이었던 실제의 미국 재즈라고 확인했다.

"My nerves are bad tonight. Yes, bad. Stay with me.
Speak to me. Why do you never speak? Speak.
What are you thinking of? What thinking? What?
I never know what you are thinking. Think."

I think we are in rats' alley
Where the dead men lost their bones.

"What is that noise?"
The wind under the door.
"What is that noise now? What is the wind doing?"
Nothing again nothing.
"Do
You know nothing? Do you see nothing? Do you remember
Nothing?"
I remember
Those are pearls that were his eyes.
"Are you alive, or not? Is there nothing in your head?"
But
O O O O that Shakespeherian Rag—
It's so elegant
So intelligent

"나는 지금 뭘할까요, 나는 뭘해야 할까요?
"이렇게 머리칼을 풀어뜨린 채 밖으로 뛰어나가
거리를 헤맬테예요. 내일은 우리 뭘할까요?
도시 어떻게 하면 좋겠어요?"
                                        열 시에 더운 물.
비가 오면, 네 시에 세단 차.
그리고 체스나 한판 뜨지,
자지 않고 눈을 말똥거리며 도어에 노크를 기다리면서.

릴의 남편이 제대했을 때, 나는 말했지—
노골적으로 내 자신 릴에게 말했지,
빨리 빨리, 문닫을 시간됐습니다.
이제 앨버트가 돌아오니 좀 스마트하게 몸치장해봐.
앨버트는 이를 해박으라고 너한테 준 돈으로 네가
뭘했는지 물을 거야. 앨버트가 말할 때 내가 거기 있었지.
릴, 이를 다 뽑고 좋은 이를 해박어.
앨버트는 말했어, 정말이야, 너를 차마 볼 수 없다고.
그래 나도 그렇다고 말했지. 가엾은 앨버트를 생각해 봐,
사년이나 군대에 있었잖아, 재미를 보고 싶어할 거야,
네가 재미를 안주면, 다른 여자(女子)들이 줄거야, 나는 말했지.
오 그런 사람이 있을까 하고 릴은 말했지. 있을걸, 나는 말했지.
그럼 고맙다는 인사나 드려야겠군, 릴은 말하면서 날 쏘아보았지.

137행. 참조. Middleton의 『여자는 여자를 조심하라』 II. ii의 체스놀이. (며느리 비앙카가 능욕당하는 동안) 리비아는 비앙카의 시어머니와 체스놀이를 한다 —시어머니의 주의를 빼앗기 위하여.
141행. **빨리 빨리**‥: 영국 술집에서 바텐더가 문 닫는 시간을 손님들에게 알리는 말.

"What shall I do now? What shall I do?
I shall rush out as I am, and walk the street
With my hair down, so. What shall we do tomorrow?
What shall we ever do?"
                                        The hot water at ten.
And if it rains, a closed car at four.
And we shall play a game of chess,
Pressing lidless eyes and waiting for a knock upon the door.

When Lil's husband got demobbed, I said,
I didn't mince my words, I said to her myself,
HURRY UP PLEASE ITS TIME
Now Albert's coming back, make yourself a bit smart.
He'll want to know what you done with that money he gave you
To get yourself some teeth. He did, I was there.
You have them all out, Lil, and get a nice set,
He said, I swear, I can't bear to look at you.
And no more can't I, I said, and think of poor Albert,
He's been in the army four years, he wants a good time,
And if you don't give it him, there's others will, I said.
Oh is there, she said. Something o' that, I said.
Then I'll know who to thank, she said, and give me a straight look.

빨리 빨리, 문닫을 시간됐습니다.
그게 싫다면 좋도록 해봐, 나는 말했지.
네가 할 수 없다면 딴 여자들이 골라 잡을거야.
그렇지만 혹시 앨버트가 도망간다면 내가 귀띔 안 해줘서 그런 건 아냐.
너는 부끄럽지도 않니 그렇게 늙어보이는 게, 나는 말했지.
(그런데 릴은 겨우 서른 한 살.)
할 수 없지, 릴은 말하면서 쓸쓸한 표정을 지었지.
그건 아길 없애려고 먹은 피임약 때문이야, 릴은 말했다.
(벌써 애가 다섯, 막내동이 조지를 낳을 땐 죽을 뻔했었다.)
약제사(藥劑師)는 괜찮을 거라 했지만, 그 뒤론 전과 같지 않아.
너는 정말 바보로구나, 나는 말했지,
그래, 앨버트가 너를 원한다면 어쩔 수 없잖아, 나는 말했지.
어린애가 싫다면 넌 무엇 때문에 결혼했지?
빨리 빨리, 문닫을 시간됐습니다.
앨버트가 돌아온 일요일 그들은 따끈한 베이컨 요리를 차려놓고
맛있게 뜨거운 걸 먹도록 만찬(晩餐)에 나를 청했었지—
빨리 빨리, 문닫을 시간됐습니다.
빨리 빨리, 문닫을 시간됐습니다.
빌 안녕. 루 안녕. 메이 안녕. 안녕.
타 타. 안녕, 안녕.
안녕히 부인들, 안녕히 사랑스런 부인들, 안녕히, 안녕히.

171행. **타 타**: (어린애) 안녕. 빠이 빠이.
172행. 『햄리트』 IV. v. 72. 미친 오필리아가 물에 빠져 자살하기 직전에 한 작별인사. 또 하나의 『수사(水死)』의 전주곡(前奏曲).

HURRY UP PLEASE ITS TIME
If you don't like it you can get on with it, I said,
Others can pick and choose if you can't.
But if Albert makes off, it won't be for lack of telling.
You ought to be ashamed, I said, to look so antique.
(And her only thirty-one.)
I can't help it, she said, pulling a long face,
It's them pills I took, to bring it off, she said.
(She's had five already, and nearly died of young George.)
The chemist said it would be alright, but I've never been the same.
You are a proper fool, I said.
Well, if Albert won't leave you alone, there it is, I said,
What you get married for if you don't want children?
HURRY UP PLEASE ITS TIME
Well, that Sunday Albert was home, they had a hot gammon,
And they asked me in to dinner, to get the beauty of it hot—
HURRY UP PLEASE ITS TIME
HURRY UP PLEASE ITS TIME
Goonight Bill. Goonight Lou. Goonight May. Goonight.
Ta ta. Goonight. Goonight.
Good night, ladies, good night, sweet ladies, good night, good night.

III. 불의 설교*

강의 천막이 찢겨졌다. 손가락 같은 마지막 잎새들이
축축한 뚝을 움켜쥐며 가라앉는다. 바람은
소리 없이 갈색 땅을 지나간다. 요정(妖精)들은 떠나갔다.
아름다운 템즈여, 고요히 흘러라 내 노래 끝마칠 때까지.
강물 위엔 아무것도 없다, 빈병도, 샌드위치 종이도,
실크 행커치프도, 마분지 박스도, 담배꽁초도,
혹은 여름밤의 다른 증거품도. 요정들은 떠나갔다.
또 그녀들의 친구들, 도시중역(都市重役)의 빈들거리는 자식들도
떠나갔다, 주소도 남기지 않고.
레만 호수(湖水)가에 나는 앉아 울었다.
아름다운 템즈여, 고요히 흘러라 내 노래 끝마칠 때까지,
아름다운 템즈여, 고요히 흘러라, 큰 소리로도 길게도 말
　않을 테니.
그러나 등 뒤의 일진냉풍(一陣冷風) 속에 나는 듣는다
뼈들의 덜커덕 소리와 입이 찢어지게 웃는 낄낄 웃음을.

제3부 불의 說敎

* 제목은 불타의 『불의 說』(Fire Sermon)에서 따 왔다. 그는 제자들에게 욕정과 육체적 감각의 불타는 불길을 피함으로써, 성스러운 생활을 살고, 속세로부터의 자유를 달성하고, 마침내는 재생의 순환(cycle)을 떠나 니르바나(涅槃)에 도달하도록 가르친다.

THE FIRE SERMON

The Blessed One addressed the priests, "All things, O priests, are on fire.... The eye.... impressions received by the eye.... that also is on fire. And with what are these on fire? With the fire of passion... with the fire of hatred, with the fire of infatuation; with birth, old age, death, sorrow, lamentation, misery, grief and despair are they on fire. The ear is on fire; sounds are on fire.... the nose is on fire.... the tongue is on fire; tastes are on fire.... the body is on fire.... the mind is on fire; ideas are on fire....
Perceiving this, O priests, the learned and noble disciple conceives an aversion for the eye.... for

III. THE FIRE SERMON

The river's tent is broken: the last fingers of leaf
Clutch and sink into the wet bank. The wind
Crosses the brown land, unheard. The nymphs are departed.
Sweet Thames, run softly, till I end my song.
The river bears no empty bottles, sandwich papers,
Silk handkerchiefs, cardboard boxes, cigarette ends
Or other testimony of summer nights. The nymphs are departed.
And their friends, the loitering heirs of city directors;
Departed, have left no addresses.
By the waters of Leman I sat down and wept…
Sweet Thames, run softly till I end my song,
Sweet Thames, run softly, for I speak not loud or long.
But at my back in a cold blast I hear
The rattle of the bones, and chuckle spread from ear to ear.

---

forms.... for the ear.... for the nose.... for the tongue.... for tastes.... for the body.... for the mind.... for ideas.... And in conceiving this aversion, he becomes divested of passion; and by the absence of passion, he becomes free; and when he is free, he becomes aware that he is free; and he knows that rebirth is exhausted, that he has lived the holy life, that he has done what it behooved him to do, and that [therefore] he is no more for this world."····

—The Maha—Vagga of The Vinaya Texts—

173행. **江의 천막이····찢겨졌다**: 템즈 강변을 천막처럼 덮었던 나무들의 잎이 늦가을이 되어 다 떨어진 것을 말함. 동시에 이 部의 뒤에 나오는 템즈 처녀의 처녀성 상실을 암시한다.
176행. **아름다운 템즈여····까지**: 엘리자베스朝의 시인 Edmund Spenser의 『축혼가(祝婚歌)』(Prothalamion)의 후렴. 특히 江의 요정, 강 그리고 후렴에 주목하라.
182행. **레만호(湖)····울었다**: 참조. 『시편』 137. "바빌론의 강가에서 우리는 앉아 울었도다, 시온을 생각하며." 레만은 제네바호(湖)의 스위스名. 『황무지』를 완성할 때 엘리어트는 이 호수가 있는 로잔에서 휴양하고 있었다. Leman은 또한 애인. 정부(情婦)를 뜻하는 고어(古語).

쥐 한 마리가 뚝 위에서 흙투성이 배떼기를 질질 끌면서
초목 속으로 살살 기어갔다,
어느 겨울저녁 내가 개스 공장 뒤를 돌아
음산한 운하에서 낚시질하며
형왕(兄王)의 난파와 그 먼저 죽은 부왕의 생각에 잠겨 있을 동안.
축축한 낮은 땅 위의 흰 사해(死骸)들,
조그마한 메마른 나즈막한 다락방에 버려진 뼈들은
해마다 다만 쥐의 발에 채여 덜커덕 거렸다.
그러나 등 뒤에서 나는 때때로 듣는다
경적과 자동차 소리, 봄이 오면 그 차가
스위니를 포오터 부인에게 태우고 가리라.
오 포오터 부인과
그녀의 딸 위에 훤히 비친 달이여
모녀는 소다수로 발을 씻는다
그리고 오 원천정(圓天井)에서 합창하는 소년성가대의 목소리여!

튓 튓 튓
작 작 작 작 작
참 난폭히도 능욕당했네
테류

192행. 참조.『**폭풍우(暴風雨)**』I, ii.
196행. 참조 Marvell **"수줍은 연인에게."**
197행. 참조『벌들의 회의(會議)』:
"갑자기 귀를 기울이면 당신은 들으리 각적(角笛)과 사냥의 소리,
그것은 악타이온을 샘에 있는 디아나에게 데려오리라,
거기서 모두들 그녀의 벌거벗은 살결을 보리라." (E).
젊은 사냥꾼 악타이온은 우연히 정숙의 여신 디아나가 요정들과 함께 목욕하는 장면을 보게 되었다. 화가 난 디아나는 그를 사슴으로 변신시켰고, 그를 따라오던 사냥개들이 주인인 줄 모르고 사슴을 물어뜯어 죽인다.
198행. **스위니**: 저속한, 생각 없는, 성적행각을 즐기는 부르주아의 전형. 엘리어트의 "Sweeney among the Nightingales"와 "Sweeney Agonistes"에 나옴.
199행. **오 포오터 부인과...**: "나는 이 시행(詩行)이 발췌된 민요의 출처를 잘 모른다; 그것은 오스

A rat crept softly through the vegetation
Dragging its slimy belly on the bank
While I was fishing in the dull canal
On a winter evening round behind the gashouse.
Musing upon the king my brother's wreck
And on the king my father's death before him.
White bodies naked on the low damp ground
And bones cast in a little low dry garret,
Rattled by the rat's foot only, year to year.
But at my back from time to time I hear
The sound of horns and motors, which shall bring
Sweeney to Mrs. Porter in the spring.
O the moon shone bright on Mrs. Porter
And on her daughter
They wash their feet in soda water
Et, O ces voix d'enfants, chantant dans la coupole!

Twit twit twit
Jug jug jug jug jug jug
So rudely forc'd.
Tereu

트레일리아 시드니로부터 내게 보고되었다" (E). 이 노래는 1차세계대전 때 다르다넬(Dardanelles) 전투 중 오스트레일리아 군인들이 불렀었다.

"O the moon shone bright on Mrs. Porter.
And on her daughter
of Mrs. Porter.
They wash their feet in soda water
And so they oughter
To keep them clean."

공허한 도시
갈색 안개 낀 겨울 정오
스뮈르나 상인, 수염도 깎지 않은
유게니디즈 씨(氏)는, 포키트에 건포도
품대(品代), 보험료 및 운임포함 런던도착가격: 일람불증서(一覽拂證書)를
가득히 넣고, 비속(卑俗)한 프랑스 어로
캐논 스트리트 호텔에서 런치,
주말을 메트로폴 호텔에서 보내자고 나를 유혹했다.

보랏빛 시간에, 눈과 등이
책상에서 위로 향하고, 인간 엔진이,
발동을 걸고 기다리고 있는 택시처럼, 고동칠 때에,
나 테이레시아스 비록 눈이 멀고 남녀양성(男女兩性) 사이에 고동치는
쪼그라든 여성의 유방이 달린 늙은 남자일 망정,

다음 행의 주(註)가 시사하듯이. 이것은 그리스도 승천축일(Holy Thursday)의 예배식의 일부인 세족의식(洗足儀式)의 parody일 것이다. 세족의 상징적 의미는 겸허와 사랑이며, 그리스도가 제자들의 발을 씻어준 것을 반복하는 것이다(요한복음 13:1—7).

202행. **그리고 오...목소리여**: 베를렌느의 소네트 "파르시팔"의 마지막 행을 보라 (E). 베를렌느의 시는 성배 탐색(Grail Quest)에 관한 Wagner의 오페라를 일깨운다. 파르시팔은 그를 유혹하는 매혹적인 여자를 물리친다. 겸허해지고 순화된 그녀는 파르시팔의 발을 씻어주어, 성배성(聖杯城, Grail Castle)에 들어갈 수 있도록 하고, 거기서 그는 어부왕 Amfortas를 낳게 된다. 오페라는 성의 높은 곳에서 그리스도를 찬미하는 어린애들의 노래 소리로 끝난다.

206행. **테류**: 필로멜라를 겁탈한 Tereus 왕의 이름에서. 제2부 99—103행을 참조. John Lily의 희곡 캄파스페, (1584) 참조.

"O, tis the ravished nightingale,
jug, jug, jug, jug, tereu! she cries...."

209행. **스뮈르나 상인 유게니디즈**: 소소스트리스 부인이 예언했던 상인. 시리아 상인(商人)은 성배전설의 옛 비의(祕儀, mysteries)를 전파했지만, 그들의 후손인 현대의 유게니디즈는 많이 타락했다. 그리스어로 "고상한 사람"이란 뜻이지만, 실은 그 반대이다. 스뮈르나는 터키 이즈미르 항의 옛 이름. 에게해에 면해 있다. 현재 터키에서 가장 중요한 항구의 하나.

210행. "건포도는 운임 및 보험료 포함 런던 도착 가격으로 절가(折價)되었다; 그리고 선하증권(船

Unreal City

Under the brown fog of a winter noon

Mr Eugenides, the Smyrna merchant

Unshaven, with a pocket full of currants

C. i. f. London: documents at sight,

Asked me in demotic French

To luncheon at the Cannon Street Hotel

Followed by a weekend at the Metropole.

At the violet hour, when the eyes and back

Turn upward from the desk, when the human engine waits

Like a taxi throbbing waiting,

I Tiresias, though blind, throbbing between two lives,

Old man with wrinkled female breasts, can see

荷證券) 등은 일람불수표(一覽拂手票)를 지불해야 매주(買主)에게 교부되었다"(E). 엘리어트는 한 때 런던 로이드 은행 외환과에 근무했었다.

213행. **캐논 스트리트 호텔**: 런던 중심에 있는 캐논 스트리트 역에 부속된 호텔로서 2차 세계대전 이전에는 매우 컸던, 그 당시 외국인 실업가들과 영국 고객들의 단골 회합소, 또한 동성연애 장소였다 .

214행. **메트로폴 호텔**: 영국의 동남 해변 휴양지 브라이튼에 있는 고급호텔. 런던에서 60마일.

218행 "테이레시아스는 비록 단순한 방관자이고 등장인물은 아니나 이 시에 있어서 다른 모든 사람을 통합시키는 가장 중요한 사람이다. 마치 건포도 매매인(賣買人)인 일안상인(一眼商人)이 페니키아상인으로 용해(溶解)되고 또 후자(後者)는 나폴리왕자 퍼디넌드와 전적(全的)으로 별개의 것이 아닌 것처럼, 모든 여자는 한 여자이며 두 성(性)은 테이레시아스 속에서 만난다. 테이레시아스가 『보는 것』이 사실 이 시의 실질(實質)이다. 오비디우스로부터의 전구절全句節(Ⅲ. 316—38)은 대단한 인류학적 흥미가 있다.

…조으브(주피터)가 술에 취해 유쾌해져 근심을 잊고 한가로이 주노(그의 처)와 농담할 때, 그는 사랑의 쾌감은 당신들(女神)이 우리(남신)보다 크다고 말했다. 여신은 그 반대의 견해를 가졌었다. 그래서 그들은 현명한 테이레시아스에게 묻기루 결정했다. 왜냐하면 그는 兩性의 쾌감을 다 알기 때문에, 한 때 그는 푸른 숲속에서 교미하고 있는 두 마리의 큰 뱀을 보고 지팡이로 때려줬더니, 그는 놀랍게도 여자로 변해 있었다. 그 모양으로 그는 7년을 보냈다. 8년째 되던 해 그는 다시 같은 뱀들을 발견하고서 말했다:

"너희들을 때리면, 때리는 사람의 성(性)을 다른 성으로 바꾸는 이상한 마력을 가졌으니, 한 번 더 너희들을 때려야겠어." 이렇게 말하며 때려줬더니 그는 이전 모양대로 회복되어 남자로 되

보랏빛 시간에, 사람을 재촉하며,
바다로부터 수부(水夫)를 집으로 데려오는 저녁시간(時間)에, 볼 수 있다
티 타임에 집으로 돌아온 타이피스트가 조반(朝飯)을 치우고
스토브에 불을 피워 통조림 음식을 늘어놓는 것을.
창(窓) 밖으로 위태로이 널린 그녀의 콤비네이션이
마지막 햇살을 받아 마르고 있고
긴 의자 위엔 (밤엔 그녀의 침대)
양말, 슬리퍼, 하의(下衣), 코르세트가 쌓여 있다.
나 테이레시아스 쪼그라든 젖통이 달린 노인은
이 장면을 보고 나머지를 예언했다—
나 역시 여기 놀러올 손님을 기다리고 있다.
이윽고 그가, 여드름투성이 청년이 도착했다.
조그마한 가옥(家屋)중개업자의 서기(書記), 당돌하게 노려보는,
마치 무례(無禮)가, 브래드퍼드 백만장자의
머리에 얹힌 실크해트처럼, 앉아 있는 하류 계급의 자식.
지금이 호기(好機)다, 그의 짐작엔,
식사가 끝나 그녀는 지루하고 노곤하다,
그녀를 애무하려 덤빈다.
그래도 그녀는 나무라지도 않는다, 좋아하지도 않았지만.
얼굴을 붉히며 결단을 내리며, 그는 단숨에 덮친다;
더듬는 두 손은 아무런 저항도 받지 않는다;
그의 자홀(自惚)은 여자의 반응을 바라지도 않고
여자의 무관심을 오히려 환영으로 여긴다.
(나 테이레시아스는 이 긴 의자 혹은 침대 위에서
행해진 모든 것을 이미 경험했다.
테베시(市)의 성벽 아래 앉았었던,

어 있었다. 그래서 그가 신들의 이 재미나는 심판을 맡았을 때, 그는 조오브 편을 들었다. 그러자 사투르니아(주노)는 필요 이상으로 그 일이 요구하는 이상으로 몹시 분개하여 이 심판관을 영원한 장님으로 만들어 버렸다. 전능한 父神(조오브)은 (신은 다른 신이 한 것을 취소할 수 없기 때문에) 그의 시력의 상실에 대신해서 미래를 알 수 있는 힘을 주어 이 명예로서 처벌을 경감했다. (E)

그 후 그는 테베市에서 매우 유명한 예언자가 되어 일곱 세대나 살았다. 그리고 테베市가 전쟁으로 멸망했을 때 그는 살해되었다. 그의 혼은 지옥으로 내려갔으나 거기서도 예언하는 힘을 가

At the violet hour, the evening hour that strives
Homeward, and brings the sailor home from sea,
The typist home at tea-time, clears her breakfast, lights
Her stove, and lays out food in tins.
Out of the window perilously spread
Her drying combinations touched by the sun's last rays,
On the divan are piled (at night her bed)
Stockings, slippers, camisoles, and stays.
I Tiresias, old man with wrinkled dugs
Perceived the scene, and foretold the rest—
I too awaited the expected guest.
He, the young man carbuncular, arrives,
A small house agent's clerk, with one bold stare,
One of the low on whom assurance sits
As a silk hat on a Bradford millionaire.
The time is now propitious, as he guesses,
The meal is ended, she is bored and tired,
Endeavours to engage her in caresses
Which still are unreproved, if undesired.
Flushed and decided, he assaults at once;
Exploring hands encounter no defence;
His vanity requires no response,
And makes a welcome of indifference.
(And I Tiresias have foresuffered all
Enacted on this same divan or bed;
I who have sat by Thebes below the wall

져 율리시즈가 충고 받으러 그를 방문한 적이 있다.

220—1행. **저녁 시간**: "이 행은 Sappho(그리스 여류시인)의 시행과 꼭 같지는 않으나, 나는 내 마음 속에 "긴 해안' 또는 저녁 때 돌아오는 '평저선(平底船)' 어부를 생각한다." (E) 사포는 썼다:

"Hesperus (the evening star), all things you bring,
as many as light—bringing morning has scattered abroad.
you bring the ship,
you bring the goat, you bring the child to its mother."

또한 Robert Louis Stevenson의 『진혼곡』 중의 한행 "Home is the sailor, home from sea"도 포함되어 있다.

233행. **브래드퍼드**: 요크셔에 있는 공업 도시로서, 제1차 세계대전 중 군수품 계약으로 많은 벼락부자를 만들어 내었다.

245행. **테베**: 아테네 동북방에 위치한 고대 그리스 도시. 예언자 테이레시아스는 테베의 성벽(城

그리고 지옥의 사자(死者)들 사이를 걸었던 나.)
그녀에게 오히려 은인인 척 마지막 키스를 베풀어주곤
길을 더듬으며 내려간다, 계단에 불이 안 켜져 있어서…

여자는 돌아서서 잠시 거울 속을 들여다본다,
애인(愛人)이 떠나간 줄 거의 깨닫지도 못하고.
그녀의 머리 속엔 한 가닥 생각이 어렴풋이 떠오른다:
"일이 이제 끝났으니 아이 시원해."
사랑스런 여인은 어리석음을 저지르고
홀로 다시 방안을 거닐며
자동적인 손으로 머리칼을 쓰다듬으면서
레코드 한 장을 들어 축음기에 건다.

"이 음악이 물결을 타고 내 곁으로 기어와"
스트랜드를 따라 퀸 빅토리아가(街)로 사라졌다.
오 '도시(都市)'여 도시여, 나는 때때로 들을 수 있다
로우어 템즈가(街)의 어느 대중 술집 옆에서
만돌린의 아름답고 슬픈 울음소리와
또 낮에 생선장수들이 빈들거리는 곳에서
흘러나오는 웃음소리와 떠들어대는 소리를, 거기에는
매그너스 마아터 교회의 벽이 이오니아풍(風)의

壁)가의 시장에서 여러 세대에 걸쳐 점을 쳤으며, 두 테베의 왕 오이디푸스 왕과 크레온 왕의 몰락을 예언했었다. 죽고 나서도 하계(下界, Hades)에서 예언을 했으며, 오딧세우스가 귀향에 관한 예언을 들으러 거기로 내려간 적이 있다.

253—6행. Goldsmith의 『웨이크필드의 목사』 중의 노래. 24장을 참조(E). 정조를 유린당한 Olivia는 노래한다:

"When lovely woman stoops to folly
And finds too late that men betray,
What charm can soothe her melancholy,
What art can wash her guilt away?

And walked among the lowest of the dead.)
Bestows one final patronizing kiss,
And gropes his way, finding the stairs unlit…

She turns and looks a moment in the glass,
Hardly aware of her departed lover;
Her brain allows one half-formed thought to pass:
"Well now that's done: and I'm glad it's over."
When lovely woman stoops to folly and
Paces about her room again, alone,
She smoothes her hair with automatic hand,
And puts a record on the gramophone.

"This music crept by me upon the waters"
And along the Strand, up Queen Victoria Street.
O City City, I can sometimes hear
Beside a public bar in Lower Thames Street,
The pleasant whining of a mandoline
And a clatter and a chatter from within
Where fishmen lounge at noon: where the walls
Of Magnus Martyr hold

The only art her guilt to cover,
To hide her shame from every eye,
To give repentance to her lover
And wring his bosom — is to die."

257행. 『**폭풍우**』(同上)를 참조 (E). 48행의 註를 볼 것.
258행. **스트랜드**: 런던 중심부를 흐르는 템즈江岸과 평행하는 북쪽 편 거리.
259행. **오 '도시'여 도시여**: "공허한 도시"와 구별된다. City는 런던의 旧市, 금융 · 상업의 중심지 약 1마일 평방을 말하고, city는 런던 全市(Greater London)를 가리킴.
260행. **로우어 템즈街**: 런던 브리지 바로 옆에 있다. 수세기에 걸쳐 런던의 유명한 생선 시장 Billingsgate가 여기 있으며, 물고기(fish)는 매우 오래된 생명의 상징이다.

흰빛과 황금빛의 이루 말할 수 없는 화려함을 지니고 있다.

강(江)은 기름과 타르의
땀을 흘리며
짐배들은 변하는 조류(潮流)를 따라
떠돌고 있다
붉은 돛들은
활짝
바람부는 쪽을 향해
육중한 돛대에서 펄럭거리며
짐배들은 아일 오브 도그즈를 지나
그리니치 하구(河口)로
표류하는 통나무를 흐르게 한다.
　　웨이아라라 레이아
왈라라 레이아라라

엘리자베스여왕과 레스터백작
철썩대는 노
선미(船尾)는
금빛 조개껍질
빨강과 황금색
거품 이는 물결은

261~3행. **만돌린····생선장수**····만돌린의 노래는 의심할 바 없이, 런던 술집 안팎에서 연주하는 순회 악사들이나 배우들에의 언급이다. 주의: fishman≠fisherman. fishman은 어부가 아니라 Billingsgate 시장에서 생선을 운반하는 사람.

264행. **매그너스 마이터 교회**: "성 매그너스 마이터 교회의 내부는 내 생각엔 렌이 건축한 내부 중

Inexplicable splendour of Ionian white and gold.

The river sweats
Oil and tar
The barges drift
With the turning tide
Red sails
Wide
To leeward, swing on the heavy spar.
The barges wash
Drifting logs
Down Greenwich reach
Past the Isle of Dogs.
Weialala leia
Wallala leialala

Elizabeth and Leicester
Beating oars
The stern was formed
A gilded shell
Red and gold
The brisk swell

가장 훌륭한 것으로 생각된다. 『런던市 19교회의 파괴 제의』(p.s. 킹 & 산 출판사)를 참조 (E). 1676년에 건축된 이 교회는 로우어 템즈街와 피쉬(Fish)街 사이, 런던 브리지와 런던 생선 시장 사이의 모퉁이에 아직도 서 있다.

264행. **이오니아風**: 교회 내의 원주의 양식임.

266행. "(셋) 템즈 처녀들의 노래가 여기서 시작된다. 292행부터 306행까지 그들이 교대로 말한다. 참조. 『신들의 황혼』 III 라인 처녀들 (E). 신화에서 『황무지』에 내린 저주는 어부왕의 궁전에서 몇

양 기슭에 철썩이며
남서풍은
하류로 흘려보낸다
종(鐘)소리를
하얀 塔들
　　　　웨이아라라 레이아
　　　　왈라라 레이아라라

“전차와 먼지투성이 나무들.
하이베리가 나를 낳고 리치먼드와 큐우가
나를 망쳤네. 리치먼드 가에서 나는 무릎을 치켜 올리고서
좁은 카누 바닥에 드러누웠었지.”

“내 발은 무어게이트에, 내 마음은
나의 발밑에. 그 일이 있은 뒤
그이는 울었지. 그이는 ‘새 출발’을 약속했지만
나는 아무 말도 안 했다. 무엇을 내 원망하랴?”

“마아게이트 백사장(白沙場)에서
나는 연결할 수 있었다
무(無)와 무(無)를.
더러운 손들의 찢겨진 손톱.

처녀들이 능욕당한 후이다. 라인 처녀들은 능욕당하고 그들의 황금 반지를 빼앗겼다. 그리고 그 결과로서 라인강의 아름다움이 사라졌음을 탄식한다. 엘리어트는 강의 능욕(『강의 천막은 찢겨졌다』)과 처녀성의 상실과 합치시킨다.

274행. **아일 오브 도그즈**: 런던 동쪽에 있는 한 구(區)로, 섬이 아니라 3면이 강으로 감싸여 있고, 대개 도크로 차지당한 지구.
275행. **그리니치**: 엘리자베스 I세는 그리니치 하우스에서 태어났었고, 레스터 백작을 환대했던 곳

Rippled both shores
Southwest wind
Carried down stream
The peal of bells
White towers
        Weialala leia
        Wallala leialala

"Trams and dusty trees.
Highbury bore me. Richmond and Kew
Undid me. By Richmond I raised my knees
Supine on the floor of a narrow canoe."

"My feet are at Moorgate, and my heart
Under my feet. After the event
He wept. He promised 'a new start.'
I made no comment. What should I resent?"

"On Margate Sands.
I can connect
Nothing with nothing.
The broken finger—nails of dirty hands.

도 여기였다(템즈 강 南岸에 있음).

277—8행. Wagner의 『라인 처녀들』의 노래 후렴.

279행. 참조. 프르드: 『엘리자베스』 I, 卷4장, 스페인 왕에게 보낸 데 쿠아드라의 편지: "오후에 우리는 호화선에 타고 강 위의 놀이를 바라보고 있었습니다. 여왕은 로버트경(레스터백작을 말함)과 나와 같이 船尾樓甲板에 있었는데, 그들은 농담을 시작하여 나중에는 너무 지나쳐 로버트卿이 내가(쿠아드라는 僧正이었기 때문에 결혼식을 행할 자격이 있었다) 현장에 있으니, 만일 여왕이 원하신다면 그들이 결혼 못할 이유가 없다고 말했습니다. (E). 레스터 백작 Sir Robert Dudley(1532?—88)는 여왕의 寵臣이었다.

내 집안사람은 아무것도 바라지 않는 비천한
사람들."
라라

카르타고로 그때 나는 왔었다

탄다 탄다 탄다 탄다
오 主여 당신이 나를 건지시나이다
오 主여 당신이 건지시나이다

탄다

289행. **하얀 탑들**: 런던塔의.

293행. 참조 『**연옥편(煉獄篇)**』 V. 133:

> "라 · 삐아인 나를 기억해 주세요.
> 시엔나가 나를 낳고 마렘마가 나를 죽였어요." (E).

시엔나, 마렘마 둘 다 이탈리아 지명(地名).

단테가 만났던 시에나의 귀부인 라 · 삐아의 정령(精靈)이 한 말. 마렘마에서 남편의 손에 살해된 것에 언급.

293행. **하이베리**: 런던 시내 동북부에 있는 중류계급 주택지.

리치먼드: 템즈강 상류에 있음. 한때 왕의 저택이 있었던 자리.

큐우: 템즈강 상류(上流) 런던 서쪽 교외에 있으며, 식물원 Kew Gardens로 유명.

296행. **무어게이트**: 런던의 금융 중심지. 관청 건물과 빈민 주택으로 차 있다. 엘리어트는 로이드 은행에 근무할 때 무어게이트 지하철역을 이용했다.

300행. **마아게이트**: 템즈강 입구의 해변 휴양지. 여기서 엘리어트는, 병에서 회복되면서, 1921년에 늦게 『황무지』를 쓰기 시작했다.

307행. 참조. 성(聖)아우구스티누스 『참회록』 Ⅲ. 첫 구절(iii, 1):

"카르타고로 그 때 내가 오니 거기선 한 가마의 사악한 사람들이 모두 내 귓전에서 노래했다." (E)

308행. **탄다**: 이 말을 뽑아온 불타의 『불의 설교』의 완전한 본문은(그것은 중요성에 있어 [예수의] 산상수훈(山上垂訓)에 해당한다) 고(故) 헨리 클라크 워런의 『번역된 불교』(하버드 동양학총서(東

My people humble people who expect
Nothing."
    la la

To Carthage then I came

Burning burning burning burning
O Lord Thou pluckest me out
O Lord Thou pluckest

burning

洋學叢書)에 번역되어 있다. 워런 씨는 서양의 불타 연구의 위대한 개척자의 한 사람이다. (E).

309행. 「다시 성(聖)아우구스티누스 『참회록』으로부터. 이 시의 이 部의 절정으로서 동서양 금욕주의의 두 대표자의 병치는 우연이 아니다.」 (E).

Ⅳ. 수사(水 死)

페니키아인 플레바스는 죽은 지 2주일,
갈매기의 울부짖음도, 깊은 바다 물결도
이익도 손실도 잊었다.
　　　　　　　　　　　　바다 밑 조류가
그의 뼈를 살랑대며 추렸다. 떴다가 가라앉을 때
그는 노년과 청년의 단계를 지나
물 여울 속으로 휩쓸려 들어갔다.
　　　　　　　　　　　　이방인(異邦人)이거나 유대인이거나
오 키를 돌리며 바람 쪽을 바라보는 그대여,
한때 그대만큼 미남(美男)이었고 키 컸던 플레바스를 생각하라.

제4부 水死
* 플레바스의 익사(溺死)는 제1부에서 소소스트리스 부인이 예언 했었다. 이 部에 대해 비평가들은 해석을 달리하고 있는데, George Williamson은 주인공이 실제로 죽음으로써 뒤에 경고를 남긴다고 주장하고, Cleanth Brooks와 Elizabeth Drew는 재생(再生) 하기 위하여 그가 풍요신으로서 죽는다고 한다. 이 시는 1916—17에 쓰인 엘리어트의 프랑스시 "식당에서"(Dans le Restaurant)의 끝부분을 약간 수정한 번역이다.

IV. DEATH BY WATER

Phlebas the Phoenician, a fortnight dead,
Forgot the cry of gulls, and the deep seas swell
And the profit and loss.
  A current under sea
Picked his bones in whispers. As he rose and fell
He passed the stages of his age and youth
Entering the whirlpool.
  Gentile or Jew
O you who turn the wheel and look to windward,
Consider Phlebas, who was once handsome and tall as you.

V. 천둥이 한 말

땀에 젖은 얼굴들을 붉게 비춘 횃불 후에
정원의 서리 같은 정적 후에
암지(岩地)의 고뇌
아우성과 울음소리
감옥(監獄)과 궁전과 먼 산을 넘어오는
봄의 뇌성(雷聲)의 반향(反響) 후에
살았었던 그는 지금 죽었고
살았었던 우리는 지금 죽어간다
약간 인내하면서

여기는 물이 없고 다만 바위뿐
바위만 있고 물이 없다. 그리고 모랫길
길은 산 사이로 꾸불꾸불 돌아 오르는데
그 산들도 물이 없는 바위만의 산
물이 있다면 우리는 멈춰 마시련만
바위 사이에선 사람들이 멈춰 생각할 수도 없다
땀은 마르고 발은 모래 속에 빠져
바위 사이에 물만 있다면
침도 못 뱉는 이빨이 썩은 죽은 산(山)의 아가리
여기서는 서지도 눕지도 앉지도 못한다.
산 속엔 정적조차 없다
오직 메마른 불모의 뇌성(雷聲)뿐
산 속엔 고독(孤獨)조차 없다

제V부 천둥이 한 말
* "제5부의 첫 부분에 세 테마가 사용되었다: 에마우스에의 여행, 위험성당에의 접근(참조. 웨스튼孃의 저서)과, 현재 동부 유럽의 퇴폐" (E).

322—65행. 이 황무지를 통과하는 여행은 그리스도의 책형(磔刑), 제자들의 환멸과 절망에까지 이르는 사건들의 회상으로부터 시작된다. 마리아가 『부활』을 알려 주었으나 제자들은 믿을 수 없는 헛소리라 생각하고 그들 중 두 사람이 에마우스에의 여행을 출발한다. 예수가 나타나도 그들은 알아보지 못한다. 저녁때 그들에게 말하며 빵을 나눠 축복하고 사라질 때까지. 참조. 『누가』 22—24

V. WHAT THE THUNDER SAID

After the torchlight red on sweaty faces
After the frosty silence in the gardens
After the agony in stony places
The shouting and the crying
Prison and place and reverberation
Of thunder of spring over distant mountains
He who was living is now dead
We who were living are now dying
With a little patience

Here is no water but only rock
Rock and no water and the sandy road
The road winding above among the mountains
Which are mountains of rock without water
If there were water we should stop and drink
Amongst the rock one cannot stop or think
Sweat is dry and feet are in the sand
If there were only water amongst the rock
Dead mountain mouth of carious teeth that cannot spit
Here one can neither stand nor lie nor sit
There is not even silence in the mountains
But dry sterile thunder without rain
There is not even solitude in the mountains

장.

322—28행. 『**땀에 젖은‥‥‥죽었고**』: 겟세마네 동산에서의 그리스도의 고뇌, 투옥, 재판, 십자가에 못 박히기까지의 사건들이 시사되어 있다—또한 다른 교살된 신들도 포함하여.

329행. 『**살았던‥‥죽어간다**』: 삶속의 죽음(death-in-life)의 테마가 다시 도입된다(참조, 제1부, 62~5행).

331~58행. **여기는 물이 없고...**: 황무지의 불모의 테마가 다시 도입된다.

오직 갈라진 토벽(土壁) 집 문에서
빨간 성난 얼굴들이 냉소하며 으르렁댈 뿐
물이 있고
바위가 없다면
바위가 있고
또 물이 있다면
물이
샘물이
바위 새에 웅덩이라도 있다면
오직 물소리만이라도 들린다면
매미나
마른 풀의 노랫소리가 아니라
바위 위로 울려퍼지는 물소리라도
그곳 소나무 숲속에 노래하는 은둔—티티새 소리라도 있다면
똑똑 뚝뚝 똑똑 뚝뚝 뚝 뚝 뚝
그러나 물은 없다

당신 옆에 언제나 걷고 있는 사람은 누구요?
내가 헤아려보면 당신과 나뿐
그런데 내가 하얀 앞 길을 바라보면
당신 옆엔 언제나 낯선 사람이
갈색 망토에 싸여 미끄러지듯 걷고 있다, 두건을 쓰고 있어서
남자인지 여자인지 난 알 수 있어야지
—그런데 당신 저편에 있는 저분은 누구요?

344—45행. **빨간 성난 얼굴**: 장면(場面)은 팔레스타인으로부터 중앙아시아의 티베트로 바뀐다.
357행. "이것은 학명으로 투르두스 아오나라쉬카에. 팔라시이며 퀘벡주(캐나다 동부의 주)에서 내가 들은 적이 있는 은둔-쓰라쉬다." 채프먼은 『동부 아메리카 조류편람』에서 말한다.
"이 새는 한정(閑靜)한 삼림지와 숲이 우거진 벽지(僻地)에 가장 많이 서식한다. 그 노래는 다양성과 음량이 주목할 만한 것이 못되지만, 소리의 깨끗함과 아름다움 그리고 절묘한 전조(轉調)에 있어서 이 새들을 필적할 만한 새는 없다. 이 새의 『물방울 듣는 노래』는 정당히 칭찬받고 있다." (E)

360행. **당신 옆에... 누구요?**: 그리스도와 그의 두 제자와의 에마우스까지 여행 도중에. 참조. 『누

But red sullen faces sneer and snarl
From doors of mudcracked houses
                    If there were water
    And no rock
    If there were rock
    And also water
    And water
    A spring
    A pool among the rock
    If there were the sound of water only
    Not the cicada
    And dry grass singing
    But sound of water over a rock
    Where the hermit-thrush sings in the pine trees
    Drip drop drip drop drop drop drop
    But there is no water

Who is the third who walks always beside you?
When I count, there are only you and I together
But when I look ahead up the white road
There is always another one walking beside you
Gliding wrapt in a brown mantle, hooded
I do not know whether a man or a woman
—But who is that on the other side of you?

가』 24장 1~32절.

360~66행. "다음 수행은 한 남극탐험대의 보고에 의해 고무된 것이다(어느 것인지 잊어버렸으나 아마 섁클튼의 것 중의 하나로 생각한다). 그 보고서엔 탐험가들의 일행이 기진맥진할 때에 실제로 헤아릴 수 있는 것보다 한 대원이 더 많다는 환상을 끊임없이 갖는다는 이야기가 있다." (E)

공중 높이 들리는 저 소리는 무엇인가
저 어머니의 비탄 같은 흐느낌
평탄한 지평선으로 둘러싸인 갈라진 땅 위로 비틀거리며
끝없는 벌판을 넘어 몰려오는
저 두건쓴 무리들은 누구냐
저 山너머 보랏빛 하늘에
깨어지고 개조하고 폭발하는 저 도시는 무엇인가
무너지는 탑들
예루살렘 아테네 알렉산드리아
비엔나 런던
공허(空虛)하구나

한 여자가 그녀의 길고 검은 머리칼을 팽팽히 잡아당기어
그 현(絃) 위에 나지막히 음악을 켰다
보랏빛 속에 어린애 얼굴을 한 박쥐들이
휘파람 불며 날개치며
머리를 거꾸로 쳐박고 시커먼 벽을 따라 기어내려 갔다
공중엔 탑들이 거꾸로 되어 있고
시간을 알렸던 종소리는 다만 추억 속의 종
그리고 목소리는 빈 물탱크와 물이 마른 샘에서 노래 부른다.

367~7행. **공중 높이‥‥공허하구나**: "참조. 헤르만 헷세: 『혼돈(混沌)에의 일별(一瞥)』: "이미 유럽의 반이, 적어도 이미 동구의 반이 혼돈에의 도중에 있으며 성스런 망상에 취하여 심연(深淵)을 따라가면서 이것을 축하하며 노래 부른다. 마치 드미트리 카라마조프(『카라마조프 형제』 중의)가 노래 부르는 것처럼 술에 취한 찬송(讚頌)을 부른다. 이 노래를 듣고 시민들은 조소하며 웃지만, 성인과 예언자는 눈물 흘리며 듣는다." (E).

368행. **어머니의 비탄(悲嘆)**: 참조. 『마태』 2:17—18 또 『누가』 23:27—31. 그리스도 혹은 어쩌면 식물신(植物神) 아도니스를 슬퍼하며 우는 여자들.

What is that sound high in the air
Murmur of maternal lamentation
Who are those hooded hordes swarming
Over endless plains, stumbling in cracked earth
Ringed by the flat horizon only
What is the city over the mountains
Cracks and reforms and bursts in the violet air
Falling towers
Jerusalem Athens Alexandria
Vienna London
Unreal

A woman drew her long black hair out tight
And fiddled whisper music on those strings
And bats with baby faces in the violet light
Whistled, and beat their wings
And crawled head downward down a blackened wall
And upside down in air were towers
Tolling reminiscent bells, that kept the hours
And voices singing out of empty cisterns and exhausted wells.

378~84행. 엘리어트는 이 구절의 이미저리가 부분적으로 Jerome (or Hieronymus) Bosch (c. 1460~1516)파의 한 그림에 의해 그에게 시사되었다고 생각한다. 이 악몽의 구절은 이미 이 시에 나타났거나 언급된 인물, 장면이 포함되어 있다. 전구절(全句節)은 엘리어트가 제1부 23행과 관련시켜 주(註)에 언급했던『전도서』12장을 배경으로 투사되어 있다.

378~79행. **한 여자가‥‥켰다**: 아마 벨라돈나로 생각된다. 혹은『전도서』12장에 나오는 "daughters of music" 중의 하나.

383행. **탑(塔)** : 제3부에 나온 런던탑.

산 속의 이 황폐한 골짜기에서
희미한 달빛 아래 풀들이 노래하고 있다
예배당 주위의 무너진 무덤들 위에서
거기에 있는 건 다만 텅빈 예배당, 바람의 집뿐.
창문도 없고 문은 흔들거린다,
마른 뼈가 사람을 해치지는 못하지.
오직 수탉 한 마리가 용마루 나무 위에서 운다
꼬꼬 리꼬 꼬꼬 리꼬
번쩍하는 번갯불 속에. 그러자 별안간 비를 몰아오는
일진습풍(一陣濕風).

강가江는 바짝 마르고 맥빠진 나무들이
비를 기다렸다, 한편 먹구름이
일었다, 저 멀리 히마봔트산(山)에.
밀림은 쭈그리고 등을 굽혔다, 침묵을 지키며.
그때 천둥이 말했다
다
다타(주라): 우리는 무엇을 주었던가?
벗이여, 내 마음을 흔드는 피
한 시대의 사려분별로도 철회할 수 없는
한 순간에 항복(降伏)하는 무서운 대담(大膽)
이것으로 오직 이것만으로 우리는 존재해 왔다

384행. **종(鐘)**: 제1부에서 아홉 시를 친 성(聖) 메어리 울노쓰교회(敎會)의 종. 그리고 제3부에 나오는 종소리.

386~95행. 위험성당(危險聖堂, Chapel Perilous)에의 접근. 성배전설(聖杯傳說)에 의하면 성배 기사(騎士)는 위험성당에서 공포의 하룻밤을 지내야 한다. 귀신들로 가득 찬 묘지와 성당 안의 사체, 들어오는 자는 누구나 다 죽여 버리는 검은 손-움직이는 초자연적 사악한 힘, 이것은 기사가 다음날에 수행할 성배의 탐색을 성취할 수 있는가 여부를 테스트하는 것이다. 밤새도록 천둥치는 폭풍우가 격노한다.

In this decayed hole among the mountains
In the faint moonlight, the grass is singing
Over the tumbled graves, about the chapel
There is the empty chapel, only the wind's home.
It has no windows, and the door swings,
Dry bones can harm no one.
Only a cock stood on the rooftree
Co co rico co co rico
In a flash of lightning. Then a damp gust
Bringing rain

Ganga was sunken, and the limp leaves
Waited for rain, while the black clouds
Gathered far distant, over Himavant.
The jungle crouched, humped in silence.
Then spoke the thunder
DA
Datta: what have we given?
My friend, blood shaking my heart
The awful daring of a moment's surrender
Which an age of prudence can never retract
By this, and this only, we have existed

388행. **무너진 무덤들**: 실패한 기사들의.

392~93행. 수탉의 울음소리는 일반적으로 마귀를 물리치는 힘을 가진 것으로 믿어지고 있다. 참조. 『햄리트』 I , ii . 158.

396행. **강가**: 인도 갠지스 강.

398행. **히마봔트**: 히말라야 산맥중의 한 봉우리, 「눈이 덮인 산」이란 뜻.

402. 412, 419행. **다타…다야드밤…담야타**: "전능의 교훈, 「수라, 공감하라, 세어하라」. 이 천둥의 의미의 이야기는 『부리하다라니아가-우파니샤드』 5, 1에 있다. 번역은 도이쎈의 『베다의 우파니샤드 六十篇』 P. 489에 나와 있다." (E).

프라자파티(Prajapati)의 3重의 자식들, 즉 신들(gods), 인간들(man), 악마들(demons)이 차례로 아버지에게 그들의 임무를 말해 달라고 하자, 프라자파티는 "다"(Da)란 한 단어로 대답했는데, 셋은

그것은 우리들의 사망광고에도
자비스런 거미가 거미줄 친 회상(回想) 속에서도 찾을 길 없다
혹은 텅빈 방에서 여윈 변호사가 개봉하는
유언장에도 없다.
다
다야드밤 (공감하라): 나는 일찌기 한 번
꼭 한 번 도어를 잠그는 열쇠 소리를 들었다
우리는 열쇠를 생각한다, 각자의 감방(監房)에서
열쇠를 생각함으로써 각자 감방임을 확인한다
다만 해가 질 때 천상의 풍문이
잠시 몰락한 코리올라누스를 회상시킨다—
다
담야타 (제어(制御)하라): 보트는 경쾌히
응했다, 돛과 노에 숙련한 사람의 손에
바다는 잔잔했다, 당신의 마음도 경쾌히
응했으리라, 초청받았을 때, 제어하는 손에 순종하여
침로(針路)를 바꾸면서
나는 해안(海岸)에 앉아
낚시질했다, 등 뒤에 메마른 벌판을 두고.
적어도 내 땅만이라도 정돈해 볼까?

각자 그것을 달리 해석한다. 신들은: "알겠습니다. 욕망(desire)을 억제하라고 말씀하셨습니다." 인간은: "주라고 말씀하셨습니다." 악마는: "동정하라고 말씀하셨습니다." 그리고 각각에게, 프라자파티는 대답했다. "옴(Om=yes)! 너는 완전히 체득했다" 즉 신들은 da를 "damyata"(제어하라)의 뜻으로, 인간들은 "datta"(주라, give alms)의 뜻으로, 악마들은 "dayadhvam"(sympathize, be compassionate)의 뜻으로 풀이했다.

408~10행. **자비스런 거미**‥‥; 참조. 웹스터 『백귀(百鬼)』 V. vi. 156—8: "그들(마누라들)은 재혼하리라, 벌레가 너희들의 수의를 뚫기도 전에, 거미가 너희들의 비명(碑銘)에 엷은 그물을 치기도 전에." (E)

412~13행. **나는‥‥들었다**: 참조. 『지옥편』 XXXⅢ, 46: "그리고 나는 들었다, 밑에서 무서운 탑의 도어가 닫혀지는 것" (E)

이 말은 자기 도시에 대한 반역죄로 지옥의 최하권(最下圈)에 떨어진 우골리노백작이 단테에게 한

Which is not to be found in our obituaries
Or in memories draped by the beneficent spider
Or under seals broken by the lean solicitor
In our empty rooms
DA
Dayadhvam: I have heard the key
Turn in the door once and turn once only
We think of the key, each in his prison
Thinking of the key, each confirms a prison
Only at nightfall, aethcrial rumours
Revive for a moment a broken Coriolanus
DA
Damyata: The boat responded
Gaily, to the hand expert with sail and oar
The sea was calm, your heart would have responded
Gaily, when invited, beating obedient
To controlling hands
I sat upon the shore
Fishing, with the arid plain behind me
Shall I at least set my lands in order?

말. 어느 날 밤 예언적 꿈을 꾼 뒤, 새벽에 잠을 깨어 그는 그와 그의 아들을 가둔 탑 도어가 닫히는 것을 듣는다(굶어죽도록 열쇠는 아르노 강 속에 내던져지고). 엘리어트는 이것을 F. B. 브래들리가 표현한 인간고립의 실재와 관련시킨다. “나의 외적 감각은 나의 생각이나 또는 나의 감정에 못지않게 나 자신에게 사적(私的)이다. 어느 경우나 나의 경험은 나 자신의 원(圓), 외계에 닫혀 진 원 속에서 체험된다. 그리고 모든 요소가 똑같음에도 불구하고 모든 권(圈)은 그것을 둘러싼 다른 권들에게 불투명하다. 요컨대, 정신에 나타나는 한 존재로 간주되므로, 全세계(世界)는 각자에게 있어 그 정신에게만 특이한 것이며, 사적이다.” (E).

417행, **코리올라누스**: 이기주의와 프라이드 때문에 자신을 망친 로마 장군, 그도 우골리노 백작처럼 자기 도시의 반역자.

420행. T.S. 엘리어트는 젊었을 때 yachting의 능숙하고 열렬한 아마추어였다. 이 전기적(傳記的) 사실은 그가 쓰기 좋아하는 바다 imagery와 관계가 없지 않다.

425행. 참조. 웨스튼: 『풍요제의(豊饒祭儀)로부터 기사이야기로』의 어부왕(漁夫王)에 관한 장(章). (E). pp. 113~136. 주인공은 비록 황무지를 벗어나지 못했어도 적어도 황무지는 앞에 있는 것이 아니라 뒤에 있다.

런던 브리지가 무너진다 무너진다
그리곤 그는 정화(淨化)하는 불길 속으로 뛰어들었다.
언제 나는 제비가 될 것인가—오 제비, 제비여
폐탑(廢塔) 속의 아끼뗀느 왕자
이 단편들로 나는 나의 붕괴를 지탱해 왔다
그럼 그렇게 해드리죠 히에로니모가 또 미쳤군.
다타. 다야드밤. 담야타.

샨티 샨티 샨티

427~30행. 모두 재건(再建). 정화(淨化), 희망, 위안(慰安)의 내용이다.
427행. 런던 브리지가 무너진다: 널리 알려진 영국 민요. 런던 브리지가 무너지니 철봉으로 다시 세우자는 재건의 내용.

1. London Bridge is falling down,
   Falling down, Falling down.
   London Bridge is falling down,
   My Fair Lady.
2. Build it up with iron bars.
   iron bars. iron bars.
   Build it up with iron bars.
   My Fair Lady.

428행. **그리곤 정화(淨化)하는 불길 속으로 뛰어들었다**: 참조. 단테 『연옥편(煉獄篇)』 X X VI, 148.
"『이 층계 꼭대기까지 그대를 데려다 준
저 권능을 믿고 나 이제 그대에게 청하노니
때때로 내 고통을 기억해다오.』
그리곤 정화(淨化)하는 불길 속으로 뛰어들었다. (E).
연옥에서 단테는 육욕(肉慾)에 탐닉(耽溺)했던 자들과 만난다. 그들 중에는 천국(天國)에 들어가기 위해 자진하여 고통을 받으려는 프로방스 시인 아르노 다니엘이 있었다.
429행. **언제 나는…될 것인가**: 참조. 제2 및 3부에 나오는 필로멜라. (E). A.D. 2, 3세기경의 작자미상의 라틴詩 『비너스의 철야제(徹夜祭)』로부터의 인용. 정열적 연애의 가장 완전한 표현인 사랑과 봄에의 찬가. 이 시에선 비너스의 밤에 온 자연이 즐거워하고, 나이팅게일까지도, 마치 그 몸서리치는 기억을 잊은 듯 노래한다—시인을 빼놓고는. 그러나 그도 사랑할 수 있을 것이라는 희망으로 끝난다. 모든 생물이 부르는 이 시의 후렴은:
"사랑 안했던 사람도 사랑했던 사람도 내일은 사랑할 것을."
430행. **폐탑(廢塔)…왕자**: 프랑스 시인 제라르 드 네르발(1808~55)의 소네트 "폐적자(廢嫡者)"에서 인용. (E). 시인은 자신을 남불(南佛)의 중세 아끼뗀느 왕국의 몰락한 자손으로 간주하고 있다: "

London Bridge is falling down falling down falling down
Poi s'ascose nel foco che gli affina
Quando fiam ceu chelidon—O swallow swallow
Le Prince d'Aquitaine à la tour abolie
These fragments I have shored against my ruins
Why then Ile fit you. Hieronymo's mad againe.
Datta. Dayadhvam. Damyata.

Shantih shantih shantih

나는 탑 속의 아끼뗀느 왕자," 그리고 위로를 기원한다. 주인공은 그의 전통을 회복하고 재건하려고 결심하고 있다.

폐적자(廢嫡者)
나는 음울한 사람 —홀애비—위안(慰安)없는 자,
폐탑(廢塔) 속의 아끼뗀느 왕자:
내 유일한 별은 죽었다—별들이 박혀 있는 내 비파엔
우울(憂鬱)의 검은 태양이 새겨져 있다.

무덤의 한 밤중에, 나를 위로해 준 너,
내게 돌려다오 뽀질리쁘의 언덕과 이태리의 바다.
상처 난 내 마음을 기쁘게 해주던 꽃
그리고 포도가지가 장미와 맺힌 포도시렁을.

나는 사랑의 신인가 태양신인가 뤼지냥인가 비론公인가?
내 이마는 아직도 여왕의 입맞춤으로 붉으스름하다;
나는 꿈꾸었다, 인어가 헤엄치는 동굴 속에서…

그래서 나는 두 번 정복자처럼 지옥의 강을 건넜다.
올훼우스의 칠현금(七絃琴)에 차례차례 성녀의
한숨과 요정의 훌쩍울음을 켜면서.

431행. **이 단편(斷片)들**: 이상의 재생(再生), 재건(再建), 희망 등의 인용문들.
432행. **그럼 그렇게 해드리죠**: 토머스 키드 『스페인 비극』 Ⅳ. 1. 67. 히에로니모는 햄리트처럼, 살인의 진상을 알아내기 위해 대답한다: "그럼 그렇게 해드리죠." 그리고 그가 젊은 시절 결실이 없는 시에 열중했을 때 쓴 비극이 있다고 말한다. 이 극은 이 시의 마지막처럼 여러 외국어, 즉 라틴어, 그리스어, 이탈리아어, 불어 등으로 쓰여 있다. 실제, 그의 시는 결실을 맺는다. 마치 시인(엘리어트)이 방금 인용한 단편들이 그의 진상(truth)의 모색에 결실을 맺듯이, 비록 다른 사람들에겐 미친 것으로 보이겠지만, 『히에로니모가 또 미쳤어.』는 『스페인 비극』의 부제(副題).
434행. **샨티…샨티**: "여기 반복된 바와 같이 우파니샤드에서도 형식적 결어(結語)로 쓰여 있다. 『이해를 초월한 평화』가 이 말에 대한 우리의 (영어의) 상당어(相當語)이다." (E)

W. H. DAVIES

1871~1940

안일(安逸)

이 삶은 무엇인가 만일, 근심에 가득차,
우리가 서서 바라볼 시간(時間)이 없다면,

나뭇가지 아래 서서 羊이나 소만큼
오래도록 바라볼 시간(時間)이 없다면.

숲을 지나갈 때 다람쥐가 도토리를
풀 속에 숨겨 두는 곳을 볼 시간(時間)이 없다면.

훤한 대낮에, 밤하늘처럼
별들이 총총한 시냇물을 볼 시간(時間)이 없다면.

미녀(美女)의 시선(視線)을 돌아보고
어떻게 발이 춤출 수 있는지 바라볼 시간(時間)이 없다면.

그녀의 입이, 그녀의 눈이 시작했던
그 미소(微笑)를 풍부히 할 수 있을 때까지 기다릴 시간(時間)이 없다면.

가엾어라 이런 삶은, 만일, 근심에 가득차,
우리가 서서 바라볼 시간(時間)이 없다면.

LEISURE

What is this life if, full of care,
We have no time to stand and stare

No time to stand beneath the boughs,
And stare as long as sheep and cows:

No time to see, when woods we pass,
Where squirrels hide their nuts in grass:

No time to see, in broad daylight,
Streams full of stars, like skies at night:

No time to turn at Beauty's glance,
And watch her feet, how they can dance:

No time to wait till her mouth can
Enrich that smile her eyes began?

A poor life this if, full of care,
We have no time to stand and stare.

모 범

여기 한 모범이 있다,
　　거칠고 단단한 바위에
행복히 앉아 있는
　　나비에서 따온;
친구도 없이 단 혼자서
이 감미롭지 못한 돌 위에,

자 내 베드를 단단히 하자,
　　아무 걱정도 나는 안한다;
나는 내 기쁨을 만들련다
　　작은 나비처럼,
행복한 마음이 돌을 꽃으로
만드는 힘을 가진 나비처럼.

THE EXAMPLE

Here's an example from
　　A Butterfly;
That on a rough, hard rock
　　Happy can lie;
Friendless and all alone
On this unsweetened stone.

Now let my bed be hard
　　No care take I;
I'll make my joy like this
　　Small Butterfly;
Whose happy heart has power
To make a stone a flower.

ROBERT GRAVES

1895~1985

도 어

그녀가 별안간 방안으로 들어왔을 적에
마치 도어가 결코 다시는 닫히지 않을 것만 같았다,
또한 그녀도 도어를 닫지 않았다—그녀, 그녀도—
방은 열려진 채로 있었다 방문(訪問)해 오는 바다에,
어떠한 도어도 막을 수 없을 바다에.

그러나 마침내 그녀가 미소(微笑)지으며, 고개를 갸우뚱하며
내게서 떠나려 할 때,
그녀가 미소(微笑) 지었던 곳에, 그 대신
한없이 닫히는 검은 도어가 있었다,
파도는 물러나 있었다.

THE DOOR

When she came suddenly in
It seemed the door could never close again,
Nor even did she close it—she, she—
The room lay open to a visiting sea
That no door could restrain.

Yet when at last she smiled, tilting her head
To take her leave of me,
Where she had smiled, instead
There was a dark door closing endlessly,
The waves receded.

부서진 이미지들로

그는 빠르다, 선명한 이미지들로 생각하니까;
나는 느리다, 부서진 이미지들로 생각하니까.

그는 둔하게 된다, 선명한 이미지들에 의지하니까;
나는 날카롭게 된다, 부서진 이미지들을 불신하니까.

그의 이미지들을 믿기에, 이미지들의 타당성을 당연히 여긴다;
나의 이미지들을 믿지 않기에, 내 이미지들의 타당성을 의심한다.

이미지들의 타당성을 당연히 여기기에, 그는 사실을 당연히 여긴다;
이미지들의 타당성을 의심하기에, 나는 사실을 의심한다.

사실이 그를 실패케 할 때, 그는 그의 감각을 의심한다;
사실이 나를 실패케 할 때, 나는 나의 감각을 옳다고 인정한다.

그는 그의 선명한 이미지들로 계속 빠르고 둔하다;
나는 나의 부서진 이미지들로 계속 느리고 날카롭다.

그는 그의 이해의 새로운 혼란 속에 있고;
나는 나의 혼란의 새로운 이해 속에 있다.

IN BROKEN IMAGES

He is quick, thinking in clear images;
I am slow, thinking in broken images.

He becomes dull, trusting to his clear images;
I become sharp, mistrusting my broken images,

Trusting his images, he assumes their relevance;
Mistrusting my images, I question their relevance.

Assuming their relevance, he assumes the fact,
Questioning their relevance, I question the fact.

When the fact fails him, he questions his senses;
When the fact fails me, I approve my senses.

He continues quick and dull in his clear images;
I continue slow and sharp in my broken images.

He in a new confusion of his understanding;
I in a new understanding of my confusion.

C. DAY LEWIS

1904~1972

자, 나와 함께 살며 내 애인(愛人)이 되어라

자, 나와 함께 살며 내 애인(愛人)이 되어라,[1]
우리 평화(平和)와 풍요, 잠자리와 식사의
온갖 쾌락을 시험해 보자
우연한 취직이 제공해 줄.

나는 부두에서 진미(珍味)를 다룰 것이고
당신은 여름 드레스 기사를 읽으리라;
저녁이면 음산한 운하(運河)가에서
우리는 연가(戀歌)를 듣기를 바라리라.

당신의 처녀(處女) 이마에 깃든 근심이
주름살의 화환(花環)을 씌울 것이고, 당신의 발은
고통을 신으리라: 실크 드레스가 아니라
고역(苦役)이 당신의 사랑스러움을 지치게 하리라.

굶주림이 당신의 정조대(貞操帶)가 되어
다정한 죽음한테서 뼈만 빼놓고 모든 것을 빼앗으리라.
혹시 이런 기쁨들이 당신의 마음에 든다면,
그럼 나와 함께 살며 내 애인(愛人)이 되어라.

---

1 Christopher Marlowe(1564—93)의 "The Passionate Shepherd to His Love"의 parody.

COME, LIVE WITH ME AND BE MY LOVE

Come, live with me and be my love,
And we will all the pleasures prove
Of peace and plenty, bed and board,
That chance employment may afford.

I'll handle dainties on the docks
And thou shalt read of summer frocks:
At evening by the sour canals
We'll hope to hear some madrigals.

Care on thy maiden brow shall put
A wreath of wrinkles, and thy foot
Be shod with pain: not silken dress
But toil shall tire thy loveliness.

Hunger shall make thy modest zone
And cheat fond death of all but bone—
If these delights thy mind may move,
Then live with me and be my love.

앨 범

나는 본다 당신을, 봉오리와
놀이시간(時間)을 위해 가리워진 정원(庭園)에 있는 애를,
마치 당신의 나이와 꽃피는 오월(五月) 너머로
공상(空想)에 속은 듯 귀를 기울이고 있는.
인쇄(印刷)가 퇴색되어 있다: 이윽고
저 매혹적 포즈의 흔적 하나 없으리라,
"기다려 날 기다려"
멀리서 부르는 내 목소리의 눈에 띄는 메아리 하나 없으리라.

그 다음 나는 페이지를 넘긴다
물가에 탐색하는 불꽃처럼 서 있는
소녀(少女)로, 모든 거울에
마음의 욕망이 무엇인지 말해 달라고 청하는 나이의.
그녀가 그 신탁(神託)의 물결에서 발견하는 대답을
오로지 시간만이 확인하거나 부인할 수 있으리라,
그러나 나는 거기서 과감히 경고를 주고 싶다, "사랑이란
당신이 꿈꾸는 것이 아니다"라고

다음에 당신은 나타난다
마치 야성적(野性的) 행복(幸福)이 당신에게 화관(花冠)을 씌운 듯—
구애받고, 애무받아, 당신은 입고 있다,
여신들처럼, 주위에 연인들과 친구들을.
"그들은 당신보다 오래 가지 못하리라, 비가 오든 볕이 나든,
그들은 단지 밀짚과 그림자에 지나지 않아,"
나는 외친다: 저 매력적인 불량배들에게 주지 말라

THE ALBUM

I see you, a child
In a garden sheltered for buds and playtime,
Listening as if beguiled
By a fancy beyond your years and the flowering maytime.
The print is faded: soon there will be
No trace of that pose enthralling,
Nor visible echo of my voice distantly calling
'Wait! Wait for me!'

Then I turn the page
To a girl who stands like a questioning iris
By the waterside, at an age
That asks every mirror to tell what the heart's desire is.
The answer she finds in that oracle stream
Only time could affirm or disprove,
Yet I wish I was there to venture a warning, 'Love
Is not what you dream.'

Next, you appear
As if garlands of wild felicity crowned you —
Courted, caressed, you wear
Like immortelles the lovers and friends around you.
'They will not last you, rain or shine,
They are but straws and shadows,'
I cry: 'Give not to those charming desperadoes

내것으로 만들어진 것을,"

사진(寫眞) 한 장이 빠져 있다—
최후의 것이. 그것은 보여주리라 혹심한 질풍으로
발가벗겨진 나무, 그처럼 아름다움을 약속했던 그녀의
놀라운 정오의 꽃이 망쳐진 모습을.
그러나 당신의 한창때에 찍은 그 장면들을 자세히 보며,
나는 몸서리친다, 마치 수정(水晶) 안에서 그가 결코 비끼게
할 수 없는 파멸을 보아야만 하는 사람처럼—그렇다, 나도 역시
열매 없이 전율(戰慄)했다.

나는 앨범 책을 닫는다;
그러나 과거는 그 책장으로부터 미끄러져 나와 내게 출몰한다
그리고 마치 내가 볼 때는 언제라도,
돌이킬 수 없는 행복의 유령들이 나를 조롱하는 듯하다.
그 다음에 나는 본다 그녀를, 새로 핀 시간에 꽃잎이 핀 그녀를
내곁에—; "거기 당신이 가장 사랑하는 전부(全部)가
다시 꽃피었어요," 그녀는 중얼거린다, "거기서 놓친 전부(全部)가
자라서 당신의 것이 되었어요."

What was made to be mine.'

One picture is missing —
The last. It would show me a tree stripped bare
By intemperate gales, her amazing
Noonday of blossom spoilt which promised so fair.
Yet scanning those scenes at your heyday taken,
I tremble, as one who must view
In the crystal a doom he could never deflect— yes, I too
Am fruitlessly shaken.

I close the book;
But the past slides out its leaves to haunt me
And it seems, whenever I look,
Phantoms of irreclaimable happiness taunt me.
Then I see her, petalled in new blown hours,
Beside me — "All you love most there
Has blossomed again," she murmurs, "all that you missed there
Has grown to be yours."

W.H. AUDEN

1907~1973

기원(祈願)

아무의 적(敵)도 아닌, 의지(意志) 그것의 음성적 도착(倒錯)을
빼놓고는 모든 것을 용서하시는 선생님[1]이여, 아낌없이 주소서:
우리에게 주소서 힘과 빛을, 견딜 수 없는 신경의 가려움,
이유(離乳)의 피로(疲勞), 거짓말쟁이의 후두염,
그리고 비틀어진 안으로 뻗은 처녀성을
치료할 왕의 손길[2]을.
판에 박힌 반응은 엄히 금하시고,
점차로 비겁자의 자세를 고쳐주소서;
퇴각하는 자들을 적시(適時)에 조명(照明)하소서
그러면 발각되어 그들은 돌아섭니다 비록 많은 후퇴를 했을지라도;
도시에나 차도(車道) 끝에 있는 시골집에
사는 모든 치유자들을 공표하소서;
사자(死者)들의 집을 정복(征服)하소서: 빛나는 얼굴로 보소서
새로운 건축양식, 마을의 변화를.

---

1 "Father" 대신 "Sir"를 썼다.

2 연주창 환자를 치료한다고 생각되었던 왕의 손길(King's touch).

PETITION

Sir, no man's enemy, forgiving all
But will his negative inversion, be prodigal:
Send to us power and light, a sovereign touch
Curing the intolerable neural itch,
The exhaustion of weaning, the liar's quinsy,
And the distortions of ingrown virginity.
Prohibit sharply the rehearsed response
And gradually correct the coward's stance;
Cover in time with beams those in retreat
That, spotted, they turn though the reverse were great;
Publish each healer that in city lives
Or country houses at the end of drives;
Harrow the house of the dead; look shining at
New styles of architecture, a change of heart.

보라, 길손이여 !

보라, 길손이여, 조약하는 빛이 지금
그대 기쁘게 드러내 주는 이 섬을.
여기 가만히 서서
말없이 있으라
그래서 귀의 채널을 통해
바다의 흔들리는 소리가
강물처럼 떠돌아 들어오도록.

여기 작은 들판 끝에 정지하라,
백악(白堊) 절벽이 물거품 속으로 떨어지고, 높은 암붕(巖棚)이
조수(潮水)의 흡인(吸引)과
타격을 물리치고,
또 조약돌이 빨아들이키는
밀물 뒤로 딸려가고, 그리고 갈매기 잠시
가파른 파도 위에 머물 때.

저 머얼리 떠도는 씨앗처럼 배들이
긴급한 자발적인 일들로 헤어져 간다;
그리고 이 전경(全景)이
정말 기억(記憶) 속에 들어가
움직이리라, 마치 항구 거울을 지나가는
그리고 여름 내내 물속을 헤매는
이 구름들이 움직이고 있듯이,

LOOK, STRANGER

Look, stranger, on this island now
The leaping light for your delight discovers,
Stand stable here
And silent be,
That through the channels of the ear
May wander like a river
The swaying sound of the sea.

Here at a small field's ending pause
Where the chalk wall falls to the foam and its tall ledges
Oppose the pluck
And knock of the tide,
And the shingle scrambles after the suck-
ing surf, and a gull lodges
A moment on its sheer side.

Far off like floating seeds the ships
Diverge on urgent voluntary errands,
And this full view
Indeed may enter
And move in memory as now these clouds do,
That pass the harbour mirror
And all the summer through the water saunter.

미술진열관(美術陳列館)

고통(苦痛)을 표현(表現)함에 그들은 결코 틀림이 없었다,
옛 대가(大家)들[1]은: 얼마나 잘 그들은 인간에게 있어서의 고통의 위치를
이해했던가; 다른 사람이 먹고 있거나 창문을 열거나 혹은
지루하게 걷고 있는 동안 어떻게 고통이 일어나는가를;
노인들이 경건히. 열렬히 기적적 탄생을 기다리고 있을 때
숲가의 연못에서 스케이트 타며
특히 그것이 일어나길 원치 않는
아이들이 어찌 항상 있어야 하는가를:
그들은 결코 잊지 않았다
두려운 순교(殉敎)까지도 어쨌든 한 모퉁이에서,
개들이 비참한 생활을 해 나가고 고문자(拷問者)의 말이
천진난만한 궁둥이를 나무에 긁어대는
어느 깨끗지 못한 장소에서 진행되어야 함을[2].

예(例)를 들면, 브뤼겔[3]의 이카루스[4]에서: 어쩌면 그렇게 모든 것이
그 재난(災難)으로부터 아주 유유히 외면하고 있는가; 농부(農夫)는
아마 철벙소리를, 버림받은 고함소리를 들었으리라,
그러나 그에겐 그게 중요한 실패가 아니었다; 태양은
평상시처럼 녹색 바다 속으로 사라져가는 두 하얀 다리 위에
비쳤다; 그리고 놀라운 무엇, 하늘에서 떨어지는
소년을 보았음에 틀림없는 호화선은
가야 할 곳이 있어 고요히 계속 항해(航海)해 갔다.

---

1 13~18세기 사이의 대화가(大畫家)들.
2 아마 Brüghel의 "The Massacre of the Innocents"에서
3 Pieter Brüghel (1525?—69) 네덜란드 화가.
4 브뤼셀 박물관에 있음.

MUSÉE DES BEAUX ARTS

About suffering they were never wrong,
The Old Masters; how well, they understood
Its human position; how it takes place
While someone else is eating or opening a window or just walking dully along;
How, when the aged are reverently, passionately waiting
For the miraculous birth, there always must be
Children who did not specially want it to happen, skating
On a pond at the edge of the wood:
They never forgot
That even the dreadful martyrdom must run its course
Anyhow in a corner, some untidy spot
Where the dogs go on with their doggy life and the torturer's horse
Scratches its innocent behind on a tree.

In Breughel's *Icarus*, for instance: how everything turns away
Quite leisurely from the disaster; the ploughman may
Have heard the splash, the forsaken cry,
But for him it was not an important failure; the sun shone
As it had to on the white legs disappearing into the green
Water; and the expensive delicate ship that must have seen
Something amazing, a boy falling out of the sky,
had somewhere to get to and sailed calmly on.

자 장 가

그대의 잠자는 머리를 놓아라, 내 사랑이여,
인간(人間)답게 성실(誠實)치 못한 내 팔에다:
시간(時間)과 열병(熱病)은 불태운다
생각 깊은 아이들로부터
개인(個人)의 미(美)를, 그리고 무덤은
어린애가 하루살이임을 입증(立證)한다
허나 내 품안에 눕게 해다오,
동이 틀 때까지
죽음을 면치 못하는, 죄 있는, 그러나 내겐
더없이 아름다운 살아있는 여인(女人)을.

영혼과 육체는 경계가 없다.
그녀의 너그러운 매혹적인 비탈에
흔히 기절한 채
누운 연인들에겐
엄숙하다 비너스 여신이 보내는
초자연적 공감,
우주적 사랑과 희망의 환상은;
반면 추상적 직관(直觀)은 잠깨운다
빙하와 바위들 사이의
은둔자의 관능적 황홀을.

확신, 정절(挺節)은
한밤을 알리는 종소리에 사라진다[1]
종의 진동처럼,
그리고 유행적인 광인(狂人)들[2]은 지른다

---

1 신데렐라 이야기에서 한밤을 알리는 종소리처럼.
2 사랑 없는 도덕주의자들과 다른 불행의 예언자들.

LULLABY

Lay your sleeping head, my love,
Human on my faithless arm;
Time and fevers burn away
Individual beauty from
Thoughtful children, and the grave
Proves the child ephemeral:
But in my arms till break of day
Let the living creature lie,
Mortal, guilty, but to me
The entirely beautiful.

Soul and body have no bounds:
To lovers as they lie upon
Her tolerant enchanted slope
In their ordinary swoon,
Grave the vision Venus sends
Of supernatural sympathy,
Universal love and hope;
While an abstract insight wakes
Among the glaciers and the rocks
The hermit's carnal ecstasy.

Certainty, fidelity
On the stroke of midnight pass
Like vibrations of a bell
And fashionable madmen raise

현학적인 지루한 고함소리를;
대가(代價)의 한푼한푼 전부가,
모든 두려운 카아드는 예언한다,
지불되어야 한다고, 그러나 이밤부털랑
속삭임 하나, 생각 하나,
키스 하나. 표정(表情) 하나도 잃어서는 안 된다.

미(美), 한밤, 환상은 죽는다:
그대의 꿈꾸는 머리 주위에 부드러이
부는 새벽바람이
눈과 고동치는 심장이 축복할 수 있는
그런 아름다운 날을 보여 주기를,
인간의 세계가 충분함을 발견토록 해주기를;
메마른 정오(正午)는 그대가
비자발적 세력에 의해 먹히는 것을 보며,
굴욕의 밤들은 그대를 지나게 한다
모든 인간적 사랑의 시선을 받으며.

Their pedantic boring cry:
Every farthing of the cost,
All the dreaded cards foretell,
Shall be paid, but from this night
Not a whisper, not a thought,
Not a kiss nor look be lost.

Beauty, midnight, vision dies:
Let the winds of dawn that blow
Softly round your dreaming head
Such a day of welcome show
Eye and knocking heart may bless,
Find our mortal world enough;
Noons of dryness find you fed
By the involuntary powers,
Nights of insult let you pass
Watched by every human love.

무명 시민(無名 市民)

JS/07/M/378[1]이 대리석 기념비는 국가가 건립한 것이다.

그는 통계국에 의해 그에 대해
당국의 불평이 전혀 없는 사람으로 판명되었다,
그리고 그의 행위에 관한 모든 보고는 일치한다,
낡은 단어의 현대적 의미에서 그가 성인(聖人)이었다는 점에,
왜냐하면 그가 한 모든 일에서 그가 대공동사회(大共同社會)에 봉사했으니까.
전쟁 때를 빼놓고 은퇴했던 날까지
공장에서 일했으며, 한번도 해고당한 적 없이,
파지 자동차회사의 고용주들을 만족시켰었다.
그러나 그는 비(非)노동조합원도 아니고 이상한 견해도 갖지 않았다,
왜냐하면 그의 조합은 그가 회비(會費)를 내었다고 보고했고,
(그의 조합에 관한 우리 보고서가 그것이 올바름을 보여 준다)
그리고 우리 사회심리학 연구원들은
그가 동료간에 인기가 있고 술을 좋아했음을 발견했다.
신문사는 그가 매일 신문을 샀고
광고에 대한 그의 반응이 모든 면에서 정상적임을 확신한다.
그의 명의로 든 보험증권은 그가 피보험자임을 입증해 주고,
그의 보건증은 그가 한번 입원한 일 있으나 치료받고 퇴원했음을 보여준다.
생산성 연구와 고급생활은 선언한다
그가 월부의 편리에 아주 민감하고
현대인에게 필요한 전부(全部)를
축음기, 라디오, 자동차, 냉장고를 갖고 있다고.
우리 여론조사들은 흡족해 한다
그가 시사에 관해 올바른 의견을 갖고 있음에;
평화시(平和時)에 그는 평화를 지지했고; 전시(戰時)엔 출전(出戰)했다.
그는 결혼하여 인구(人口)에 다섯 애들을 첨가했다,
우리 우생학자는 그것이 그의 세대(世代)의 아버지에겐 알맞은 숫자였다고 말한다.
그리고 우리 선생님들은 그가 그들의 교육에 한번도 간섭하지 않았다고 보고(報告)한다.

그는 자유로웠던가? 그는 행복(幸福)했던가? 그런 질문(質問)은 당치도 않다:
뭔가 잘못된 데가 있었더라면, 우리는 어김없이 보고받았을 테니까.

---

1 어느 시민의 주민등록번호.

THE UNKNOWN CITIZEN

(To JS/07 M 378 This Marble Monument Is Erected by the State)

He was found by the Bureau of Statistics to be
One against whom there was no official complaint,
And all the reports on his conduct agree
That, in the modern sense of an old-fashioned word, he was a saint,
For in everything he did he served the Greater Community.
Except for the War till the day he retired
He worked in a factory and never got fired,
But satisfied his employers, Fudge Motors Inc.
Yet he wasn't a scab or odd in his views,
For his Union reports that he paid his dues,
(Our report on his Union shows it was sound)
And our Social Psychology workers found
That he was popular with his mates and liked a drink.
The Press are convinced that he bought a paper every day
And that his reactions to advertisements were normal in every way.
Policies taken out in his name prove that he was fully insured,
And his Health-card shows he was once in hospital but left it cured.
Both Producers Research and High-Grade Living declare
He was fully sensible to the advantages of the Instalment Plan
And had everything necessary to the Modern Man,
A phonograph, a radio, a car and a frigidaire.
Our researchers into Public Opinion are content
That he held the proper opinions for the time of year;
When there was peace, he was for peace: when there was war, he went.
He was married and added five children to the population,
Which our Eugenist says was the right number for a parent of his generation.
And our teachers report that he never interfered with their education.

Was he free? Was he happy? The question is absurd:
Had anything been wrong, we should certainly have heard.

모델

일반적으로 말하면, 손금이나 필적(筆跡)이나 얼굴을 읽는 것은
번역의 직업이다, 그 이유는 그 친절한
신사가 흔히
색마(色魔)고, 찌푸리는 여 학생은 어쩌면
머물러 달라고 청(請)해 주길 죽도록 원하기에;
그러나 이 늙은 귀부인의 몸은 정확히 그녀의 마음을 가리킨다.

로르샤흐나 비네[1]도 그녀가 살아 있고 건강하다는
명백한 사실에서 바보가 볼 수 있는 것 이상(以上)을 첨가하지 못한다;
왜냐하면 사람이 여든살 먹었을 때는
티끌만한 탐욕도
정말이지 사람을 병들게 하고,
털끝만한 절망도 곧 치명적이므로:

한때 타운 사람들이 그녀의 구두로 거품 이는 술을 마셨든 혹은
그녀가 교회(教會) 서어클에서 명성높았던
여(女)가정교사였든, 그녀의
남편이 그녀 신세를 망쳐 놓았든, 혹은 그녀가 아들을 잃었든
이 나이쯤이면 모두 매한가지다.
그녀는 자기 본성(本性)을 넘어 살았다; 그녀는 용서했고, 그녀는
생성(生成)되었다.

그러니 화가는 제멋대로 그려도 좋다: 그녀에게 영국공원을,
중국의 벼논을 혹은 빈민공동주택을 주어 보라,
하늘을 밝게 혹은 어둡게 해보라
그녀 뒤에 녹색 플라쉬나 빨간 벽돌벽을 그려라.
그녀는 이 모든 것을 구성(構成)하리라,
눈을 이것들의 근본적 요소에 집중시킴으로써.

1 둘 다 심리실험의 고안자(考案者)들.

THE MODEL

Generally, reading palms or handwriting or faces
Is a job of translation, since the kind
Gentleman often is
A seducer, the frowning schoolgirl may
Be dying to be asked to stay;
But the body of this old lady exactly indicates her mind;

Rorschach or Binet could not add to what a fool can see
From the plain fact that she is alive and well;
For when one is eighty
Even a teeny-weeny bit of greed
Makes one very ill indeed
And a touch of despair is instantaneously fatal:

Whether the town once drank bubbly out of her shoes
or whether
She was a governess with a good name
In church circles, if her
Husband spoiled her or if she lost her son,
Is by this time all one.
She survived her true condition; she forgave;
she became.

So the painter may please himself; give her an
English park,
Rice-fields in china, or a slum tenement;
Make the sky light or dark;
Put green plush behind her or a red brick wall.
She will compose them all,
Centring the eye on their essential human element.

소학생(小學生)들

여기에 있는 자는 모두 포로(捕虜)의 몸; 감방이 실제(實際)같다:
그러나 이 포로들은, 격분(激憤)하거나 고민으로 수척해지거나
혹은 재치있게 단념해 버리거나 모든 것이 없어졌으면
하고 원하는, 우리가 알고 있는 그런 사람들이 아니다.

왜냐하면 그들이 이의를 제기하는 일은 너무나 적고, 개의 벙어리놀이,
핥고 달리는 것에 너무나도 거의 만족하고 있기에;
사랑의 철책이 너무 강(强)하고, 그들의 음모는
술주정군들의 맹서처럼 약(弱)하다.

정말이지 그들의 이상함은 차마 보기에도 역겹다;
사형수는 환상의 현혹시키는 천사(天使)들만 본다는데;
그늘의 미소(微笑) 뒤에는 거의 아무런 노력(努力)도 없다,
천직(天職)의 짐승은 두려워한다.

그러나 그들을 잘 보라. 오 우리의 크기와 타이밍에다
그 거의 중성적(中性的)인 것, 약간 거북스런 완벽을 비교해 보라;
왜냐하면 섹스가 거기 있고. 끊어진 구두끈이 끊어져 있고,
교사의 꿈이 참되지 않기에,

그러나 억압(抑壓)은 매우 쉽다. 분수반(噴水盤)에 갈겨 쓴
욕지거리, 그게 반역의 전부(全部)란 말인가?
모퉁이에서 흘린 폭우(暴雨) 같은 눈물, 이것이
새 생명(生命)의 씨란 말인가?

SCHOOLCHILDREN

Here are all the captivities; the cells are as real:
but these are unlike the prisoners we know
who are outraged or pining or wittily resigned
or just wish all away.

For they dissent so little, so nearly content
with the dumb play of dogs, the licking and rushing;
the bars of love are so strong, their conspiracies
weak like the vows of drunkards.

Indeed, the strangeness is difficult to watch:
the condemned see only the fallacious angels of a vision,
so little effort lies behind their smiling,
the beast of vocation is afraid.

But watch them, set against our size and timing
their almost neuter, their slightly awkward perfection;
for the sex is there, the broken bootlace is broken:
the professor's dream is not true.

Yet the tyranny is so easy. The improper word
scribbled upon a fountain, is that all the rebellion?
A storm of tears shed in a corner, are these
the seeds of the new life?

W. B. 예이츠를 추모(追慕)하며
(1939년 1월 사망(死亡))

1

그는 한겨울에 사라졌다[1];
시냇물은 얼어붙고 공항(空港)은 거의 인적이 끊기고
눈이 유명한 조상(彫像)들을 흉하게 했다;
수은주(水銀柱)는 내려갔다 죽어가는 날의 입 속에서.
오 모든 계기(計器)들이 동의(同意)한다
그의 사망일이 어둡고 추운 날이었음을.

그의 병환(病患)과는 아랑곳없이
이리들은 상록(常綠)의 삼림(森林) 속을 계속 달렸고
시골의 강은 변화한 부두(埠頭)의 유혹을 받지 않았다;
조사(弔詞)가 시인(詩人)의 죽음과 그의 시를 갈라놓았다.

그러나 그에게는, 그 자신처럼 최후의 오후였다;
간호원과 소문(所聞)의 오후였다;
그의 몸의 지방(地方)들은 반란을 일으켰고,
그의 마음의 방들은 텅 비었다.
정적(靜寂)이 교외(郊外)를 침범했고,
그의 감정의 흐름은 그쳤다: 그는 그의 찬미자(讚美者)들이 되었다.

이제 그는 수많은 도시(都市)로 흩어지고
낯선 애정에 온통 맡겨진다;
그의 행복(幸福)을 다른 종류의 숲에서 찾게 되고[2]

---

1 Yeats는 1839년 1월 29일, 프랑스 Roquebrune에서 죽었다

2 단테의 「지옥편」 시작에의 언급(言及). 단테는 일생의 한복판에서, "어두운 숲속에 있는" 자신

IN MEMORY OF W. B. YEATS

(D. JAN. 1939)

1

He disappeared in the dead of winter:
The brooks were frozen, the airports almost deserted,
And snow disfigured the public statues;
The mercury sank in the mouth of the dying day.
O all the instrument agree
The day of his death was a dark cold day.

Far from his illness
The wolves ran on through the evergreen forests,
The peasant river was untempted by the fashionable quays;
By mourning tongues
The death of the poet was kept from his poems.

But for him it was his last afternoon as himself,
An afternoon of nurses and rumours;
The provinces of his body revolted,
The squares of his mind were empty,
Silence invaded the suburbs,
The current of his feeling failed; he became his admirers.

Now he is scattered among a hundred cities
And wholly given over to unfamiliar affections,
To find his happiness in another kind of wood

을 발견한다.

외국(外國)의 양심(良心)의 법전하(法典下)에서 처벌된다.[3]
죽은 사람의 말이
살아 있는 자(者)들의 창자 속에서 수정(修正)받는다.

그러나 내일의 중요성과 소음(騷音) 속에서
브로커들이 증권거래소의 입회장에서 짐승들처럼 고함지를 때,
그리고 가난한 사람들이 그들에게 익숙한 고통을 겪고
그리고 각자(各者) 자신이라는 감방(監房)에서 그의 자유를 거의 확신할 때;
수천명은 이날을 생각하리라
마치 약간 흔치 않은 어떤 일을 했던 날을 생각하듯.
오 모든 계기(計器)들은 동의(同意)한다
그의 사망일이 어둡고 추운 날이었음을.

2

당신은 우리처럼 어리석었다: 당신의 재능은 그것을 모두 이기고
　　살아 남았다
부유한 여자들의 교구(敎區),[4] 육체의 노쇠,
당신 자신을; 광란(狂亂)의 아일랜드가 마음에 상처 주어 시를 쓰게 했다.
그런데 아일랜드는 여전히 그의 광기(狂氣)와 천후(天候)를 갖고 있다.
왜냐하면 시(詩)가 어떤 일도 일어나게 하지 못하기에: 시는 살아 남는다
행정가들이 전혀 간섭하고 싶어하지 않는
시(詩)의 말의 골짜기에서; 시(詩)는 고립(孤立)의 목장과
빈번한 비애, 우리가 믿고 그 속에서 죽는 냉습(冷濕)한 타운에서
남쪽으로 흐른다; 시(詩)는 살아 남는다
하나의 발생양식, 하나의 입으로서

---

3 즉 살아 있는 자들의 심판(審判)을 받아야만 한다.

4 Yeats는 젊을 때 Lady Gregory한테서 재정원조(財政援助)를 받았다. 그는 후에도 다른 부유한 여인들과 친했다.

And be punished under a foreign code of conscience.
The words of a dead man
Are modified in the guts of the living.

But in the importance and noise of tomorrow
When the brokers are roaring like beasts on the floor of the Bourse,
And the poor have the sufferings to which they are fairly accustomed,
And each in the cell of himself is almost convinced of his freedom,
A few thousand will think of this day
As one thinks of a day when one did something slightly unusual.
O all the instruments agree
The day of his death was a dark cold day.

2

You were silly like us; your gift survived it all:
The parish of rich women, physical decay,
Yourself. Mad Ireland hurt you into poetry.
Now Ireland has her madness and her weather still,
For poetry makes nothing happen: it survives
In the valley of its making where executives
Would never want to tamper, flows on south
From ranches of isolation and the busy griefs,
Raw towns that we believe and die in; it survives,
A way of happening, a mouth.

3

대지(大地)여, 귀빈을 맞으시라;
윌리엄 예이츠가 안치되었으니;
이 아일랜드 그릇으로 하여금
그의 시(詩)를 비우고 눕게 하라.

용감한 자, 무구(無垢)한 자들에 대해
아량이 없고
아름다운 체격에
일주일이면 무관심해지는 시간은

언어를 숭배하고 언어(言語)로 사는
모든 사람을 용서한다;
비겁(卑怯), 자부심(自負心)을 용서하고
시인들의 발밑에 경의를 바친다.

이런 이상한 구실(口實)로서
키플링과 그의 견해(見解)를 용서했고
뽀올 끌로델[5]을 용서하게 될 시간은
그를 용서한다 글을 잘 썼기에.

암흑의 악(惡) 속에
유럽의 모든 개들이 울부짖고,[6]
현존(現存) 국가(國家)들은 기다린다
각각 증오 속에 은퇴한 채로.

---

5 Kipling의 見解는 帝國主義的, 主戰主義的이었고, 프랑스 詩人겸 外交家 Paul Claudel(1868—1955)은 政治에 있어서 극우파였다. Yeats의 政治觀은 때때로 反民主主義었고, 獨裁를 좋아하는 듯 여겨졌다.

6 제2차 세계대전은 1939년 9월에 시작되었다.

3

Earth, receive an honoured guest:
William Yeats is laid to rest.
Let the Irish vessel lie
Emptied of its poetry.

Time that is intolerant
Of the brave and innocent,
And indifferent in a week
To a beautiful physique

Worships language and forgives
Everyone by whom it lives;
Pardons cowardice, conceit
Lays its honours at the feet.

Time that with strange excuse
Pardoned Kipling and his views,
And will pardon Paul Claudel,
Pardons him for writing well.

In the nightmare of the dark
All the dogs of Europe bark,
And the living nations wait,
Each sequestered in its hate;

지성의 수치(羞恥)가
모든 인간(人間)의 얼굴에서 노려보고,
연민의 바다는 놓여 있다
각자의 눈에 잠긴 채, 얼어붙은 채로.

따라가라, 시인(詩人)이여, 바로
밤의 밑바닥까지,
당신의 거리낌없는 목소리로
여전히 우리를 설득하여 기쁘하게 하라.

시를 경작(耕作)함으로써
저주를 포도원(葡萄園)으로 만들라.
인간의 실패를 노래하라
고뇌의 황홀(恍惚) 속에;

마음의 사막(沙漠) 속에
약수샘이 솟아나게 하라,
그의 시대(時代)의 감옥 속에서
자유인(自由人)에게 가르쳐 주라 찬미(讚美)하는 법을.

Intellectual disgrace
Stares from every human face,
And the seas of pity lie
Locked and frozen in each eye.

Follow, poet, follow right
To the bottom of the night,
With your unconstraining voice
Still persuade us to rejoice;

With the farming of a verse
Make a vineyard of the curse,
Sing of human unsuccess
In a rapture of distress;

In the deserts of the heart
Let the healing fountain start,
In the prison of his days
Teach the free man how to praise.

아킬레스의 방패(防牌)[1]

그녀[2]는 찾았다 그[3]의 어깨 너머로
　포도나무와 올리브나무,
잘 다스려진 대리석 도시를,
　거치른 바다 위의 배들을,
그러나 거기 빛나는 금속에다
　그의 손은 그렸다 그대신
인공적 황무지와
　납색(色) 하늘을.

특징 없는 헐벗은 갈색 들판,
　풀잎사귀 하나도, 이웃의 징조도 전혀 없고,
먹을 것 하나 없고 앉을 데도 전혀 없는
　그러나 그 공백엔 집합해서 서 있다
　무수한 병사들이.
줄을 선 백만의 눈, 백만의 구두,
표정도 없이, 신호만을 대기하며.

공중에서 얼굴 없는 목소리가
통계로 증명했다 어떤 대의가 정당함을,
그 장소만치나 메마르고 단조로운 어조로:

---

1 트로이전쟁 때 그리스군 영웅 아킬레스는 그의 친구가 그 대신 갑옷을 입고 싸움터에 나갔다가 Hector에게 살해되었을 때 갑옷과 방패를 잃어버린다. 아킬레스가 친구를 애도 하는 동안 그의 어머니 여신 Thetis는 Olympus산에 올라가 Hephaestos에게 아들을 위해 새 갑옷을 만들어 달라고 간청한다. 그녀와 Hephaestos는 얼마 안 있어 죽게 될 그를 가엽게 여긴다. 그의 훌륭한 방패는 Iliad, 478—608에 상세히 묘사되어 있다.

2 아킬레스의 어머니 Thetis.

3 트로이전쟁에 참가할 아킬레스를 위해 방패를 만들어 준 대장장이신 Hephaestos(Vu1can).

THE SHIELD OF ACHILLES

She looked over his shoulder
  For vines and olive trees,
Marble well-governed cities
  And ships upon untamed seas,
But there on the shining metal
  His hands had put instead
An artificial wilderness
  And a sky like lead.

A plain without a feature, bare and brown,
  No blade of grass, no sign of neighborhood,
Nothing to eat and nowhere to sit down,
  Yet, congregated on its blankness, stood
  An unintelligible multitude,
A million eyes, a million boots in line,
Without expression, waiting for a sign.

Out of the air a voice without a face
  Proved by statistics that some cause was just
In tones as dry and level as the place:

아무도 박수갈채 받지 않았고, 아무것도 토론(討論)된 것이 없었다.
구름 같은 먼지를 일으키며 종대(縱隊)씩
그들은 행진해 가버렸다. 어디선가에서
반드시 그들을 비탄케 할 믿음을 지니고서.

그녀는 찾았다 그의 어깨 너머로
경신(敬神)의 의식(儀式)
하얀 꽃다발을 쓴 송아지들,
헌주(獻酒)와 제물을,
그러나 제단(祭壇)이 있어야 할
거기 빛나는 금속에서
그녀는 보았다 깜빡거리는 대장간 불빛에
아주 딴판인 장면을.

철조망이 임의의 지점을 둘러싸 있었고
거기에 권태에 질린 관리들이 빈둥빈둥 놀고(한 사람이 농담을 터뜨렸다)
보초들은 날이 더워서 땀을 뻘뻘 흘렸다
점잖은 평민들의 무리가
바깥에서 지켜보았지만, 움직이지도 말하지도 않았다.
세 창백한 사람들이 앞으로 끌려 나가 땅에다
똑바로 박은 세 기둥에 묶일 때,

이 세상의 일단(一團)의 귀족, 무게를 지니고
또 항상 똑같이 무게 나가는 모든 사람들은
다른 사람들의 손에 목숨이 달려 있었다; 그들은 소수(少數)여서
도움을 바랄 수도 없고, 아무 도움도 오지 않았다:
그들의 적(敵)들이 하고 싶었던 짓은 다 행(行)해지고, 그들의 수치는
최악의 것이었다; 그들은 긍지를 잃고
그들의 몸이 죽기 전에 사나이로서 죽었다.

No one was cheered and nothing was discussed;
Column by column in a cloud of dust
They marched away enduring a belief
Whose logic brought them, somewhere else, to grief.

She looked over his shoulder
For ritual pieties,
White flower-garlanded heifers,
Libation and sacrifice,
But there on the shining metal
Where the altar should have been,
She saw by his flickering forge-light
Quite another scene.

Barbed wire enclosed an arbitrary spot
Where bored officials lounged (one cracked a joke)
And sentries sweated for the day was hot:
A crowd of ordinary decent folk
Watched from without and neither moved nor spoke
As three pale figures were led forth and bound
To three posts driven upright in the ground.

The mass and majesty of this world, all
That carries weight and always weighs the same
Lay in the hands of others; they were small
And could not hope for help and no help came:
What their foes like to do was done, their shame
Was all the worst could wish; they lost their pride
And died as men before their bodies died.

그녀는 찾았다 그의 어깨 너머로
경기하는 선수(選手)들을,
음악(音樂)에 발맞추어 빨리빨리
움직이는 아름다운 사지(四肢)를,
춤추는 남녀들을,
그러나 거기 빛나는 방패(防牌)에
그의 손은 그렸다 무도장이 아니라
잡초(雜草) 우거진 들판을.

정처없는 외톨이 누더기옷 걸친 개구장이[4]가
그 빈터 근처에 어슬렁거렸다. 새 한 마리가
그의 잘 겨냥한 돌을 피해 안전한 데로 날아갔다:
소녀들이 강간당하고, 두 소년이 세 째 소년을 칼질하는 것이,
그에겐 원리(原理)였다, 약속(約束)이 지켜지는 세계
혹은 다른 사람이 울었기에 자기도 따라 우는
세계(世界)가 있다는 것을 한번도 들어 본 적이 없는 그에겐.

입술이 얄팍한 무구사(武具師)
헤파이토스는 절름절름 가버리고,
빛나는 가슴의 테티스는
실망(失望)하여 소리내어 울었다
신(神)이 그녀의 아들을
오래 살지 못할
억센 철심장(鐵心臟)의 살인자(殺人者) 아킬레스를
기쁘게 하려 만들어준 방패를 보고서.

---

4 아킬레스.

She looked over his shoulder
For athletes at their games,
Men and women in a dance
Moving their sweet limbs
Quick, quick, to music,
But there on the shining shield
His hands had set no dancing-floor
But a weed-choked field.

A ragged urchin, aimless and alone,
Loitered about that vacancy; a bird
Flew up to safety from his well-aimed stone:
That girls are raped, that two boys knife a third,
Were axioms to him, who'd never heard
Of any world where promises were kept,
Or one could weep because another wept.

The thin-lipped armorer,
Hephaestos, hobbled away,
Thetis of the shining breasts
Cried out in dismay
At what the god had wrought
To please her son, the strong
Iron-hearted man-slaying Achilles
Who would not live long.

LOUIS MACMEICE

1907~1964

공기(空氣)의 요정들

어느 날의 생활(生活): 그는 연인(戀人)을 발레에 데리고 갔다;
자기자신이 근시안(近視眼)이어서 거의 그것을 볼 수 없었다
　　회(灰)색 임간(林間)에서의 하얀 스커어트와
　　하얀 돛을 들어 올리는
　　음악(音樂)의 점증하는 음량(音量).

꽃받침에다 꽃받침. 산들바람 속의 풍륜초
왼편 거울에 비친 꽃들에서 오른편의 꽃으로
　　그리고 化粧한 얼굴들 위에
　　물속의 海草처럼
　　움직이는 미끈한 팔들.

이제, 그는 생각했다, 우리는 떠 있다—늙음이 없이, 노도 없이
이제 별거(別居)란 없어, 지금부터는
　　월츠 추는 나무들 아래
　　당신은 흰 새틴 옷을 입고
　　빨간 허리띠를 매고 있을 거야.

그러나 음악(音樂)은 그치고, 댄서들은 박수갈채에 응해 막전(幕前)에 나타났다,
강물이 수문(水門)에 다다랐다—프로그램을 만지작거리는 소리—
　　그리고 우리는 계속 강물을 따라
　　내려갈 수 없다 우리가 수문(水門)으로
　　들어가 떨어질 각오(覺悟)가 서 있지 않는 한.

그래서 그들은 결혼(結婚)했다—한층 더 함께 있도록—

LES SYLPHIDES

Life in a day: he took his girl to the ballet;
Being shortsighted himself could hardly see it —
  The white skirts in the grey
  Glade and the swell of the music
  Lifting the white sails.

Calyx upon calyx, Canterbury bells in the breeze
The flowers on the left mirrored to the flowers on the right
  And the naked arms above
  The powdered faces moving
  Like seaweed in a pool.

Now, he thought, we are floating — ageless, oarless —
Now there is no separation, from now on
  You will be wearing white
  Satin and a red sash
  Under the waltzing trees.

But the music stopped, the dancers took their curtain,
The river had come to a lock — a shuffle of programmes —
  And we cannot continue down
  Stream unless we are ready
  To enter the lock and drop.

So they were married — to be the more together —

그리고 발견했다 그들이 다시는 그처럼 함께 있을 수 없다는 것을,
　　모오닝 티이,
　　석간신문(夕刊新聞),
　　애들과 상인(商人)들의 청구서에 의해 갈라지게 되었기에,

때때로 밤중에 잠깨어, 그녀는 그의 규칙적인 호흡 속에
보증을 발견하긴 했지만, 의아해 했다
　　정말 그럴 가치(價値)가 있었는지 그리고 어디로
　　강물은 어디로 흘러가 버렸는지
　　그리고 어디에 그 하얀 꽃들이 있는지.

And found that they were never again so much together,
  Divided by the morning tea,
  By the evening paper,
  By children and the tradesmen's bills.

Waking at times in the night she found assurance
Due to his regular breathing but wondered whether
  It was really worth it and where
  The river had flowed away
  And where were the white flowers.

일요일(日曜日) 아침

길 저 아래서 누군가가 음계연습(音階練習)을 하고 있다,
음부(音符)들이 작은 물고기들처럼 꼬리를 반짝거리며 사라진다,
남자(男子)의 마음은 자기 자동차를 고쳐 볼까 하고 부푼다
오늘이 일요일(日曜日) 아침, 운명(運命)의 큰 바자 날이니까,
이런 수단(手段)을 목적(目的)으로 생각하라, 이 지금에 集中하라,
그러면 당신은 어쨌든 음악(音樂)에 마음 쏠리거나 하인드헤드[1] 너머로
　드라이브 하고 싶어지리라,
코오너를 매끈히 빨리 돌아라
그러면 바람맞는 과거의 한두 옷자락을 움켜잡을 수 있을 것이고
그러면 오늘을 추출(抽出)하여 그것을 일주일(一週日)의
한 작은 영원(永遠), 각운(脚韻)이 스스로 갖춰진 한 편(篇)의 소네트를 지을 수
　있으리라,

그러나 귀를 기울여 보라, 저 길 위쪽에, 무엇인가가 꿀꺽 삼킨다,
　교회(教會) 첨탑(尖塔)이
여덟개의 종(鐘)을 입벌린다, 주일(週日)의 시간(時間)에서의 도망(逃亡)을 보증(保證)하는
음악(音樂)이나 운동(運動)이란 전혀 없다고 지칠 줄 모르고 말해 주는
해골(骸骨)의 입들. 그런 것은 죽어서 지속(持續)한다.

1　영국 Surrey에 있는 이 고지는 전형적 일요일 외출에서 흔히 멈추는 곳.

SUNDAY MORNING

Down the road someone is practising scales,
The notes like little fishes vanish with a wink of tails,
Man's heart expands to tinker with his car
For this is Sunday morning, Fate's great bazaar;
Regard these means as ends, concentrate on this Now,
And you may grow to music or drive beyond Hindhead anyhow,
Take corners on two wheels until you go so fast
That you can clutch a fringe or two of the windy past,
That you can abstract this day and make it to the week of time
A small eternity, a sonnet self-contained in rhyme.

But listen, up the road, something gulps, the church spire
Open its eight bells out, skulls' mouths which will not tire
To tell how there is no music or movement which secures
Escape from the weekday time. Which deadens and endures.

정원(庭園)의 햇빛

정원(庭園)의 햇빛이
굳어져 차가와진다
우리는 시간(時間)을 가둘 수 없다
황금(黃金) 그물의 새장 안에:
모든 것이 끝났을 때
우리는 용서를 빌 수 없다.

우리의 자유(自由)는 자유로운 창(槍)처럼
전진(前進)한다 그 표적을 향하여;
대지(大地)는 강요(强要)한다, 대지(大地)에
소네트와 새들이 내린다:
그리고 얼마 안 있어, 내 친구여,
우리는 춤출 시간(時間)이 없으리라.

하늘은 날기에 좋다
교회종(教會鐘)과 온갖
사악(邪惡)한 철(鐵) 사이렌과
그것이 말하는 것을 얕보며:
대지(大地)는 강요(强要)한다,
우리는 죽고 있다, 이집트여, 죽고 있다.[1]

그리고 용서를 기대할 수 없어
새로이 마음이 굳어진다,
그러나 천둥치는 비를 맞으며
당신과 함께 앉았었던 일이 기쁘고
정원(庭園)의 햇빛에게도
또한 감사히 여긴다.

---

1 Antony의 말, "I am dying, Egypt, dying."(*Antony and Cleopatra* 참조) 여기서 Egypt는 클레오파트라.

SUNLIGHT IN THE GARDEN

The sunlight on the garden
Hardens and grows cold,
We cannot cage the minute
Within its nets of gold,
When all is told
We cannot beg for pardon.

Our freedom as free lances
Advances towards its end;
The earth compels, upon it
Sonnets and birds descend;
And soon, my friend,
We shall have no time for dances.

The sky was good for flying
Defying the church bells
And every evil iron
Siren and what it tells:
The earth compels,
We are dying, Egypt, dying

And not expecting pardon,
Hardened in heart anew,
But glad to have sat under
Thunder and rain with you,
And grateful too
For sunlight on the garden.

STEPHEN SPENDER

1909~1995

나는 언제나 생각하노라, 진실(眞實)로 위대(偉大)한 사람들을

나는 언제나 생각하노라 진실로 위대(偉大)한 사람들을.
그들은 자궁(子宮)에서부터 영혼(靈魂)의 역사(歷史)를 기억했다,
시간이 태양(太陽)들인 빛의 낭하(廊下)를 통하여
끝없이 노래하는 그들의 사랑스런 야심(野心)은
아직도 불타는 그들의 입술이 머리에서 발끝까지
노래의 옷을 입은 정신(精神)에 관해 말해야 한다는 것이었다
그리고 그들은 저장했다 봄가지들로부터
그들의 몸에 꽃처럼 떨어지는 욕망(慾望)들을.

귀중한 것은 결(決)코 잊지 않는 것이다
우리 지구 이전(以前)의 세계(世界)의 바위를 뚫고 용솟음치는
시대(時代)를 초월(超越)한 샘에서 길어온 피의 환희를;
결코 소박한 아침 햇빛 속의 피의 기쁨을 부인(否認)하거나
또한 저녁녘 피의 엄숙한 사랑의 요구(要求)를 부인(否認)하지 않는 것이다;
결(決)코 점차로 교통(交通)이 소음(騷音)과 안개로
정신(精神)의 개화를 질식(窒息)시킴을 허락치 않는 것이다.

눈 가까이, 태양(太陽) 가까이, 가장 높은 들판에
보라 그들의 이름이 물결치는 풀과
펄럭이는 리본 같은 흰 구름과
귀기울이는 하늘에서 바람의 속삭임으로 축하받고 있는 것을.
생전에 삶을 위해 싸웠던 사람들,
그들의 심장 속에 불의 중심(中心)을 지녔던 사람들의 이름들.
태양(太陽)에서 태어나 그들은 잠시 태양(太陽)을 향(向)해 여행(旅行)했다
그리고 남겨 놓았다 선명(鮮明)한 공기(空氣)에다 그들의 영광의 싸인을.

I THINK CONTINUALLY OF THOSE WHO WERE TRULY GREAT

I think continually of those who were truly great.
Who, from the womb, remembered the soul's history
Through corridors of light where the hours are suns
Endless and singing. Whose lovely ambition
Was that their lips, still touched with fire,
Should tell of the Spirit clothed from head to foot in song.
And who hoarded from the Spring branches
The desires falling across their bodies like blossoms.

What is precious is never to forget
The essential delight of the blood drawn from ageless springs
Breaking through rocks in worlds before our earth.
Never to deny its pleasure in the morning simple light
Nor its grave evening demand for love.
Never to allow gradually the traffic to smother
With noise and fog the flowering of the spirit.

Near the snow, near the sun, in the highest fields
See how these names are fêted by the waving grass
And by the streamers of white cloud
And whispers of wind in the listening sky.
The names of those who in their lives fought for life
Who wore at their hearts the fire's center.
Born of the sun they traveled a short while towards the sun,
And left the vivid air signed with their honour.

급행열차(急行列車)

최초(最初)의 강력(强力)한 명백(明白)한 선언(宣言)
피스톤의 검은 성명(聲明) 후(後)에, 더 떠들어댐이 없이
여왕처럼 미끄러져 그녀는 역을 떠난다.
인사(人事)도 없이 억제(抑制)된 무관심(無關心)으로
그녀는 지나친다 바깥에 초라히 밀집(密集)한 집들을,
가스공장(工場)과 마침내는 공동묘지(共同墓地)의 비석(碑石)에 새겨진
죽음의 따분한 페이지도.
타운 너머엔 훤히 트인 시골이 있어,
거기서, 속력(速力)을 내어, 그녀는 획득한다 신비(神祕)를,
해상(海上)의 배들의 밝은 침착(沈着)을.
이제서야 그녀는 노래하기 시작한다— 처음엔 아주 나지막이.
그 다음엔 크게, 마지막엔 재즈 같은 광기(狂氣)로—
커어브에서 비명(悲鳴) 지르는 그녀의 휘파람 노래,
귀를 먹게 하는 터널, 브레이크, 무수(無數)한 볼트의 노래를.
그리고 언제나 경쾌(輕快)히, 공기(空氣)처럼, 밑에서는
차륜(車輪)의 의기양양(意氣揚揚)한 음율(音律)이 간다.
연선(沿線)의 금속풍경(金屬風景) 속을 달리며
그녀는 야성적(野性的) 행복(幸福)의 신시대(新時代)로 돌진(突進)한다
그리하여 속도(速度)가 이상한 형상(形象)들을, 넓은 커어브를
그리고 포탄(砲彈)의 궤도(軌道)처럼 깨끗한 평행선(平行線)을 던져 올린다
드디어, 에딘버러나 로마보다 멀리.
세계(世界)의 볏을 넘어, 그녀는 밤에 도착(到着)한다
거기선 오로지 낮은 기복(起伏)하는 언덕들 위에
한가닥의 흐르는 듯한 인광(燐光)이 희다.
아, 불길 속의 혜성(彗星)처럼 그녀는 황홀(恍惚)히 달린다
어떠한 새의 노래도, 아니 꿀봉오리가 터져나오는
나뭇가지도 결(決)코 견줄 수 없는 그녀의 음악(音樂)에 휩싸인 채.

THE EXPRESS

After the first powerful, plain manifesto
The black statement of pistons, without more fuss
But gliding like a queen, she leaves the station.
Without bowing and with restrained unconcern
She passes the houses which humbly crowd outside,
The gasworks, and at last the heavy page
Of death, printed by gravestones in the cemetery.
Beyond the town, there lies the open country
Where, gathering speed, she acquires mystery,
The luminous self-possession of ships on ocean.
It is now she begins to sing— at first quite low
Then loud, and at last with a jazzy madness —
The song of her whistle screaming at curves,
Of deafening tunnels, brakes, innumerable bolts.
And always light, aerial, underneath,
Retreats the elate metre of her wheels.
Streaming through metal landscapes on her lines,
She plunges new eras of white happiness,
Where speed throws up strange shapes, broad curves
And parallels clean like trajectories from guns.
At last, further than Edinburgh or Rome,
Beyond the crest of the world, she reaches night
Where only a low stream-line brightness
Of phosphorus on the tossing hills is light.
Ah, like a comet through flame, she moves entranced,
Wrapt in her music no bird song, no, nor bough
Breaking with honey buds, shall ever equal.

비행장(飛行場) 부근(附近)의 풍경(風景)

어떠한 나방보다도 한층 더 아름답고 부드러이
부릉부릉 소리 내는 솜털 난 촉각(觸覺)으로 거대(巨大)한 진로(進路)를 더듬으며
어스름녘에, 엔진을 끄고서 비행기(飛行機)가 미끄러진다
교외들을 넘어, 풍향(風向)을 가리키기 위한 긴 꼬리를 높이 나부끼는
풍향기(風向旗)를 넘어. 점잖게, 넓게 그녀는 착륙(着陸)한다
좀처럼 항공도(航空圖)의 기류(氣流)를 흐트리지 않고서.

하강(下降)으로 마음이 풀리자, 바다를 건너온, 수(數)마일에 걸쳐
부드러운 기복(起伏)에 태평한 사지(四肢)를 실컷 뻗은 여성적(女性的) 땅을 건너온
여행자(旅行者)들은, 이제서야 관찰(觀察)로 익숙한 눈으로
어스름을 통해 이 타운의 주변(周邊)을 뚫어본다
이곳 산업(産業)이 헤어진 변두리를 보여 주는 곳을.
여기서 그들은 어떤 일이 이루어지고 있는지 볼 수 있으리라.

깜빡거리는 돛대 꼭대기의 불빛과
착륙장(着陸場) 저 너머로, 여행자(旅行者)들은 관찰(觀察)한다 노동(勞動)의
전초지(前哨地)를: 여윈 검은 손가락들 혹은 무시무시한, 미친
사람들 같은 굴뚝들: 그리고 비탄(悲嘆)에 빠진 여자(女子)들의
얼굴 같은, 나무 뒤로 이상한 모습을 한
웅크린 건물(建物)들. 이곳 몇 채의 집이
덧문들 뒤에 희미한 빛을 비치며 신음하는 곳에서
그들은 느낀다 고향(故鄕) 떠난 불평의식(不平意識)을, 마치 집에서
쫓겨나 낯선 달을 보고 벌벌 떨고 있는 개 마냥.

THE LANDSCAPE NEAR AN AERODROME

More beautiful and soft than any moth
With burring furred antennae feeling its huge path
Through dusk, the air liner with shut-off engines
Glides over suburbs and the sleeves set trailing tall
To point the wind. Gently, broadly, she falls,
Scarcely disturbing charted currents of air.

Lulled by descent, the travellers across sea
And across feminine land indulging its easy limbs
In miles of softness, now let their eyes trained by watching
Penetrate through dusk the outskirts of this town
Here where industry shows a fraying edge.
Here they may see what is being done.

Beyond the winking masthead light
And the landing ground, they observe the outposts
Of work: chimneys like lank black fingers
Or figures frightening and mad: and squat buildings
With their strange air behind trees, like women's faces
Shattered by grief. Here where few houses
Moan with faint light behind their blinds,
They remark the unhomely sense of complaint, like a dog
Shut out and shivering at the foreign moon.

마지막 사랑의 선회(旋回)로, 그들은 비행장(飛行場) 너머의
들판을 지나간다, 거기선 소년(少年)들이 온 종일
죽은 풀을 난도질하고, 그들의 고함소리는, 야생(野生) 새들처럼,
가장 가까운 지붕 위에 앉았다간
곧 시끄러운 도시(都市) 아래 감추어진다.

이윽고, 여행자(旅行者)들이 착륙(着陸)할 때, 그들은 듣는다
조종(弔鐘)이 울려 퍼지는 것을 히스테리아의 풍경(風景)을 건너,
시커먼 포대(砲臺)보다도 그리고 저 죽어가는 하늘을 배경(背景)한
상상적(想像的) 탑(塔)들보다 더 커다랗게,
교회(敎會)가 태양(太陽)을 봉쇄하며 종교(宗敎)가 서 있는 곳으로.

In the last sweep of love, they pass over fields
Behind the aerodrome, where boys play all day
Hacking dead grass: whose cries, like wild birds
Settle upon the nearest roofs
But soon are hid under the loud city.

Then, as they land, they hear the tolling bell
Reaching across the landscape of hysteria,
To where larger than all the charcoaled batteries
And imaged towers against that dying sky,
Religion stands, the church blocking the sun.

제왕(帝王)의 최후(最後)의 논의(論議)[1]

총포(銃砲)들이 돈의 최종적 이유(最終的 理由)를 쓴다
납의 문자(文字)로 봄이 깃든 언덕 비탈에다,
그러나 올리브나무 아래 죽어 누운 소년(少年)은
너무나도 젊고 너무나도 어리석었다
그들의 중요(重要)한 눈에 뜨이기엔.
그는 오히려 키스의 표적(標的)이었다.

그는 살았을 때. 키 큰 공장(工場) 야유군들이 그를 한번도 소환(召換)한 적이 없었다.
또한 레스토랑의 고급판(高級 版) 유리도어도 들어오라 회전(回轉)한 적이 없었다
그의 이름은 한번도 신문(新聞)에 난 적이 없다.
세상은, 그들의 황금(黃金)을 샘만큼 깊이 묻어 두고
사자(死者)들 주위에 그 전통(傳統)의 벽(壁)을 유지시켰다.
한편 그의 생명(生命)은, 증권거래소(證券去來所)의 소문만큼 형체(形體)없이, 바깥으로 표류(漂流)해 가 버렸다.

오 너무나도 경쾌히 그는 모자(帽子)를 팽개쳤다
산들바람이 나무에서 꽃잎을 내던졌던 어느 날.
꽃피지 않은 벽(壁)은 총포(銃砲)로 싹이 트고
기관총(機關銃)의 분노(憤怒)는 급(急)히 풀들을 낫질했다;
깃발과 잎사귀들이 손과 소나무 가지에서 떨어졌다;
트위이드 모자(帽子)는 쐐기풀 속에서 썩었다.

생각해 보라 고용(雇傭), 호텔 원장(元帳), 뉴우스 파일 면(面)에서
하찮았던 그의 생명을.
생각해 보라. 만(萬) 개 중 한 총알이 사람을 죽인다.
물어 보라. 그렇게 많은 지출(支出)이 정당화(正當化)되는가
올리브 나무 아래 누워 있는 너무나도 젊은
너무나도 어리석은 소년(少年)을 죽이는데, 오 세계(世界)여. 오 죽음이여?

---

1 전쟁

ULTIMA RATIO REGUM

The guns spell money's ultimate reason
In letters of lead on the spring hillside.
But the boy lying dead under the olive trees
Was too young and too silly
To have been notable to their important eye.
He was a better target for a kiss.

When he lived, tall factory hooters never summoned him.
Nor did restaurant plate-glass doors revolve to wave him in.
His name never appeared in the papers.
The world maintained its traditional wall
Round the dead with their gold sunk deep as a well,
Whilst his life, intangible as a Stock Exchange rumour, drifted outside.

O too lightly he threw down his cap
One day when the breeze threw petals from the trees.
The unflowering wall sprouted with guns,
Machine-gun anger quickly scythed the grasses;
Flags and leaves fell from hands and branches;
The tweed cap rotted in the nettles.

Consider his life which was valueless
In terms of employment, hotel ledgers, news files.
Consider. One bullet in ten thousand kills a man.
Ask. Was so much expenditure justified
On the death of one so young and so silly
Lying under the olive tree, O world, O death?

해경(海景)
M. A. S. 의 추억

어떤 날엔 행복(幸福)한 대양(大洋)이 누워 있다, 육지(陸地) 아래,
마치 손가락을 대지 않은 하아프처럼.
오후(午後)가 모든 조용한 현(絃)을 금(金)칠하여
눈을 위하여 불타는 음악(音樂)을 켠다.
가느다란 팽팽한 불 사이에서 번쩍거리는 거울들에
장미(薔薇), 말, 첨탑(尖塔)으로 쌓아올린 해안(海岸)이
물위를 헤맨다, 갈비 모양의 모래 위로.

꼼짝도 하지 않는 뜨거운 하늘이 지치고
내지(內地)에서 들려오는, 여자(女子)의 것 같은 한숨이
어슴프레한 손으로 그 악기(樂器)를 스친다
그 현(絃)에다 어느 갈매기의 날카로운 외침,
먼 산울타리에 싸인 주(州)로부터 들려오는 종(鐘)소리,
혹은 고함소리를 켜면서.
이런 것들을, 닻만큼 깊이, 잠잠케 하는 파도(波濤)가 묻어버린다

그때 해안(海岸)으로부터, 요리조리 날으는 나비 두 마리가,
편력(遍歷)하는 개장미(薔薇)처럼, 빛나는 해변(海邊)을 건너서
바다 위로 어리석은 소용돌이마냥 나선형(形)을 그리다가
마침내 물에 비친 하늘에 떨어진다.
나비들은 익사(溺死)한다. 어부(魚夫)들은 이해한다
그러한 의식적(儀式的) 제물(祭物)이 되어 물에 빠진 그런 날개들을.

SEASCAPE

(In memoriam M.A.S)

There are some days the happy ocean lies
Like an unfingered harp, below the land.
Afternoon guilds all the silent wires
Into a burning music for the eyes
On mirrors flashing between fine-strung fires
The shore, heaped up with roses, horses, spires
Wanders on water tall above ribbed sand.

The motionlessness of the hot sky tires
And a sigh, like a woman's from inland,
Brushes the instrument with shadowy hand
Drawing across those wires some gull's sharp cry
Or bell, or shout, from distant, hedged-in, shires;
These, deep as anchors, the hushing wave buries.

Then from the shore, two zig-zag butterflies
Like errant dog-roses cross the bright strand
Spiralling over waves in dizzy gyres
Until the fall in wet reflected skies.
They drown. Fishermen understand
Such wings sunk in such ritual sacrifice.

해저(海底)의 익사(溺死)한 도시(都市)들의 전설(傳說)을 回想하고서.
어떤 항해자(航海者)들이, 오, 어떤 영웅(英雄)들이 헬멧을 쓰고
화장(火葬) 장작더미처럼 불타, 어느 섬에서 출발(出發)했던가를
그리고 그들을 바다가 삼켜버렸다는 것을. 그들의 눈은
잔인한 파도(波濤)의 욕망(慾望)에 의해 일그러진 채
좀처럼 살펴 볼 수 없는 조수(潮水) 속에서 동전(銅錢)과 함께 빤짝거린다,
한편. 그 위에선 하아프가 다시 한숨을 쉰다.

Remembering legends of undersea, drowned cities.
What voyagers, oh what heroes, flamed like pyres
With helmets plumed have set forth from some island
And them the seas engulfed. Their eyes
Distorted to the cruel waves desires,
Glitter with coins through the tide scarcely scanned,
While, far above, that harp assumes their sighs.

George Barker

1913~1991

어머니에게 바치는 소네트

가장 가까운, 가장 사랑스런, 가장 사랑받는, 가장 먼 어머니,
창문 아래에 아시아처럼 거대(巨大)하게 앉아
웃음으로 지진(地震)을 일으키고,
진과 치킨을 맥없이 그녀 아일랜드인(人) 손에 쥐고서,
라블레만치나 저항하기 힘든, 그러나 그녀를 둘러싼
절름발이 개와 상처 난 새들에게 가장 다정했던.—
그녀는 아무도 뒤따를 수 없고, 오직 취주악단(吹奏樂團)을
뒤따르는 강아지같이만 따를 수 있는 행렬(行列).

그녀는 폭격기(爆擊機)[1]를 힐끗 쳐다보려 하지도, 그녀의 진을
떨어뜨리고서 품위 잃고 지하실(地下室)로 허둥지둥 도망치려 하지도 않고
마호가니 테이블에 산(山)처럼 기댄다
오직 신앙(信仰)만이 움직일 수 있는 산(山)처럼, 그래서 나는 보낸다
오 온 나의 믿음과 온 나의 사랑을, 그녀에게 말하기 위해
그녀가 비탄(悲嘆)에서 아침으로 옮아갈 것이라고.

1 독일의 런던 폭격 때의.

SONNET TO MY MOTHER

Most near, most dear, most loved, and most far,
Under the huge window where I often found her
Sitting as huge as Asia, seismic with laughter,
Gin and chicken helpless in her Irish hand,
Irresistible as Rabelais but most tender for
The lame dogs and hurt birds that surround her,—
She is a procession no one can follow after
But be like a little dog following a brass band.

She will not glance up at the bomber or condescend
To drop her gin and scuttle to a cellar,
But lean on the mahogany table like a mountain
Whom only faith can move, and so I send
O all my faith and all my love to tell her
That she will move from mourning into morning.

Dylan Thomas

1914~1953

내가 쪼개는 이 빵은

내가 쪼개는 이 빵은 한때는 귀리였다.
이 포도주(葡萄酒)는 이국(異國)의 나무에서
그 나무의 열매 속에 뛰어들었었다;
낮에는 사람이, 밤에는 바람이
농작물(農作物)을 쓰러뜨렸다, 포도(葡萄)의 기쁨을 깨뜨렸었다.

한때 바람 속에서 여름의 피가
포도(葡萄)나무를 꾸몄던 살을 노크했다
한때 이 빵 속에서
귀리는 바람 속에 즐거웠었다;
사람이 태양(太陽)을 깨뜨렸고, 바람을 끌어내렸다.

너희들이 쪼개는 이 살, 너희들이
혈관(血管)에서 황폐케 하는 이 피는
관능적(官能的) 뿌리와 수액(樹液)에서 태어난
귀리와 포도였다;
너희들이 마시는 것은 내 포도주(葡萄酒), 너희들이 깨무는 것은 내 빵.

THIS BREAD I BREAK

This bread I break was once the oat,
This wine upon a foreign tree
Plunged in its fruit;
Man in the day or wind at night
Laid the crops low, broke the grape's joy.

Once in the wind the summer blood
Knocked in the flesh that decked the vine,
Once in this bread
The oat was merry in the wind;
Man broke the sun, pulled the wind down.

This flesh you break, this blood you let
Make desolation in the vein,
Were oat and grape
Born of the sensual root and sap;
My wine you drink, my bread you snap.

빛이 터진다 태양(太陽)이 빛나지 않는 곳에

빛이 터진다 태양(太陽)이 빛나지 않는 곳에;
바다가 흐르지 않는 곳에, 심장(心臟)의 물이
조수(潮水)를 밀어 넣는다;
그리고 머릿속에 반딧불을 가진 부서진 유령(幽靈)들이,
빛이 나는 것들이
살이 뼈를 꾸미고 있지 않은 살 속을 줄지어 행진(行進)한다,

두 허벅지 사이의 촛불이
젊음과 씨를 덥히고 늙은 씨를 불태운다;
아무 씨도 꿈쩍 않는 곳에,
사람의 열매는 별들 속에 주름을 편다,
무화과(無花果)처럼 훤히;
밀랍(密蠟)이 없는 곳에, 촛불은 그 털들을 보여준다.

동이 튼다 두 눈 뒤에서;
두개골(頭蓋骨)과 발끝의 양극(兩極)으로부터 바람센 피가
바다처럼 미끄러진다;
울타리도 없이, 말뚝도 없이, 하늘의 분유정(噴油井)은,
눈물의 기름을 미소(微笑) 속에서 알아채는
막대기에다 내뿜는다.

눈구멍 속의 밤이 빙 둘러싼다
어느 캄캄한 달처럼, 안구(眼球)의 한계(限界)를;
낮이 뼈를 불켠다;
추위가 없는 곳에 살껍질을 벗길 듯한 질풍(疾風)이

LIGHT BREAKS WHERE NO SUN SHINES

Light breaks where no sun shines;
Where no sea runs, the waters of the heart
Push in their tides;
And, broken ghosts with glow-worms in their heads,
The things of light
File through the flesh where no flesh decks the bones.

A candle in the thighs
Warms youth and seed and burns the seeds of age;
Where no seed stirs,
The fruit of man unwrinkles in the stars,
Bright as a fig;
Where no wax is, the candle shows its hairs.

Dawn breaks behind the eyes;
From poles of skull and toe the windy blood
Slides like a sea;
Nor fenced, nor staked, the gushers of the sky
Spout to the rod
Divining in a smile the oil of tears.

Night in the sockets rounds,
Like some pitch moon, the limit of the globes;
Day lights the bone;
Where no cold is, the skinning gales unpin

겨울의 옷핀을 벗긴다;
봄의 아지랑이가 눈까풀에 매달려 있다.

빛이 터진다 은밀한 곳에.
생각들이 비를 맞고 냄새 풍기는 생각의 첨단에;
논리(論理)가 죽을 때
흙의 비밀(祕密)은 눈을 통해 성장(成長)한다,
그리고 피가 햇빛 속에 껑충 뛴다;
황량한 경작대부지(耕作貸付地)에 새벽이 걸음을 멈춘다.

The winter's robes;
The film of spring is hanging from the lids.

Light breaks on secret lots,
On tips of thought where thoughts smell in the rain;
When logics dies,
The secret of the soil grows through the eye,
And blood jumps in the sun;
Above the waste allotments the dawn halts.

푸른 도화선(導火線)을 통해 꽃을 몰아가는 힘이

푸른 도화선(導火線)을 통해 꽃을 몰아가는 힘이
나의 푸른 나이를 몰아간다; 나무뿌리를 시들게 하는 힘이
나의 파괴자(破壞者)다.
그런데 나는 벙어리가 되어 구부러진 장미(薔薇)에게 말할 수 없다.
내 청춘(靑春)도 똑같은 겨울 열병(熱病)으로 굽어졌음을.

바위들 사이로 물을 몰아가는 힘이
나의 붉은 피를 몰아간다; 하구(河口)의 강(江)물을 마르게 하는 힘이
내 피를 밀랍(密蠟)으로 바꾼다.
그런데 나는 벙어리가 되어 내 혈관(血管)에 말할 수 없다
어떻게 산(山)샘을 똑같은 입이 빠는가를.

연못에서 물을 소용돌이치게 하는 손이
유사(流砂)를 휘젓는다; 부는 바람을 밧줄로 매는 손이
나의 수의(壽衣) 돛을 잡아끈다
그런데 나는 벙어리가 되어 매달린 사형수(死刑囚)에게 말할 수 없다
어떻게 내 흙으로 그 교수집행인(絞首執行人)의 석회(石灰)가 만들어졌는가를

시간(時間)의 입술이 수원(水源)을 거머리처럼 빤다;
사랑은 방울져 떨어져 모인다; 그러나 떨어진 피는
그녀의 아픔을 진정케 하리라.
그런데 나는 벙어리가 되어 기후(氣候)의 바람에게 말할 수 없다
어떻게 시간이 별들을 둘러싼 하늘에 째깍째깍 소리 내어 알렸는가를.

그런데 나는 벙어리가 되어 연인(戀人)의 무덤에 말할 수 없다
어떻게 내 수의(壽衣)에 똑같은 구부러진 벌레가 덤벼드는가를.

THE FORCE THAT THROUGH THE GREEN FUSE DRIVES THE FLOWER

The force that through the green fuse drives the flower
Drives my green age; that blasts the roots of trees
Is my destroyer.
And I am dumb to tell the crooked rose
My youth is bent by the same wintry fever.

The force that drives the water through the rocks
Drives my red blood; that dries the mouthing streams
Turns mine to wax.
And I am dumb to mouth unto my veins
How at the mountain spring the same mouth sucks.

The hand that whirls the water in the pool
Stirs the quicksand; that ropes the blowing wind
Hauls my shroud sail.
And I am dumb to tell the hanging man
How of my clay is made the hangman's lime.

The lips of time leech to the fountain head;
Love drips and gathers, but the fallen blood
Shall calm her sores.
And I am dumb to tell a weather's wind
How time has ticked a heaven round the stars.

And I am dumb to tell the lover's tomb
How at my sheet goes the same crooked worm.

나의 기술(技術), 고고(孤高)한 예술(藝術)로

달만이 발광(發狂)하고
연인(戀人)들이 슬픔을
두 팔에 안고 잠자리에 누워있는
고요한 밤에 習作한
나의 기술(技術), 고고(孤高)한 예술(藝術)로
노래하는 빛 아래 나는 노동(勞動)한다
야심(野心)이나 빵이나
혹은 상아무대(象牙舞臺) 위의
우쭐거림이나 혹은 매력(魅力)의 장사를 위해서가 아니라
그들의 가장 은밀한 마음의
하찮은 임금(賃金)을 위해서.

이 물보라치는 종이장에다 내가 쓰는 것은
발광(發狂)하는 달과는 별도의
오만한 사람을 위해서가 아니라
또 나이팅게일과 찬가(讚歌)로 장식한
탑(塔)처럼 솟은 사자(死者)들을 위해서가 아니라
오로지 오랜 세월(歲月)의 슬픔을
두 팔로 껴안은 연인(戀人)을 위해서라,
칭찬(称讚)도 임금(賃金)도 치르지 않는
또 내 기술(技術) 혹은 예술(藝術)을 거들떠보지도 않는
연인(戀人)들을 위해서라.

IN MY CRAFT OR SULLEN ART

In my craft or sullen art
Exercised in the still night
When only the moon rages
And the lovers lie abed
With all their griefs in their arms,
I labour by singing light
Not for ambition or bread
Or the strut and trade of charms
On the ivory stages
But for the common wages
Of their most secret heart.

Not for the proud man apart
From the raging moon I write
On these spindrift pages
Nor for the towering dead
With their nightingales and psalms
But for the lovers, their arms
Round the griefs of the ages,
Who pay no praise or wages
Nor heed my craft or art.

런던에서 불타 죽은 어린애의 애도(哀悼)를 거부(拒否)한다

결코 인류(人類)를 만들고
새 짐승 꽃을
낳고 만물을 겸허케 하는 어둠이
침묵(沈默)으로 최후(最後)로 터지는 빛과
고요한 시간(時間)이
마구(馬具)를 달고 허둥지둥 바다로부터 왔다고 말할 때까진

그리고 내가 다시 물염주(念珠)의
둥근 시온산(山)과
밀이삭의 유대교회당(敎會堂)으로 들어가야만 할 때 까진
나는 소리의 그림자로 하여금 기도(祈禱)하게 하거나
나의 소금 씨를
베옷의 가장 적은 골짜기에도 뿌리지 않으리라

그 어린애의 죽음의 장엄(莊嚴)과 소사(燒死)를 애도(哀悼)하기 위하여.
나는 살해(殺害)하지 않으리라
무덤처럼 엄숙한 진실(眞實)을 품고 가는 그녀의 인류(人類)를,
또한 모독(冒瀆)치 않으리라
이 이상 순진(純眞)과 젊음의 노래로서
십사(十四)의 호흡(呼吸)의 수난(受難)을.

깊이 최초(最初)의 사자(死者)들과 함께 런던의 딸이 누워 있다
오랜 친구들. 시대(時代)를 초월(超越)한
곡식알, 그녀의 어머니의 검은 혈관(血管)의 옷을 입고서,
흘러가는 템즈강(江)의
안 슬퍼하는 물가에 은밀히.
최초의 죽음 뒤에, 다른 죽음이란 없다.

A REFUSAL TO MOURN THE DEATH, BY FIRE, OF A CHILD IN LONDON

Never until the mankind making
Bird beast and flower
Fathering and all humbling darkness
Tells with silence the last light breaking
And the still hour
Is come of the sea tumbling in harness

And I must enter again the round
Zion of the water bead
And the synagogue of the ear of corn
Shall I let pray the shadow of a sound
Or sow my salt seed
In the least valley of sackcloth to mourn

The majesty and burning of the child's death.
I shall not murder
The mankind of her going with a grave truth
Nor blaspheme down the stations of the breath
With any further
Elegy of innocence and youth.

Deep with the first dead lies London's daughter,
Robed in the long friends,
The grains beyond age, the dark veins of her mother,
Secret by the unmourning water
Of the riding Thames.
After the first death, there is no other.

시월(十月)의 시(詩)

하늘을 향(向)해 내가 서른 해 되었을 적에
나는 항구(港口)와 이웃 숲과 섭조개 푸울이 있고, 백로(白鷺)가
사제(司祭) 노릇하는 해안(海岸)으로부터
기도(祈禱)하는 물과
갈매기와
땅까마귀의 울음소리
그리고 그물처진 벽(壁)에 부딪치는 돛단배 소리와 함께
그 순간 나 자신이
고요히 잠든 타운을 떠나
출항(出航)하라는 아침 손짓을 듣고 잠이 깨었다.

내 생일(生日)은 시작되었다 내 이름을
농장(農場) 위로 날리는 물새들과
날개 돋힌 나무들의 새들과 백마(白馬)들과 함께
그리고 나는
비 내리는 가을에 일어나
나의 모든 날들의 소나기를 맞으며 바깥을 걸었다.
높은 밀물과 백로(白鷺)가 다이빙 했다, 내가 동네 변두리를 넘어
길을 나서고
타운이 잠을 깨며
타운의 대문들이 닫힐 무렵에.

구르는 구름속의 봄이 넘친
종달새들과 휘파람부는 검은 새들이 넘나드는
길가의 덤불과 언덕 어깨에

POEM IN OCTOBER

It was my thirtieth year to heaven
Woke to my hearing from harbour and neighbour wood
And the mussel pooled and the heron
Priested shore
The morning beckon
With water praying and call of seagull and rook
And the knock of sailing boats on the webbed wall
Myself to set foot
That second
In the still sleeping town and set forth.

My birthday began with the water-
Birds and the birds of the winged trees flying my name
Above the farms and the white horses
And I rose
In a rainy autumn
And walked abroad in shower of all my days
High tide and the heron dived when I took the road
Over the border
And the gates
Of the town closed as the town awoke.

A springful of larks in a rolling
Cloud and the roadside bushes brimming with whistling
Blackbirds and the sun of October

여름철 같은
시월(十月)의 태양(太陽),
여기에 정다운 기후(氣候)와 감미로운 가수(歌手)들이 별안간
아침에 찾아왔다, 내가 헤매며
내 아래 멀리 있는
숲에 비를 쥐어짜는 바람이
차가이 부는 소리를 들었던 곳에.

점점 작아지는 항구(港口), 그리고 안개 속에
뾸을 가진, 달팽이만한 크기의 젖은
교회(敎會)와 올빼미 같은 갈색 성(城) 위에
내리는 창백한 비
그러나 봄과 여름의
온 정원(庭園)들은 경계를 넘어, 종달새 가득한 구름 아래
허황한 이야기들로 꽃피고 있었다.
거기서 나는 놀라움 속에
내 생일(生日)을 보낼 수 있었으리라
기후(氣候)가 바뀌지 않았더라면

기후(氣候)는 명랑한 시골에서 돌아서서
다른 공기(空氣)와 파아랗게 변경된 하늘 아래로
다시 흘려보냈다 사과와
배와 붉은 건포도(乾葡萄)의
여름 경이(驚異)를
그리고 나는 보았다 그 변화(變化)에서 아주 역력히 한 어린애의
잊혀졌던 아침들을, 그가 어머니와 함께
햇빛의
우화(寓話)와
푸른 교회(敎會)들의 전설(傳說)과

Summery
On the hill's shoulder,
Here were fond climates and sweet singers suddenly
Come in the morning where I wandered and listened
To the rain wringing
Wind blow cold
In the wood faraway under me.

Pale rain over the dwindling harbour
And over the sea wet church the size of a snail
With its horns through mist and the castle
Brown as owls
But all the gardens
Of spring and summer were blooming in the tall tales
Beyond the border and under the lark full cloud.
There could I marvel
My birthday
Away but the weather turned around.

It turned away from the blithe country
And down the other air and the blue altered sky
Streamed again a wonder of summer
With apples
Pears and red currants
And I saw in the turning so clearly a child's
Forgotten mornings when he walked with his mother
Through the parables
Of sunlight
And the legends of the green chapels

그리고 어린 시절(時節)의 두 번 이야기된 들판을 지나 걸었을 때의.
그리하여 그의 눈물은 내 뺨을 불태웠고 그의 마음은 내 마음을
감동시켰다.
이러한 것들이 한 소년(少年)이 사자(死者)들의
속삭이는 여름철에
그의 기쁨의 진실(眞實)을
나무와 들과 호수(湖水)의 물고기에게
속삭였던 그 강(江)과 바다였다.
그리고 신비(神祕)가
살아서 노래했다
여전히 물과 노래하는 새들 속에서.

그리고 거기서 내가 내 생일(生日)을 놀라움 속에
보낼 수 있었으리라 기후(氣候)가 바뀌지 않았더라면. 그리고 오래 전
죽은 아이의 참 기쁨이 불타며 노래했었다
태양 속에서.
하늘로 향(向)한 나의 서른 번째
해가 그때 그곳에 여름 정오(正午)에 서 있었다
저 아래 타운이 시월(十月)의 피로 물든 잎사귀로 덮여 있기는 했어도
오 내 마음의 진실(眞實)이
여전히 노래되었으면
이 높은 언덕에서, 한 해가 돌아왔을 때에도.

And the twice told fields of infancy
That his tears burned my cheeks and his heart moved in mine.
These were the woods the river and the sea
Where a boy
In the listening
Summertime of the dead whispered the truth of his joy
To the trees and the stones and the fish in the tide.
And the mystery
Sang alive
Still in the water and singing birds.

And there could I marvel my birthday
Away but the weather turned around. And the true
Joy of the long dead child sang burning
In the sun.
It was my thirtieth
Year to heaven stood there then in the summer noon
Though the town below lay leaved with October blood.
O may my heart's truth
Still be sung
On this high hill in a year's turning.

훠언 힐[1]

저 내가 어려서 흥겹게 노래하는 집 주위의
능금나무 가지 아래 태평스러이, 푸른 풀처럼 행복했던 時節,
골짜기 위의 밤이 별들로 반짝였을 적에,
 시간(時間)은 그의 눈의 靑春期에
黃金빛으로 날 환호하며 기어오르게 했다.
그래서 짐馬車들 사이에서 존경받으며 나는 능금마을의 王子였다
그래서 옛날 한때 나는 威風당당히 나무들과 잎사귀들을
뒤따르게 했다 들국화와 보리와 함께
落果빛의 江 아래로.

그리고 내가 푸르고 걱정없이 행복한 뜰 가의 곳간에서
有名하고, 農場이 집인 듯 노래 부를 때
  단 한번 젊었던 태양(太陽) 속에서
시간은 날 놀게 하고
  황금빛으로 만들어 주었다 그의 富의 자비(慈悲)속에,
그래서 푸르고 黃金빛인 나는 사냥꾼이었고 牧童이었다, 송아지들은
내 角笛에 맞춰 노래하고 언덕 위의 여우들은 맑고 차거운
  목소리로 짖었고
 그리고 安息日의 鐘이 천천히 들렸다
聖스런 시냇물 자갈 속에서.

1 시인의 숙모가 살았고, 그도 소년 적에 많은 여름을 보냈던 Wales 서남부의 Laugharne([laːn]) 마을 도처에 있는 농장.

FERN HILL

Now as I was young and easy under the apple boughs
About the lilting house and happy as the grass was green,
  The night above the dingle starry,
 Time let me hail and climb
  Golden in the heydays of his eyes,
And honoured among wagons I was prince of the apple towns
And once below a time I lordly had the trees and leaves
 Trail with daisies and barley
  Down the rivers of the windfall light.

And as I was green and carefree, famous among the barns
About the happy yard and singing as the farm was home,
  In the sun that is young once only,
 Time let me play and be
  Golden in the mercy of his means,
And green and golden I was huntsman and herdsman, the calves
Sang to my horn, the foxes on the hills barked clear and cold,
 And the sabbath rang slowly
  In the pebbles of the holy streams.

온 태양(太陽) 내내 그것은 달렸었다. 사랑스러웠다, 집
만큼 높은 건초(乾草)밭, 굴뚝에서 나오는 노래, 그것은
空氣였다
그리고 놀고 있었다, 사랑스럽게 물처럼
그리고 불은 풀처럼 푸르렀다.
그리고. 밤에 소박한 별들 아래
내가 말타고 잠자러 갈 때 부엉이들이 農場을 멀리 싣고 갔었다,
온 달 내내 나는 들었다, 외양간들 사이에서 축복받으며, 乾草더미와 함께,
날으는 쏙독새들과, 어둠 속으로
번뜩이며 사라지는 말들을.

그 다음 잠을 깨면 농장(農場)은, 이슬 맞아 하얗게 된
방랑자(放浪者)처럼, 돌아온다, 어깨에 수탉을 얹고서: 그것은 모두
빛나고 있었다, 그것은 아담과 처녀(處女)였다,
하늘은 다시 모았다
그리고 태양(太陽)이 바로 그날 동그랗게 되었다.
그러니 틀림없이 최초(最初)의 실 잣는 곳에서
소박한 빛이 誕生되고 난 후였으리라, 마법(魔法)에 걸린 말들이 따뜻이
킹킹 우는 녹색 마굿간 밖으로 걸어나와
칭찬(稱讚)의 들판으로 나온 것은.

그리하여 여우들과 그리고 즐거운 집 가의 農夫들 사이에서 존경받으며
새로 생긴 구름 아래, 긴 마음처럼 행복(幸福)히,
되풀이하여 태어나는 태양(太陽)속에서
나는 달렸다 함부로 내 길을,
내 所願들은 집만큼 높은 乾草 속을 달렸고
걱정도 나는 안했었다, 내 푸른 하늘의 일에 종사하느라, 시간(時間)이

All the sun long it was running, it was lovely, the hay
Fields high as the house, the tunes from the chimneys, it was air
And playing, lovely and watery
And fire green as grass.
And nightly under the simple stars
As I rode to sleep the owls were bearing the farm away,
All the moon long I heard, blessed among stables, the nightjars
Flying with the ricks, and the horses
Flashing into the dark.

And then to awake, and the farm, like a wanderer white
With the dew, come back, the cock on his shoulder: it was all
Shining, it was Adam and maiden,
The sky gathered again
And the sun grew round that very day.
So it must have been after the birth of the simple light
In the first, spinning place, the spellbound horses walking warm
Out of the whinnying green stable
On to the fields of praise.

And honoured among foxes and pheasants by the gay house
Under the new made clouds and happy as the heart was long,
In the sun born over and over,
I ran my heedless ways,
My wishes raced through the house high hay
And nothing I cared, at my sky blue trades, that time allows

그의 온갖 가락 좋은 변전(變轉)에서 그처럼 적은 그런 아침 노래를
허락하리라곤,
　푸르고 황금(黃金)빛 애들이 그를
따라가다 은총(恩寵)을 잃어버리기 전(前)에.

아무 걱정도 나는 안했었다, 양(羊)처럼 하얀 시절(時節)에 시간(時間)이 내 손의
그림자를 잡고 제비 떼가 모인 다락으로 날 데리고 가리라곤,
　항상 떠오르는 달빛 아래,
　또한 말타고 잠자러 가며
　내가 시간(時間)이 높은 들판과 함께 날아가는 소리를 들으리라곤
그리고 어린애 없는 땅에서 영원(永遠)히 달아난 농장(農場)에 잠깨리라곤.
오 내가 어려 시간(時間)의 부(富)의 자비(慈悲) 속에서 태평스러웠을 적에,
　시간(時間)은 날 푸르게 하고 죽게 하고 있었다
　비록 내가 사슬에 매인 채 바다처럼 노래했건만.

In all his tuneful turning so few and such morning songs
Before the children green and golden
Follow him out of grace,

Nothing I cared, in the lamb white days, that time would take me
Up to the swallow thronged loft by the shadow of my hand,
In the moon that is always rising,
Nor that riding to sleep
I should hear him fly with the high fields
And wake to the farm forever fled from the childless land.
Oh as I was young and easy in the mercy of his means,
Time held me green and dying
Though I sang in my chains like the sea.

Philip Larkin

1922~1985

교회(教會) 방문(訪問)

아무 일도 진행(進行) 중이 아니라는 것을 확신(確信)하자
나는 안으로 들어갔다, 도어를 꽝 닫고서.
또 하나의 교회(教會): 돗자리, 좌석(座席), 돌,
그리고 작은 책들, 지금은 갈색으로 변한, 일요일(日曜日)을 위하여 잘려온
맵시 없이 뻗은 꽃들; 제단(祭壇) 위엔
무슨 놋쇠 물건; 작은 산뜻한 오르간;
그리고 얼마나 오래 양조(釀造)되었는지 알 수 없는
긴장한, 곰팡이 핀, 무시(無視)할 수 없는 정적(靜寂). 모자를 안 쓴, 나는
자전차(自轉車) — 클리프를 벗겨 어색한 경의(敬意)를 표(表)한다,

앞으로 나아가, 손으로 성수반(聖水盤) 주위를 어루만진다.
내가 서 있는 곳에선 天井이 거의 새 것처럼 보인다—
씻은 것인가 수복(修復)한 것인가? 누군가는 알겠지: 나는 몰라.
독경대(讀經臺)에 올라가서, 나는 허세(虛勢)부리는 거창한 문장(文章)
몇 절을 읽고 나서, "여기서 끝납니다"를 내 의도(意圖)보다
훨씬 큰 소리로 발음(發音)한다.
메아리가 짤막이 킬킬 웃는다. 도어로 되돌아와
나는 방문록(訪問錄)에 싸인하고, 아일랜드화(貨) 6펜스[1]를 기부한다,
이곳이 걸음을 멈출 만한 보람이 없다고 생각한다.

그러나 나는 걸음을 멈췄었다: 사실, 나는 자주 멈춘다,
그리고 언제나 대개 이와 같이 어리둥절하며 끝난다,
무엇을 찾아야 할까 생각하면서; 또 교회(教會)들이
완전히 쓸모없게 될 때,

---

1 영국화폐는 아일랜드에서 그냥 통용되지만, 아일랜드 화폐는 영국에서 쓸 수 없다.

CHURCH GOING

Once I am sure there's nothing going on
I step inside, letting the door thud shut.
Another church: matting, seats, and stone,
And little books; sprawlings of flowers, cut
For Sunday, brownish now; some brass and stuff
Up at the holy end; the small neat organ;
And a tense, musty, unignorable silence,
Brewed God knows how long. Hatless, I take off
My cycle-clips in awkward reverence.

Move forward, run my hand around the font.
From where I stand, the roof looks almost new —
Cleaned, or restored? Someone would know: I don't.
Mounting the lectern, I peruse a few
Hectoring large-scale verses, and pronounce
'Here endeth' much more loudly than I'd meant.
The echoes snigger briefly. Back at the door
I sign the book, donate an Irish sixpence,
Reflect the place was not worth stopping for.

Yet stop I did: in fact I often do,
And always end much at a loss like this,
Wondering what to look for; wondering, too,
When churches will fall completely out of use

무엇으로 전용(轉用)할 것인가 생각하면서, 만일 우리가
몇 채의 대성당(大聖堂) 만을 연대적(年代的)으로 전시(展示)하고
양피지(羊皮紙), 접시 그리고 성체용기(聖體容器)를 잠근 상자(箱子) 속에 보존(保存)하고,
나머지를 비와 양(羊)에게 집세 없이 빌려 준다면.
우리가 교회(敎會)를 재수 없는 곳이라고 피(避)할까?

혹은, 어두워진 후, 미심쩍은 여자(女子)들이 와서
그녀들의 애들로 하여금 특정(特定)한 돌을 만지게 할까:
암(癌)의 약초(藥草)를 뽑으러; 혹은 어느 통지(通知)받은
밤에 사자(死者)가 걷는 것을 보러 올까?
어떤 종류의, 혹은 다른 종류의 힘은 계속되리라
유희(遊戲)에서, 수수께끼에서, 얼핏 보기엔 함부로 인 것 같아도;
그러나 미신(迷信)은, 신앙(信仰)처럼 죽으리라.
그러나 무엇이 남는가 불신앙(不信仰)이 없어졌을 땐?
풀, 잡초(雜草) 우거진 포도(鋪道), 찔레, 버팀벽(壁), 하늘,

일주일(一週日)마다 더욱 알아 볼 수 없는 형체(形體),
한층 더 불분명(不分明)해지는 목적(目的), 나는 궁금하다 누가
이곳을 교회(敎會)로 찾을 최후(最後)의, 마지막 최후(最後)의
사람이 될 것인가: 돌을 톡톡 쳐 보고 메모를 적고
내진잔부(內陣棧敷)가 무엇인가 아는 패거리 중의 한 사람일까?
옛것에 날뛰는 어느 폐허(廢墟) 탐닉자일까?
아니면 성직복(聖職服)과 파이프 오르간의 음관(音管)과 몰약(沒藥)
냄새를 기대하는 크리스마스광(狂)일까?
아니면 그는 나같은 사람일까?

What we shall turn them into, if we shall keep
A few cathedrals chronically on show,
Their parchment, plate and pyx in locked cases,
And let the rest rent-free to rain and sheep.
Shall we avoid them as unlucky places?

Or, after dark, will dubious women come
To make their children touch a particular stone;
Pick simples for a cancer; or on some
Advised night see walking a dead one?
Power of some sort or other will go on
In games, in riddles, seemingly at random;
But superstition, like belief, must die,
And what remains when disbelief has gone?
Grass, weedy pavement, brambles, buttress, sky,

A shape less recognisable each week,
A purpose more obscure. I wonder who
Will be the last, the very last, to seek
This place for what it was; one of the crew
That tap and jot and know what rood lofts were?
Some ruin-bibber, randy for antique,
Or Christmas-addict, counting on a whiff
Of gown-and-bands and organ-pipes and myrrh?
Or will he be my representative,

지루해 하는, 무지(無知)한, 유령(幽靈) 같은 침적토가 흩어진 것을
알고 있는, 허나 교외(郊外)의 관목(灌木) 숲을 통하여
이 십자가(十字架)의 땅으로 향(向)하는,
왜냐하면 이곳이 이후(以後)에 오직 따로따로 발견(發見)되는 것—
결혼(結婚)과 출생(出生)과 죽음 그리고 이러한 것에 대한 생각들—
이 오래도록 한결같이 쪼개짐없이 유지되어 왔기에. 그것을 위해
이 특별한 조개껍질이 지어졌을까? 왜냐하면 비록 내가
이 산란(散亂)하고 후덥지근한 헛간이 무슨 가치(價値)가 있는지 알 길 없지만,
여기 묵묵(默默)히 서 있으면 즐겁다;

엄숙(嚴肅)한 땅 위의 엄숙한 집이다 교회(敎會)는,
그 혼합(混合)된 공기(空氣) 속에서 모든 우리의 불합리(不合理)한 충동(衝動)들이 만나
인정(認定)받고 운명(運命)으로 옷 입혀진다.
그리고 그 만큼은 결(決)코 없어질 수 없다,
왜냐하면 누군가가 영원(永遠)히 한층 더 엄숙(嚴肅)해지고 싶은
자기 속의 굶주림을 기습(奇襲)하여,
굶주림과 함께 이 땅으로 끌어들일 것이기에,
그곳이 현명(賢明)하게 되기에 알맞은 곳이라고 들은 적이 있기에,
비록 많은 사자(死者)들이 주위에 누워 있기는 해도.

Bored, uninformed, knowing the ghostly silt
Dispersed, yet tending to this cross of ground
Through suburb scrub because it held unspilt
So long and equably what since is found
Only in separation — marriage, and birth,
And death, and thoughts of these — for which was built
This special shell? For, though I've no idea
What this accoutred frowsty barn is worth,
It pleases me to stand in silence here;

A serious house on serious earth it is,
In whose blent air all our compulsions meet,
Are recognized, and robed as destinies.
And that much never can be obsolete,
Since someone will forever be surprising
A hunger in himself to be more serious,
And gravitating with it to this ground,
Which, he once heard, was proper to grow wise in,
If only that so many dead lie round.

젊은 여인(女人)의 사진앨범에 관한 시(時)

마침내 당신은 앨범을 내놓았다, 그것은
펼치자마자, 나를 미치게 했다. 당신의 모든 시기(時期)들이
두터운 검은 페이지에서 흐릿하고 또 광택이 난다!
너무나 많은 과자(菓子)들, 너무나 자양분(滋養分) 많은:
나는 질식한다 이런 영양가(營養價) 높은 영상(映像)들로,

내 사팔눈은 굶주린다 포즈에서 포즈로—
싫어하는 고양이를 움켜잡고 있는 머리를 땋아 늘인 소녀(少女);
혹은 모피(毛皮)를 입은 사랑스런 여대졸업생;
혹은 격자시렁 아래 축 늘어진 장미를
들어 올리고 있는; 혹은 중절모자를 쓴 여인

(그것이 어렴풋이 마음 어지럽힌다, 여러 면에서)—
모든 측면에서 당신은 나의 억제력을 친다.
당신의 처녀시절에 마음 놓고 빈들거리는
이 불안케 하는 사내들 때문에:
전체적으로 보아, 님이여, 당신의 계급은 아닌 것 같애.

그러나 오 사진이여! 다른 예술과는 달리,
정확하면서도 실망을 주는! 지루한 날들을
지루한 것으로, 그리고 억지 미소들을 사기로 기록하는,
그리고 빨랫줄 같은, 실내벽 수성도료판 같은 흠을
검열하지 않으려는,

그리고 마음 내키지 않는 고양이를 보여주고, 이중턱을

LINES ON A YOUNG LADY'S PHOTOGRAPH ALBUM

At last you yielded up the album, which
Once open, sent me distracted. All your ages
Matt and glossy on the thick black pages!
Too much confectionery, too rich:
I choke on such nutritious images.

My swivel eye hungers from pose to pose —
In pigtails, clutching a reluctant cat;
Or furred yourself, a sweet girl-graduate;
Or lifting a heavy-headed rose
Beneath a trellis, or in a trilby hat

(Faintly disturbing, that, in several ways) —
From every side you strike at my control,
Not least through those these disquieting chaps who loll
At ease about your earlier days:
Not quite your class, I'd say, dear, on the whole.

But o, photography! as no art is,
Faithful and disappointing! that records
Dull days as dull, and hold-it smiles as frauds,
And will not censor blemishes
Like washing-lines, and Hall's-Distemper boards,

But shows a cat as disinclined, and shades

그대로 음영(陰影)지은 사진이여, 얼마나 우아함을
네 솔직(率直)은 이처럼 그녀의 얼굴에 부여하는가?
얼마나 압도적으로 설득하는가
이것이 실제(實際) 장소에서의 실제소녀(實際少女)라고

모든 의미(意味)에서 경험적(經驗的)으로 진실(眞實)이라고!
혹은 그것은 다만 과거(過去)인가? 저 꽃들, 저 문(門),
이 안개 자욱한 공원과 자동차들은, 단순히
당신이 있음으로써 나를 괴롭힌다; 당신은
내 마음을 수축시킨다 시대(時代)에 뒤떨어지게 보임으로써.

정말 그렇다; 그러나 마지막에, 확실히, 우리는 운다
제외(除外) 때문만이 아니라 그것이 우리를
마음대로 울게 내버려 두는 까닭에. 우리는 알고 있다
과거(過去)가 우리의 비탄(悲嘆)을 정상화(正常化)하기 위해
우리를 방문(訪問)하지 않으리라는 것을. 아무리 큰 소리로 우리가

눈과 페이지간(間)의 갭을 가로질러 고함질러도. 그래서 나는 남아서
슬퍼한다 (未來의 희망도 없이)
담에 기댄 채 오토바이에 균형잡은; 당신을,
궁금하다 혹시 당신이 목욕하고 있는
이 사진(寫眞)의 도난(盜難)을 알아차렸는지; 간추린다

요컨대 아무도 지금 함께할 수 없는 과거(過去)를
당신의 미래(未來)가 누구의 것이 되든 상관없이; 고요히 건조하게
이 사진(寫眞)은 당신을 천국(天國)처럼 간직하고 있다, 그리고 당신은
거기에 변(變)함없이 사랑스러이 있다.
세월(歲月)이 지나감에 따라 점점 작게. 그리고 뚜렷이.

A chin as doubled when it is, what grace
Your candour thus confers upon her face!
How overwhelmingly persuades
That this is a real girl in a real place,

In every sense empirically true!
Or is it just *the past*? Those flowers, that gate,
These misty parks and motors, lacerate
Simply by being you; you
Contract my heart by looking out of date.

Yes, true; but in the end, surely, we cry
Not only at exclusion, but because
It leaves us free to cry. We know *what was*
Won't call on us to justify
Our grief, however hard we yowl across

The gap from eye to page. So I am left
To mourn (without a chance of consequence)
You, balanced on a bike against a fence;
To wonder if you'd spot the theft
Of this one of you bathing; to condense,

In short, a past that no one now can share,
No matter whose your future; calm and dry,
It holds you like a heaven, and you lie
Unvariably lovely there,
Smaller and clearer as the years go by.

성령강림제(聖靈降臨祭)의 결혼식(結婚式)

그 성령강림제(聖靈降臨祭)날[1], 나는 늦게 출발(出發)했다:
　햇볕 화창한 토요일(土曜日)
한시 반쯤에서야
사분지 삼이 텅 빈 열차(列車)는 발차(發車)했다,
창문(窓門)을 모두 내리고, 방석은 모두 덥고, 온통
황급히 갔다는 느낌으로. 우리는 달렸다
집들의 등뒤를, 건넜다 눈부신 방풍(防風)유리의
거리를, 냄새 맡았다 생선—독크를; 거기서부터
강(江)의 평평한 넓은 난류(緩流)가 시작되고
하늘과 링컨쉬어의 강물이 만난다.

오후(午後) 내내, 여러 마일이나 되는 내지(內地)에서 잠들었던
　엄청난 열기(熱氣) 속으로,
남향(南向)의 느린 정차(停車)커어브를 우리는 지속했다.
넓은 농장(農場)들이 스쳐 지나갔다, 그림자 짧은 소들, 그리고
공업(工業)에서 생긴 거품 표류물(漂流物)이 뜬 운하(運河)들을;
온실(溫室) 한 채가 반짝 스쳐갔다 유별나게; 산울타리들이 잠겼다가
솟았다; 그리고 이따금 풀냄새가
단추 단 객차(客車)천의 악취(惡臭)를 쫓아내었다
새 정체(正體) 모를 다음 타운이
수(數) 에이커나 되는 분해(分解)된 자동차들로써 접근할 때까지.

맨 처음, 나는 주목(注目)치 못했다 얼마나 떠들썩한 소리를
　　결혼식(結婚式)들이 내었는지,

1　부활절 후 일곱째 일요일. 영국의 여섯 공휴일 중의 하나.

THE WHITSUN WEDDINGS

That Whitsun, I was late getting away:
   Not till about
One-twenty on the sunlit Saturday
Did my three-quarters-empty train pull out,
All windows down, all cushions hot, all sense
Of being in a hurry gone. We ran
Behind the backs of houses, crossed a street
Of blinding windscreens, smelt the fish-dock; thence
The river's level drifting breadth began,
Where sky and Lincolnshire and water meet.

All afternoon, through the tall heat that slept
   For miles island,
A slow and stopping curve southwards we kept.
Wide farms went by, short-shadowed cattle, and
Canals with floatings of industrial froth;
A hothouse flashed uniquely: hedges dipped
And rose: and now and then a smell of grass
Displaced the reek of buttoned carriage—cloth
Until the next town, new and nondescript,
Approached with acres of dismantled cars.

At first, I didn't notice what a noisc
   The weddings made

우리가 멈추었던 정거장(停車場)마다에서: 태양(太陽)은 파괴(破壞)한다
그늘에서 일어나는 사건(事件)에 대한 흥미를,
그리고 길고 서늘한 플래트포옴을 따라나는 요란한 환성(歡聲)들을
나는 행랑과 장난치는 짐군들로 생각하고서
계속 책을 읽었다, 허지만, 일단 우리가 출발(出發)하자,
우리는 그들을 통과(通過)했다, 히죽히죽 웃는 포마드 바른 사람들을, 유행(流行)을
개작(改作)한 옷을 입고, 힐을 신고 베일 쓴 처녀(處女)들을,
모두 우물쭈물 포즈를 취한 채, 우리가 가는 것을 지켜보는,

마치 한 사건(事件)의 끝에 나와
　　그것을 견디어낸 무엇인가에
손을 흔들어 작별인사(作別人事)하듯이 몹시 인상적(印象約)이어서, 나는 몸을
한층 더 얼른 내밀었다 다음번에 한층 더 호기심(好奇心)을 느끼며,
그리고 그것을 보았다 또다시 다른 상황(狀況)에서:
양복(洋服) 아래 넓은 허리띠를 두르고 이마에 주름살진
아버지를: 소리지르는 뚱뚱보 어머니들;
음탕한 이야기를 떠들어대는 삼촌; 그리고 파아마 머리,
나일론 장갑들과 대용보석(代用寶石)들,
레몬, 푸르스름한 자주색과 올리브-황토색, 이런 것들이

처녀(處女)들을 나머지 사람들보다 꿈속처럼 돋보이게 했다.
　그렇다, 카페와
저 뒤쪽 연회(宴會)홀과 휘장으로 꾸민
객차부속가옥(客車附屬家屋)으로부터, 결혼식(結婚式)날은
종말(終末)에 다가오고 있었다. 열차(列車)를 따라
새 부부(夫婦)들이 이 차에 올라탔다; 나머지 사람들이 빙 둘러섰다;
마지막 색(色)종이 조각과 충고(忠告)가 던져졌다,

Each station that we stopped at: sun destroys
The interest of what's happening in the shade,
And down the long cool platforms whoops and skirls
I took for porters larking with the mails,
And went on reading. Once we started, though,
We passed them, grinning and pomaded, girls
In parodies of fashion, heels and veils,
All posed irresolutely, watching us go,

As if out on the end of an event
  Waving goodbye
To something that survived it. Struck, I leant
More promptly out next time, more curiously,
And saw it all again in different terms:
The fathers with broad belts under their suits
And seamy foreheads; mothers loud and fat;
An uncle shouting smut; and then the perms,
The nylon gloves and jewelry-substitutes,
The lemons, mauves, and olive-ochers that

Marked off the girls unreally from the rest.
  Yes, from cafes
And banquet-halls up yards, and bunting-dressed
Coach-party annexes, the wedding-days
Were coming to an end. All down the line
Fresh couples climbed abroad: the rest stood round;
The last confetti and advice were thrown,

그리고, 우리가 움직일 때, 얼굴마다 정의(定義)내리는 것만 같았다
막 떠나가며 본 것을: 지루한 무엇인가를 보고서
이마를 찌푸린 어린애들; 아버지들은 결(決)코 알지 못했다

이처럼 거대하고 전적(全的)으로 익살맞은 성공(成功)을;
　여자들은 나누었다
행복(幸福)한 장례식(葬禮式) 같은 비밀(祕密)을;
한편 처녀(處女)들은, 핸드백을 꼭 움켜잡고서, 응시한다
종교적(宗教的) 상처(傷處)를. 마침내 홀가분해지고,
그들이 보았던 모든 것의 총계(總計)를 싣고서
우리는 달렸다 런던을 향(向)해, 증기(蒸氣)덩이를 질질 끌며.
이제 들판은 건축(建築)터가 되고, 포플라들이 큰길에
긴 그림자를 던졌다, 그리고 약 오십 분
동안, 그 시간(時間)은 좀 있으면 모자를 고쳐 쓰고

이렇게 말하기에 충분한 시간으로 여겨지리라
　　나는 죽을 뻔했어
열두 결혼식(結婚式)이 거행되었다.
그들은 풍경(風景)을 바라보았다, 나란히 앉아
—오데온[2]이 하나 스쳐갔다, 냉각탑(冷却塔)
그리고 투구(投球)[3]하러 가는 누군가를—그리고 아무도
다른 사람들에 대해 생각지 않았다 그들이 다시는 만나지
　　못하리라는 것을
혹은 그들의 생애가 모두 이 시간(時間)을 간직하리라는 것을.
나는 생각했다 햇빛 아래 사지(四肢)를 펼친 런던을,
네모진 밀밭처럼 꽉찬 우편구역(郵便區域)들을:

2 영국의 연쇄 영화관의 하나
3 영국에서 제일 인기 있는 크리켓(cricket) 경기

And, as we moved, each face seemed to define
Just what it saw departing: children frowned
At something dull; fathers had never known

Success so huge and wholly farcical;
  The women shared
The secret like a happy funeral;
While girls, gripping their handbags tighter, stared
At a religious wounding. Free at last,
And loaded with the sum of all they saw,
We hurried towards London, shuffling gouts of steam.
Now fields were building-plots. and poplars cast
Long shadows over major roads, and for
Some fifty minutes, that in time would seem

Just long enough to settle hats and say
  I nearly died,
A dozen marriages got under way.
They watched the landscape, sitting side by side
— An Odeon went past, a cooling tower,
And someone running up to bowl — and none
Thought of the others they would never meet
Or how their lives would all contain this hour.
I thought of London spread out in the sun,
Its postal districts packed like squares of wheat:

거기서 우리는 겨냥받았었다, 그리고 우리가 정차(停車)한
　풀맨 특별차(特別車)를 지나
빛나는 철로(鐵路)의 매듭들을 가로질러 달렸을 때, 검은 이끼가 낀 벽이
가까이 왔다, 그리하여 이 연약한 우연일치의 여행은
거의 끝났다; 그리고 그 여행(旅行)이 지녔던 것이
변화(變化)가 줄 모든 힘으로 방출(放出)될
태세(態勢)로 서 있었다. 우리는 다시 속도(速度)를 늦추었다,
그리고 꽉 쥔 브레이크가 제어(制禦)할 때, 부풀어 올랐다
낙하(落下)의 느낌이, 마치 눈에 띄지 않는 곳으로 날아가서, 어디선가에서
비가 되어 내리는 화살 소나기 같은.

There we were aimed. And as we raced across
   Bright knots of rail
Past standing Pullmans, walls of blackened moss
Came close, and it was nearly done, this frail
Traveling coincidence; and what it held
Stood ready to be loosed with all the power
That being changed can give. We slowed again,
And as the tightened brakes took hold, there swelled
A sense of falling, like an arrow-shower
Sent out of sight, somewhere becoming rain.

Thom Gunn

1929~2004

질주(疾走)

이 사람아, 가자

덤불 속에서 질질 발을 끌며 걷는 푸른 어치도
무슨 숨겨진 목적(目的)을 따르고, 들판을 질풍(疾風)처럼
휙 날으는 새들, 선회하는 제비들도
나무와 덤불에 둥지를 쳤다.
새의 본능(本能)이나 평형(平衡), 혹은 둘 다를 찾아
사람이 움직인다 확고(確固)하지 못한 격렬(激烈)로서
낭패당한 감각(感覺)이 내던진 먼지를 뒤집어쓰고
혹은 언어 비슷한 둔중(鈍重)한 천둥소리를 내며.

오토바이를 타고, 길 위로 그들이 달려온다:
공중(空中)에서 교미(交尾)하는 파리들처럼 작고, 검은 청년(靑年)들,
이윽고 거리(距離)가 그들을 앞으로 내던지면, 그들의 콧노래는
부풀어서, 정갱이와 허벅지에 낀 천둥이 된다.
방진안경(防塵眼鏡)을 쓰고, 비개성적(非個性的) 옷을 입고
먼지의 트로피를 쓴 번뜩이는 자켓을 입고,
그들은 망설이며 혁대(革帶)를 맨다—그것을 감춤으로써, 건장히 보이는—
그리고 거의 어떤 의미(意味)를 듣는다 자기들의 소음(騷音)에서.

그들의 담력(膽力)의 정확한 결론은
아무런 형체를 채 이루지 못했지만, 기지(旣知)의 장소로부터
그들은 타고 온다, 타이어가 나아가는 방향으로,
그들은 들판을 가로질러 날으는 새들에게 겁을 준다:
자연은 대개 의지에 굴복해야 한다.
인간은 기계와 영혼을 제작하고

ON THE MOVE

'Man, You Gotta Go.'

The blue jay scuffling in the bushes follows
Some hidden purpose, and the gush of birds
That spurts across the field, the wheeling swallows,
Have nested in the trees and undergrowth.
Seeking their instinct, or their pose, or both,
One moves with an uncertain violence
Under the dust thrown by a baffled sense
Or the dull thunder of approximate words.

On motorcycles, up the road, they come:
Small, black, as flies hanging in heat, the Boy,
Until the distance throws them forth, their hum
Bulges to thunder held by calf and thigh.
In goggles, donned impersonality,
In gleaming jackets trophied with the dust,
They strap in doubt——by hiding it, robust——
And almost hear a meaning in their noise.

Exact conclusion of their hardiness
Has no shape yet, but from known whereabouts
They ride, directions where the tires press.
They scare a flight of birds across the field:
Much that is natural, to the will must yield.
Men manufacture both machine and soul,

그들이 불완전히 통제하는 것을 사용하여
대담히 관습적인 길에서부터 미래에 도전한다.

결국(結局), 그것은 부분적(部分的) 해결(解決)이다.
사람은 반드시 지상(地上)에서
부조화(不調和)하지는 않다; 혹은 저주(詛呪)받은 것도 아니라, 반동물(半動物)에서
직접적(直接的) 본능(本能)이 결핍되었다 해서, 갈라지고
부서지는 운동(運動)에 떠 있으면서 잠을 깬다 해서.
사람은 하찮은 세계에서 운동(運動)에 참가한다,
운동을 택하여, 던지는 자(者) 그리고 던짐을 당하는 양자(兩者)로서
언제나 앞으로 앞으로 움직인다.

한순간이 그들을 잡는다, 가기 위해서 온 자들을:
스스로 정의(定義) 내린 자(者)들, 창조(創造)된 의지(意志)를 걸터타고
돌진(突進)한다; 그들이 통과(通過)하는 도시(都市)들은
새에게도 성자(聖者)에게도 집이 아니다.
왜냐하면 새들과 성인(聖人)들은 그들의 목적을 완수(完遂)하므로
기껏 나빠봤자, 움직이는 중이고; 기껏 좋아봤자
거기서 쉴 절대자에 도달(到達)하지 못하고,
사람은 가만히 있지 않음으로써 점점 접근하는 것이다.

And use what they imperfectly control
To dare a future from the taken routes.

It is part solution, after all.
One is not necessarily discord
On Earth; or damned because, half animal,
One lacks direct instinct, because one wakes
Afloat on movement that divides and breaks.
One joins the movement in a valueless world,
Choosing it, till, both hurler and the hurled,
One moves as well, always toward, toward.

A minute holds them, who have come to go:
The self-defined, astride the created will.
They burst away; the towns they travel through
Are home for neither birds nor holiness,
For birds and saints complete their purposes.
At worse, one is in motion; and at best,
Reaching no absolute, in which to rest,
One is always nearer by not keeping still.

달팽이를 생각하며

달팽이가 녹색(綠色) 밤을
뚫고 나아간다. 풀이 물로
무거워, 그가 나간 밝은 길 위에서
합치기 때문에, 비가 땅의 어둠을
어둡게 한 곳에서. 그는
움직인다 욕망의 숲 속에서,

창백한 뿔을 간신히 휘저으며.
사냥할 때에 나는 말할 수 없다
거기 목적(目的)으로 흠뻑 젖은
무슨 힘이 작용(作用)하고 있는지, 아무것도 모르니까.
무엇이 달팽이의 분노일까 ? 내가 생각할 수 있는
전부(全部)는, 만일 후(後)에 내가

그 터널 위의 잎사귀들을
헤쳐서, 짚을 가로지른
끊어진 가느다란 질질 끈 흰 자국을
보았다면, 나는 결코 상상(想像)
못했으리라는 것이다, 저 고의적(故意的) 전진(前進)에 대한
느린 정열(情熱)을.

CONSIDERING THE SNAIL

The snail pushes through a green
night, for the grass is heavy
with water and meets over
the bright path he makes, where rain
has darkened the earth's dark. He
moves in a wood of desire,

pale antlers barely stirring
as he hunts, I cannot tell
what power is at work, drenched there
with purpose, knowing nothing.
What is a snail's fury? All
I think is that if later

I parted the blades above
the tunnel and saw the thin
trail of broken white across
litter, I would never have
imagined the slow passion
to that deliberate progress.

Ted Hughes

1930~1998

시상(詩想)-여우[1]

나는 상상(想像)한다 이 한밤중의 순간의 숲을;
딴 무엇인가가 살아 있다
시계(時計)의 고독(孤獨) 곁에
그리고 내 손가락들이 움직이는 이 백지(白紙) 곁에.

창문(窓門)을 통해 나는 아무 별도 볼 수 없다:
한층 더 가까운 무엇인가가
암흑(暗黑) 속에 더욱 깊긴 하나
고독(孤獨) 속에 들어오고 있다:

차가이 어둠 속의 눈처럼 살포시
여우의 코가 닿는다 나뭇가지에, 잎사귀에;
두 눈이 동작을 알려 준다, 지금 막
지금 막, 지금 막, 지금 막

나무 사이 눈 속에 산뜻한 자국을 내는
동작(動作)을. 그리고 조심스레, 개간지(開墾地)를 대담히 가로질러 온
절름거리는 그림자가
그루터기 곁에 움푹 팬 곳에

꾸물거린다. 눈 하나,
넓어지고 깊어지는 녹색(綠色),
눈부시게, 집중적(集中的)으로
자기 자신의 임무(任務)를 다하는,

드디어, 돌연히 매운 강렬한 악취(惡臭)를 피우고서
여우는 머리의 어두운 구멍 속에 들어간다.
창문(窓門)은 아직 별이 없다; 時計(시계)는 짹깍거리고,
종이는 프린트되었다.

---

1 작시 과정에 관한 시

THE THOUGHT-FOX

I imagine this midnight moment's forest:
Something else is alive
Besides the clock's loneliness
And this blank page where my fingers move.

Through the window I see no star:
Something more near
Though deeper within darkness
Is entering the loneliness:

Cold, delicately as the dark snow,
A fox's nose touches twig, leaf;
Two eyes serve a movement, that now
And again now, and now, and now

Sets neat prints into the snow
Between trees, and warily a lame
Shadow lags by stump and in hollow
Of a body that is bold to come

Across clearings, an eye,
A widening deepening greenness,
Brilliantly, concentratedly,
Coming about its own business

Till, with sudden sharp hot stink of fox
It enters the dark hole of the head.
The window is starless still; the clock ticks,
The page is printed.

홰에 앉은 매

나는 숲의 정상(頂上)에 앉아 있다, 눈을 감고서.
활동(活動) 전무(全無), 내 갈고리 머리와 갈고리 발 사이에
사실(事實)을 왜곡(歪曲)시키는 꿈은 전혀 없다:
혹은 잠자면서 완벽(完璧)한 살해(殺害)를 시연(試演)하고 먹는다.

높은 나무들의 편리함이여!
공기(空氣)의 부력(浮力)과 태양(太陽)의 광선(光線)은
내게 유리하다;
그리고 대지(大地)의 얼굴은 내가 검열(檢閱)하도록 위로 향해 있다:

내 발은 거치른 나무껍질을 움켜잡고 있다.
내 발, 내 양 깃을 만드는데
창조(創造)의 전부(全部)가 들었다:
이제 나는 삼라만상(森羅萬象)을 내 발에 잡는다

혹은 날아 올라가, 아주 서서히 삼라만상(森羅萬象)을 회전(回轉)시킨다—
나는 죽인다 마음 내키면, 모두 내 것이기에.
내 몸에는 전혀 궤변(詭弁)이 없다 :
내 풍습(風習)은 대가리를 찢어버리는 것이다—

죽음을 배급(配給)해 주는 것이다.
왜냐하면 내 비상(飛翔)의 한 가지 길은 바로
살아 있는 자(者)의 뼛속을 뚫는 것이므로
내 권리는 논의(論議)의 여지도 없다:

해는 내 뒤에 있다.
아무것도 변(變)한 게 없다, 내가 시작된 이래.
내 눈이 어떠한 변화(變化)도 허락치 않는다.
나는 이와같이 현상(現狀)을 유지하련다.

HAWK ROOSTING

I sit in the top of the wood, my eyes closed
Inaction, no falsifying dream
Between my hooked head and hooked feet:
Or in sleep rehearse perfect kills and eat.

The convenience of the high trees!
The air's buoyancy and the sun's ray
Are of advantage to me;
And the earth's face upward for my inspection.

My feet are locked upon the rough bark
It took the whole of Creation
To produce my foot, my each feather
Now I hold Creation in my foot

Or fly up, and revolve it all Slowly—
I kill where I please because it is all mine.
There is no sophistry in my body:
My manners are tearing off heads—

The allotment of death.
For the one path of my flight is direct
Through the bones of the living.
No arguments assert my right:

The sun is behind me.
Nothing has changed since I began
My eye has permitted no change.
I am going to keep things like this.

돼지의 인상(印象)

돼지가 손수레에 죽은 채 누워 있다.
사람들의 말에 따르면 세 사람만치나 무게가 나갔다.
돼지의 두 눈은 감겨져 있다, 분홍빛 하얀 속눈썹들.
다리는 쭉 뻗고서.

죽어 꼼짝 않는 저 무게와 두툼한 분홍색
덩치는 단지 죽은 것 같지만은 않은 듯했다
그것은 생명(生命) 없는 것보다 못했다, 한층 더.
그것은 밀의 푸대 같았다.

나는 그것을 탁 쳤다 후회의 느낌이 없이.
죽은 자(者)를 모욕하거나, 무덤을 밟고 걸으면
우리는 죄의식을 느낀다. 그런데 이 돼지는
고발(告發)할 수 없는 것만 같았다.

그것은 너무나 죽어 있었다. 그저
기름과 고기의 덩어리일 뿐
돼지의 최후의 위엄도 전부 사라졌었다.
그것은 재미나는 형상(形象)도 아니었다.

불쌍히 여기기엔 이젠 너무 죽어 있었다.
돼지의 과거(過去)의 생애, 꿀꿀 소리, 흙냄새 풍기는
쾌락(快樂)을 회상하는 것이
그릇된 노력(努力)처럼, 초점(焦點)이 벗어난 것처럼 여겨졌다.

VIEW OF A PIG

The pig lay on a barrow dead.
It weighed, they said, as much as three
Its eyes closed, Pink white eyelashes.
Its trotters stuck straight out.

Such weight and thick pink bulk
Set in death seemed not just dead.
It was less than lifeless, further off.
It was like a sack of wheat.

I thumped it without feeling remorse.
One feels guilty insulting the dead,
Walking on graves. But this pig
Did not seem able to accuse.

It was too dead. Just so much
A poundage of lard and pork.
Its last dignity had entirely gone.
It was not a figure of fun.

Too dead now to pity.
To remember its life, din, stronghold
Of earthly pleasure as it had been,
Seemed a false effort, and off the point.

너무나 치명적인 사실이었다. 돼지의 무게가
나를 압도했다—어떻게 그것이 옮겨질 수 있겠는가?
게다가 그것을 토막으로 잘라야 하는 노고(勞苦)!
목의 깊고 깊은 절상(切傷)은 충격적(衝擊的)이었다, 허지만 애처롭지는 않았다.

일찍이 내가 시끄러운 시장(市場)을 달린 적이 있다
고양이보다 빠르고 날랜
기름칠한 돼지새끼를 잡으려고.
그 깩깩 소리는 금속(金屬)을 찢는 듯했다.

돼지들은 뜨거운 피를 가졌음에 틀림없다, 그들은 가마솥처럼 느낀다.
돼지들의 깨물음은 말의 깨물음보다 훨씬 지독하다—
그들은 반달을 깨끗이 도려낸다.
그들은 먹는다 재를. 죽은 고양이를.

이와 같은 특징(特徵)과 찬탄(讚嘆)은
오래 전에 끝장났었다.
나는 돼지를 빤히 바라보았다 한참. 사람들은 그것을 뜨거운 물로
데우려 했었다, 데워 문질러 닦으려 하고 있었다,
　마치 현관(玄關)도어 층계처럼.

Too deadly factual, Its weight
Oppressed me—how could it be moved?
And the trouble of cutting it up!
The gash in its throat was shocking, but not pathetic.

Once I ran at a fair in the noise
To catch a greased piglet
That was faster and nimbler than a cat,
Its squeal was the rending of metal.

Pigs must have hot blood, they feel like ovens
Their bite is worse than a horse's—
They chop a half-moon clean out.
They eat cinders, dead cats.

Distinctions and admirations such
As this one was long finished with.
I stared at it a long time. They were going to scald it,
Scald it and scour it like a doorstep.

역자 약력

이 재 호

서울대학교 영문학과 및 동대학원 졸업
영국 Exeter 大學 수학
영국 Cambridge大, 미국 Boston大 교환 교수 성심여대, 성균관대학 교수 역임

『장미와 무궁화–영문학 산책』, 『영한 사전 비판』,
『문화의 오역』, 『서양 문화 지식 사전–편저』 등의 저서와
『장미와 나이팅게일–영미 시집』, 『목신(牧神)의 오후–프랑스 시집』, 『낭만주의 영시』,
『그리스 · 로마의 고전 문학』 등 50여 권의 영문학 저서 및 번역물이 있다.

20세기 영시

1판 인쇄 2014년 3월 10일
1판 발행 2014년 3월 15일

역 자 이재호
펴낸이 홍정수
펴낸곳 탐구당

출판등록 1950. 11. 1 서울 제 03-00993호
140-011 서울특별시 용산구 한강로1가 158
전화 (02)3785 - 2211~2 | 팩스 (02)3785 - 2272
E-mail : tamgudang@paran.com
http://www.tamgudang.co.kr

ISBN 978-89-6499-016-2 03840
값 15,000원